JN252192

雛の誕生

雛節供に込められた対の豊穣

皆川美恵子

春風社

口絵①　徳川家康の雛（名古屋市立博物館蔵）

口絵②　大成聖安所用の雛（曇華院蔵）

口絵③　雛遊の古図（有坂與太郎『日本雛祭考』より）

口絵④　雛節供『江戸繁昌絵巻』（善峯寺蔵）

口絵⑤　法華寺雛会式

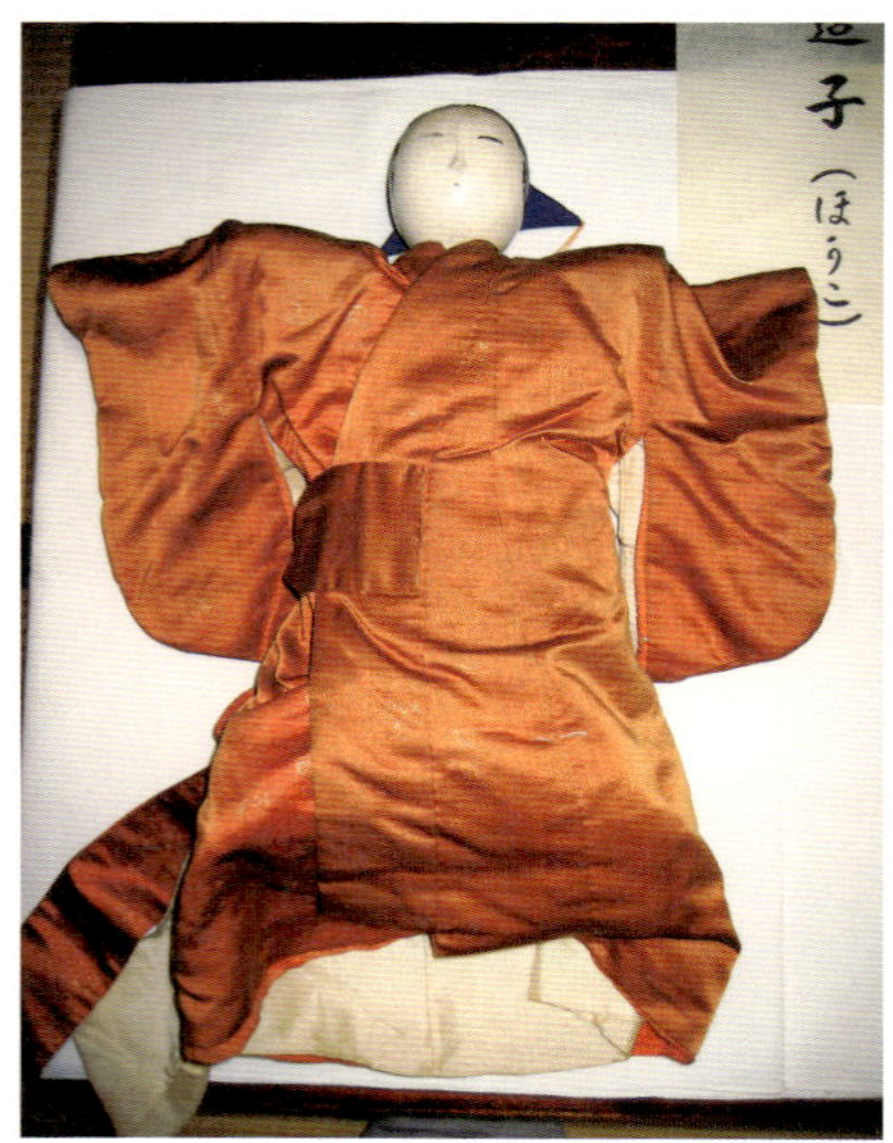

口絵⑥　興子内親王（明正天皇）御用の天児［左図］と這子［右図］　（十禅寺蔵）

雛の誕生――雛節供に込められた対の豊穣●目次

第五章　雛の近代・雛の現代●255

まえがき

雛とは、男雛女雛の男女一対による人形である。つまり夫婦を雛型とした人形である。この雛人形を三月三日の上巳の節供に飾り、女児の健やかな成長を願い、やがて来る結婚の幸せを祈り、女たちが主宰して春待つ喜びのなかで祝宴を執り行なってきた。こうして雛を伴うことから、三月三日は雛節供と呼称されるようになる。

ところで、このような雛節供は、どのような歴史的経緯のなかから誕生したのであろうか。三月三日の節日に、雛に寄せられた想いとは、どのようなものであったのだろうか。そして、そもそも雛とは何であり、どのような歴史的変遷をたどってきたのだろうか。

雛節供にかかわりなく、男女一対の人形が登場するのは、古くは十世紀に見出される。平安末期、鳥羽上皇の命によって成立した『本朝世紀』によると、天慶元年（九三八）九月、京都の大路小路に岐神（ふなどのかみ）として、男女一対の神像が祀られたとある。平将門の乱により騒然としていた都のなかでのことである。道の分岐点である辻に祀られたのであるから、賽の神（さえのかみ）、つまり道祖神のようなものであろうか。今日でも長野県の安曇野市や朝日村をはじめとして、全国的に男女が手をとりあった道祖神が数多く残されており、道すがら目にすることができる。

宮咩祭（みやのめのまつり）という平安末期に行なわれていた祭にも、男女の人形を見出すことができる。正月と十二月の初午の日に、家の不吉を祓い、延命長寿、子孫繁栄、福徳円満を祈願するのだが、綿子をもって男女六神の神形を作り、染絹の衣を着せ、笹を立てて吊るしたとある。七夕祭礼において男女一対の七夕人形を飾る風習が、今でも長野県松本から新潟、富山、兵庫県播磨地方にあることが、各地の七夕人形の形態などとともに報告されている。笹に飾ることなど、往古の宮咩祭の人形と七夕人形には、関連性を見ることができよう。

東北地方（青森県、岩手県、福島県）においては、オシラサマと呼ばれる男女一対の民俗神が知られている。これら家々に伝承され「家の神」的な守護神を祀るのは、主婦である。伝存している最古のオシラサマは、大永五年（一五二五）岩手県種市町の真下家のオシラサマであると報告されている。

男女一対の人形は、さらに民俗の世界を見ていくと、船に祀られ、航海の安全を祈願する船玉様がある。また厠神つまり便所の神様も、男女一対とされる。生（出産）と死が、隣り合っている危険な場所に、つまりは彼岸と此岸の境界において、夫婦の神は強い結びの力を秘めていると信仰されたのであろうか。

古くから日本において、男女一対の神々に寄せてきた人々の心意は、雛人形とはたして関連しているのだろうか。女児の健康、結婚、家庭円満、福徳、長寿など、幸せな女性の一生を願う「形」として愛されてきた雛人形とは、いったい何なのだろうか。雛の歴史には、夫婦のあり方、女の生き方、子どもへ寄せる思いなど、家族に関わる奥深い世界が広がっていることが予想される。

ところで、雛を飾り、女性たちが集う祝宴は、神道的なもの仏教的なものとは無縁である。雛節供のハレの食事には、酒や肴（魚貝類）が登場している。精進潔斎とか穢れの意識など皆無なのである。さらには、中国文化に由来する五節供のなかの、上巳の節供を基にしてはいるが、中国の文化とも無縁である。つまり、雛節供とは、日本固有の民俗的なものである。日本女性に関わる特殊な民俗文化なのである。今日、日本各地の家々に残されたさまざまな雛を鑑賞する旅行、それに伴ってその土地特有の雛飾りを愛でる行事・イベントが地域の町おこしとしても大きな人気を呼んでいる。多くの人々は春の行楽として、うららかな気分で各地の雛見に遠くまで出かけているのである。このようなことから考えると、雛は各地域の民俗遺産でもあり、まさしく日本の民俗資産でもあるということになる。

雛は日本女性の民俗文化だと述べたが、雛節供としての「雛の誕生」は、江戸時代に始まっている。そしてそれが、どのような経緯からもたらされたのかは複雑な様相を呈している。人形史や美術工芸史のみならず、女性史、子どもの歴史、家族史に関連しており、女性の生活文化の多岐にわたっているのだ。「雛の誕生」を明らかにするのは、綾なす多彩な、いろいろの紐束の絡まりを解きほぐすような至難なこととなる。しかしながら、これから丁寧にひとつひとつ紐解いていきながら、雛とは何かに迫っていってみたいと思う。

雛研究は、服飾史ならびに風俗史の研究者・櫻井秀による「雛遊史考」(『風俗史の研究』所収)(一九二二年)が古く、人形玩具を幅広く研究した有坂與太郎の『日本雛祭考』(一九三一年)がそれに続く。そして、東京浅草橋の人形問屋の老舗「吉徳」の十代目当主・山田徳兵衛の『日本人形史』(一九四二年)が、雛を含めて人形全般の歴史を見事にまとめ上げている。

平成元年(一九八九)二月、日本人形玩具学会が設立され、人形玩具に関心を抱く人々が全国から、そして各領域から集い、研究活動が開始された。年一回発行される学会誌には、研究成果が発表されて、さまざまな情報や知見、そして研究や考察などが共有されてきた。

今まで出版された雛に関わる数多の書物、そして日本人形玩具学会の諸会員の研究成果、さらには歴史学、国文学、民俗学等の学問領域の研究成果に支えられながら、これから雛について書き出してみたい。そのはじめにあたり、まずは多くの先駆的な研究者たちへ深い感謝の意を謹んで捧げておきたい。

第一章
雛節供

冬から春への季節の移ろいは、冷えた気温が生命の生育にふさわしい温もりを取り戻す時節である。寒冷な自然は強大な力で君臨する。人々は遅くなりがちな春の歩みを、今か今かと待ち焦がれる思いが募ってやまない。日本列島では、もともと亜熱帯産の「稲」を改良して、生命の糧とする歴史を歩んできた。かつて日本の都がおかれた京都あたりは、北緯三〇度以北であり、気温の年変化が大きく、一年の気温と降水に合わせて農事が営まれた。年一回の米の収穫、一期作を達成するため、年中行事は、年間の気候変化を注視するなかで生まれたと考えられている。

春分の日、春の彼岸あたりから田を起こし、四月から五月にかけて種を蒔く。梅雨の頃に本田に移植して、七月八月の炎天のもとで育て上げる。十月頃から刈り入れを行ない農事は周期を終える。そして十一月から春の彼岸までは、大地が眠りにつく時間となる。この活動が低下した時間が、「忌み」と考えられた。そして「忌み」から抜け出し、「春迎え」を行なって生命の時間を再び取り戻していくのである。

まずは、元旦をもって初春とする春迎えがあり、さらに小正月、立春、そして春の彼岸に至るまで、いくつもの節目を準備しながら春へと向かっていく。神社仏閣の春迎えの伝統行事もさまざまに催される。冬から春への移行は、徐々にそして遅々にしか進まないことが経験的に理解されていた。やがて、山や里に、桜が植えられるようになり、桜の開花をもって春を実感する文化が生まれてくる。しかし、桜の花が咲いてもなお雪が降ることもあるのだ。春への季節の移行は、待ち遠しさゆえに、春待つ心が高まってやまない。

四月一日から新年度とするという制度は、近代になってからの日本の学校をはじめとして、職場においても広く経済活動の周期としても行なわれている。桜が咲く時節に、「古い時間」と「新しい時間」を区切る仕組みは、今も継続している。春こそは、四季の自然のなかで生きる日本人にとって、生命再生の時節なのである。

一　三月三日の節供

(1) 曲水の宴

三月三日は、新暦ではまだまだ寒さが残っているものの、旧暦にあっては、今の三月下旬頃となるので、花々が咲き、春の温もりが感じられる穏やかな時節である。この日、雛を飾り、雛節供として祝われるようになるのは、いつ頃からなのであろうか。十二単衣を着ている貴族の雛人形の姿から、多くの人々が、王朝期の平安時代と連想されていることだろう。しかしながら、雛を飾り三月三日の節供を祝う習俗が始まったのは、中世戦国の世が治まり、平穏な徳川時代を迎えてからのことである。

石沢誠司は、多くの史料にあたって、三月三日という奇数が重なった重日が、意味がある節日としてどのように考えられてきたかについて歴史的変遷を調べ上げている。(1) それによると、中国・漢代において三月上巳に水辺で禊を行なう習俗が、六朝時代には「曲水の宴」となって、やがて日本へもたらされた経緯が紹介されている。

「曲水の宴」とは、曲がりくねった流水のほとりに坐り、水の流れに浮かべられた酒盃が自分の前に来るまでに詩歌を吟ずる遊びである。王羲之の書として名高い「蘭亭序(らんていのじょ)」は、東晋の永和九年（三五三）、鵞池(がち)での「曲水の宴」を記したものである。わが国に伝わった「曲水の宴」の記録は、『日本書紀』巻十五、顕宗天皇元年（四八五）、二年（四八六）、三年（四八七）にあり、これが始まりと考えられている。その後も盛んに行なわれた三月三日の「曲水の宴」だったが、平城天皇の大同三年（八〇八）、勅命をもって廃止されている。

それは、桓武天皇と皇太后が三月に崩御されたからだといわれている。

そして宇多天皇の御世になってから復活している。「曲水の宴」の儀式次第は、詳細に伝えられているが、おもな内容は、盃事、奏楽、詠詩である。楽が奏でられるなか、盃が曲水の流れにのって流れてくる。盃のなかの酒は、中国から伝わった桃花を漬け込んだ酒で、長寿の薬酒である。その盃が流れつく間に詩を詠ずるのである。

ところで、詩歌管弦を楽しむ雅な「曲水の宴」は、鎌倉時代や室町時代には行なわれていなかったと考えられている。それに替わって三月三日節の行事として定着してきたのは、闘鶏であった。

(2) 鶏合(とりあわせ)

鶏合と称されていた闘鶏も、中国から伝えられた行事である。中国では六朝時代、春分の次にくる節気の日である清明節に行なわれたという。陽春の熱気が充満し、万物の生育が望まれる時に、陽の生物で太陽の象徴と考えられた鶏を、それも雄同士、相向かわせた。陽の気を、さらに高揚させて豊作を祈願する年占行事であったと考えられている。

日本へは奈良時代以前に伝わったものの、流行したのは平安時代以降とされる。そして、鶏合が行なわれたのは清明節ではなく、三月三日の年中行事となっていった。山口健児は、三月三日節になった経緯について「三は陽の数なので、陽の数が二つ重なる重陽の良き日に、陽の動物同士を闘わせるということは、陽の気がますます熾(さか)んに起こって五穀豊穣疑いなしという次第である」からだとしている。(2)

平安時代末期、後白河法皇の命を受けて、宮廷や公家の年中行事を記録した『年中行事絵巻』が製作されている。原本は万治四年(一六六一)の京都大火で焼失したが、原本からの模写が伝来しており、そのなかに鶏合が描かれている。さらに鶏合は、二種類の場面が描かれているのが興味深い。一つは、貴族の前庭での年中行事の光景であるが、もう一つは、庶民が小さな祠の祭礼に集まって闘鶏を楽しむ情景である。

増川宏一は、『古今著聞集』の承安二年（一一七二）の記述を引用しながら宮廷での儀式化された鶏合について説明している。それによると、管弦が奏せられるなかで行なわれ、さまざまな作法と豪華な細工の置物がしつらえられ、まるで鶏の品評会のようであるという。そして「闘鶏というと、殺伐とした雰囲気のなかで人々が円陣に坐り、または立ち上がり、円い空間のなかで互いに血を流しあいながら鶏が闘う、といった光景を想像するのならば、完全に間違っている」と述べている。[3]

『年中行事絵巻』[4]に描かれた鶏合を見てみよう。寝殿造りの貴族の庭、左に柳、右に松が植えられ、それぞれ雌の鶏が繋がれている。中央では雄の鶏が対しており、判定者もいる。また左右の方には五色の幄舎（あくしゃ）がそれぞれ建てられ、唐楽（とうがく）と高麗楽（こまがく）の楽人がひかえており、勝ち鶏が決まるとその方の楽人が雅楽の乱声を奏して舞人が前庭に出て舞楽を舞う。赤い装束を付けた左舞の舞人が準備しているので左方の鶏が勝ったようである。

図版①　鶏合（『年中行事絵巻』）

このように舞楽の宴が主であり、その余興に鶏合が行なわれているようである。

小さな社の庭で行なわれている庶民が楽しむ鶏合の場面では、人々がわれもわれもと鶏を持ち寄っている。円陣のなかで鶏が向き合っているが、前の対戦に出た鶏たちがまだ興奮冷めやらず、追いかけごっこをしている滑稽な様も描かれている。こちらの庶民の鶏合のほうが、鶏が闘っているような様子である〔図版①〕。絵巻の作製を命じた後白河法皇は、日夜、『年中行事絵巻』に見入っていたと伝えられているが、今様好きな法皇は、この貴餞が集まったいきいきとした鶏合の場面を大いに気に入られていたのではないだろうか。鶏合が、時代とともに貴族の庭の儀式化されたものから、武家や庶民の庭へと移ると、実際に勇ましく闘ったのではなかっただろうか。このように鶏合は、貴賎にかかわらず、年中行事として楽しまれていたのである。

(3) 鶏合と男児

鶏合が描かれた図版としては、京都の生活風俗が四季の移ろいのなかで捉えられている「洛中洛外図屏風」が名高い。十五世紀から十七世紀の室町時代・戦国時代にかけて、京都の名所や月次祭礼図から発展した、洛中洛外を一望する屏風絵が盛んに製作されている。平成二十四年の春、千葉県佐倉の国立歴史民俗博物館において「洛中洛外図屏風と風俗画」と題する企画展示が行なわれ、残されている多くの作品を一堂に鑑賞することが叶った(5)。

土佐光信(?―一五二二頃)が描いたとされる室町時代後期・十五世紀の「月次祭礼図屏風」は、一月から六月までの模写のみが伝存している(東京国立博物館蔵)。この屏風の三月に描かれているのは、鶏合と鶯合(うぐいすあわせ)である。その鶏合が行なわれている庭には、子どもが寄り添って見物している姿が写し出されていた。ところで企画展示には出品されていなかったが、神奈川県葉山町の山口蓬春記念館には、土佐光吉（一五三九―一六一三）による製作と推定されている「十二ヶ月風俗図」が伝えられている。その図では、二月が公家の庭での鶯合であり、三月が武家の庭での鶏合が描かれている。

「洛中洛外図屏風」として名高い歴博甲本（旧町田本）においては、二月が三条西邸での鶯合であり、三月は斯波邸での鶏合である。次に、東博模本と呼ばれている、原本は室町時代だが江戸時代初期に写されたものには、三月は内裏での鶏合が描かれている。

そして、狩野永徳（一五四三―一五九〇）が描いた著名な上杉本には、三月は斯波邸での鶏合が描かれている。ところで斯波邸とは、「ふゑい」つまり「武衛」と表記された邸宅である。斯波氏は、室町時代の管領であり、代々、左兵衛督を勤めたことから兵衛の唐名である「武衛」と呼ばれた。しかしながら、斯波氏は居住してはおらず、十三代将軍足利義輝（一五三六―一五六五）が、一五四七年に御所としてここに住んでいた。そこで、門前で鶏合を見ている赤い羽織を着た少年は、足利義輝と推測されている。

なお、近年の研究で、この屏風を狩野永徳に依頼したのは将軍義輝だと考えられている。しかし、完成する一五六五年九月三日以前、同年五月十九日に義輝は襲撃にあって三十歳で没している。将軍義輝と画家永徳では、永徳が七歳年下であるが、二人の境遇の近しさを狩野博幸が指摘している(6)。

つまり十一歳で将軍の位につき、武術も優れた武人の器量を備えた義輝と、画才に秀でており狩野家の期待を一身に受けとめていた永徳とは、相通じるものがあったのではないかという。二人は、一五五二年の正月、それぞれの家の将来を少年の双肩に担いながら対面したのであった。将軍十七歳、永徳十歳であったという。

上杉本の「武衛」の門前での鶏合を見ている将軍義輝と思しき姿は、将軍に就いた頃を思わせる十一歳の初々しさである。屏風の完成時は、将軍は三十歳になっているのだが、永徳は将軍の少年の時間を描いたことになる。ところで室町時代の年中行事は公家文化の踏襲ではなく、武家による幕府を運営していくために、将軍家の儀礼が整えられている。『慈照院殿年中行事』（「東山殿年中行事」）としてまとめられている年中行事のなかに、「三月三日　鳥合」が記されている。なお、この時代、五月五日端午の節供は、年中行事として記されてはいない。

『世諺問答（せげんもんどう）』は、四季折々の習俗の由来についての故実書であり、天文十三年（一五四四）に成立している。老人に質問をして答えてもらう問答体の記述であり、一条兼良と兼冬によって書かれたものが、万治三年（一六六〇）に京都で出板されている。[7]

「三月三日　鶏あはせ」の故事の説明は、のちのち多くの書物に引用されることとなる。その解説は、中国の明皇が闘鶏を始めたら皇位に就いたので、小児五百人を選んで治鶏坊を建て、鶏を飼ったという内容である。貝原好古（ならびに益軒）は『日本歳時記』（貞享五年・一六八八刊）のなかで、『世諺問答』を引用しているが、明皇とは玄宗皇帝のことだとしており、清明節に闘鶏を行なう習俗が日本にもたらされたと述べている。[8] 春分の次の節気である清明は、陽春の熱気が漲っている時であり、陽の生物である鶏を闘わせることは、陽の気をさらに高めることになる。鶏合は豊作祈願の年占として中国で行なわれていたと、先に紹介した。玄宗皇帝の故事に習い、日本においても、鶏合を観ることによって権勢が引き寄せられるということが、武門によって信じられたのであろうか。

狩野永徳が、将軍足利義輝を幼く描きながら、闘鶏を見物させていることには、雄鶏どうしの勇猛な戦いを観ることが、義輝の武運の高揚に至ることへの祈りであったと推測できるのである。

ところで江戸時代に入ると、人々の暮らしぶりについて一年間を通じて描かれた種々の「年中行事」の絵画史料が残されている。たとえば、天和年間（一六八一〜一六八三）に、京都の歳時風俗が描かれた『天和長久四季あそび』という本が残されている。[9] そこには、三月に描かれているのは、「花見」である。清水寺や祇園社に弁当や酒をもって遊山する姿が描かれている。また御室（仁和寺）や嵯峨まで遠出しての花見遊山が描かれている。そして子どもたちが「鶏合」をする光景が描かれている。つまり、三月は「鶏合」と結びつくのであり、「雛あそび」とは、結びついていない。

なお、この絵本を目にした小林すみ江は、絵に描かれている人物が「それぞれに実に生き生きとした『肉声』を発している点」に深い興味を示している。[10] 小林が指摘するように、五月節供の男児たちの合戦遊びで発せられる声は実に魅力的である。しかし、三月の御室の仁和寺門前で行なわれている鶏合では、残念ながら声が記されていない。花見をする人たちの会話が記されているばかりである。

ところでこの『天和長久四季あそび』の絵本について考察した合瀬純華は、絵は吉田半兵衛という西鶴本の挿画を手がけた、京都で活躍した画家、もしくはその流派につらなる画家であると推論している。そしてさらに、文章は、『世諺問答』からほぼそのまま引用されていることを明らかにしている。[11]

そもそも『世諺問答』には、雛についての言及はないので、したがって、この絵本も雛に触れることがなかったということになるのであろう。ところで合瀬は、京都で『天和長久四季あそび』の絵本が出板された背景について次のように考察している。江戸において菱川師宣によって『月次（つきなみ）のあそび』という江戸年中行事の絵本が出たことに刺激を受け、「対抗意識から絵師の意地をかけて、地元京都の風俗生活を写し取った作品と考えられる」としているのだ。菱川師宣の『月次のあそび』は、『年中行事之図』と題された延宝八年（一六八〇）の版があることから、吉田半兵衛かと推測される作者が、『年中行事之図』（『月次のあそび』）を見ていたことが考えられ、対抗意識が生じたからではないかという。

それでは次に、菱川師宣六十二歳の作品『月次のあそび』には、江戸の地の年中行事として三月三日が、はたしてどのように描かれているのか見ていくことにする。実は、この年中行事絵本こそが、年代が確定できる最も古い、三月三日が雛節供となったことを明示する重要な史料なのである。

二　雛節供の登場

(1) 女中方の節供――雛による贈答

年中行事の絵本として京都よりも早く江戸で出板された『年中行事之図』（『月次のあそび』）については、調査研究がなされており、次のようなことが判明している。延宝八年（一六八〇）に出板されたが、二年後の天和二年（一六八二）の江戸大火で板木が焼失したことが推測され、板元を換えて元禄四年（一六九一）に模写再刻本が出された。なお改刻にあたり、菱川師宣については「大和絵師」から「日本絵師」へと表記が変わっている。この『月次のあそび』は、上欄に文と発句が付けられ、広くとられた下欄に四季風俗絵が描かれる絵本の形態である。なお文も絵も菱川師宣の筆である。それでは、内容を紹介してみよう[12]［図版②］。

正月は、「四つの海なみのおともなく、国の土うごかず、治まる御世もむさし野の広き御めぐみ、ありがたや」と、徳川の平和な時代を寿ぐことから始まっている。御礼登城する諸国大名の武士たちが描かれ、いかにも江戸の町の元朝である。ところで春三月は、「よし野、はつせの花よりも、まさりがほなる、うへのの花」と書かれており、吉野や初瀬の桜より、上野の桜が見事であるという文によって江戸自慢が窺われる。そして三月三日の上巳の節供は次のように表記されている。

「三月三日は上巳のせつく（節供）とて、御礼の義式、柳色とてうすもえぎ（薄萌黄）ののしめ（熨斗目）に花色の上下にて御礼ある。とりわけて女中かたの節句とて、姫君には金銀をちりばめ、きんしれうらん（錦糸綾襴）にて雛をつくり、十二ひとえにてかざりたて、御一門の中へたがひに、ひいな（雛）にそへて（添えて）ゐんしん（音信）を贈る。これは御姫君かた、かしゆのむすびそめの御いはひを表すなり。よもぎのかちん、もものさけ（桃の酒）などをのみ（飲み）いはふなり。もものはな（桃の花）やなぎ（柳）をかみ（髪）にまく（巻く）

図版②　上巳の節句『月次のあそび』菱川師宣

なり。あるおどけもの、ももの酒によひて（酔いて）くるひし（狂いし）を、げこ（下戸）わらひ（笑い）ければ　ももは上戸　よもぎのもちや　下戸のつら」

＊カッコ内の漢字表記は皆川

節供の御礼登城する礼節を尊ぶ武士の行列が描かれ、その行列に行き交うように、女中方の節供が描かれている。つまり姫君に節供の贈答を届ける雛の使いが描かれている。このように武家の男たちの節供と女たちの節供が共に描かれている。そして面白いことに、路上には鶏の親子がのどかに餌を啄んでいる。かつての鶏合の習俗の名残りをうかがわせる描き方である。

雛の使いは、女性であり、従者二人が吊り台を担いでいる。その荷台には、行器（ほかい）（食べ物を入れて運ぶ道具）二つと、小さな駕籠が載っているのが認められる。その小さな駕籠のなかには、金銀をちりばめ錦糸によって十二単衣をまとった雛人形が入っていることと思われる。そして行器（ほかい）のなかには、蓬餅などの菓子が入っていることだろう。文章には、「姫君たちのかしゆの結び初めの祝い」ということが書かれている。それは、一体どういう意味なのだろうか。

『新編　日本人形史』（一九六一年　角川書店）において山田徳兵衛は、「かしゆ」とは「嫁娶」と読み解いている。[13]

そして山田徳兵衛は、この『月次のあそび』から、次のような事柄が判明するとしている。

①女中方の節句とあるので、雛祭は幼児のための催しではなかったこと。

②「姫君」とあるので、雛の使いは一般の家庭のすることではなかったこと。

③「錦糸綾欄にて雛をつくり」といっているので、雛の頭などは人形師に注文しても、衣装は家庭で縫ったりして着せている。つまり雛を家庭で製作することもあったこと。

④「嫁娶」の云々と記しているので、結婚後の初節供（嫁の雛）をことに賑やかにしていたと思われること。

これらの指摘について吟味を行なってみたい。

①の幼児のための催しではないという指摘については、疑問が残る。「姫君」が幼い女児ということも考えられるからである。初節供とまで言えないまでも、女児である姫君へ雛の贈答が行なわれていると考えられる。ところで雛の使いによって贈物が届けられた家での様子は、はたしてどのようなものであったのだろうか。有坂與太郎の『日本雛祭考』（一九三一年）には、寛文頃の図版として原色写真版「雛遊の古図」が掲載されている［口絵③］。

残念ながら絵画の現在の所蔵先がわからず、直接に絵画を確認することはできない。寛文頃とは、一六六一年から一六七二年なので、雛の絵画史料としては古いものとなる。そこで写真による図版史料だが、きわめて貴重である。菱川師宣の『月次のあそび』が一六八〇年の出板であるから、それよりもいくらか古いものと考えられるのである。

さて、その絵画には、富裕な屋敷の座敷に、十二単衣を着た立雛が二対、屏風の前に飾られている。そして雛の使いによって届けられたと思われる小さな駕籠や挟箱が描かれている。犬筥（いぬばこ：犬の姿をした箱型の張子細工）もあるが、本来は一対のところ一つのみが描かれている。画面の右から二人目の、坐っている女性が大きな白い箱を持っているが、その六角形の白い箱のなかに何が入っているのか気になる。姫君である女児は母親の膝に抱かれており、女児の姉らしき子ども、その他を含めて女性ばかりが七人描かれている。

まさに「女中方の節供」と言われるように女子どもが、なんとも和やかに楽しげに集っている風景なのである。

『月次のあそび』に戻ろう。

②の指摘は、もっともなことである。富裕な家、それも姫君という言葉から格式ある上流武家と思われる。

③の指摘は、実に興味深い。雛の衣装は、女性が縫っているという内容である。衣装が手作りであることが殊に重要である。手作りであることに、雛の意味が込められていると思われる。このことは、後述したいと思う。

④の結婚後の初節供、つまり嫁の雛ということについては、賛成しかねる。あくまでも姫君に贈答をしているのであって、嫁への贈答ではないと思われる。山田徳兵衛は、嫁いで初めての節供は、特に賑やかに雛祭を行なう「嫁の雛」について著作で述べている。そして、そのことと関連させている解釈かと思われる。しかし、この風習は江戸時代も後期のことであり、新婚の家庭に雛を贈ることは、子どもが誕生することを予祝する意味合いがあったものと考えられる。

さて、「かしゆ」を「嫁娶」と読み解いているが、「御姫君方、嫁娶の結び初めの御祝」とは、はたしていったいどういうことなのだろうか。誰と誰を結ぶ祝いなのであろうか。そして女中方の間で、御一門のなかへ手紙を携え、互いに贈答をすることとはどういうことなのであろうか。次の二つの解釈が考えられる。

江戸時代は嫁入り婚であるので、嫁方と、嫁を取った姑方が結び初めるということであろうか。つまり、女児が誕生することにより、嫁方（里方）と姑方は、孫娘によって強く結び付けられる。嫁方（里方）は、女系の血脈が作り出されたことにもなり、姑方は、家のなかに、嫁取りによって新たな女性たちのネット・

ワークが作り出されたことになる。

また今ひとつの解釈は、一門のなかに姫君が誕生したことを祝って、贈物を届けることは、一門の親族間で、それも女性たちのネット・ワークで互いに姫の存在を知らせ合うことであり、やがて到来する嫁のやりとりを予想しての、その結び初めの祝いと解釈できると考えられる。つまり、姫君たちの将来の嫁入りに繋がっていく、結び初めということになるだろう。

(2) 雛の使い——駕籠とお使い人形

『月次のあそび』が絵画によって示してくれている興味深いことは、三月三日の上巳の節供において、男性ではなく、女性たちが贈答をし合っているという点である。姫君という存在があることによって、贈答が繰り広げられている。その際、贈答品を人が抱えて運ぶことをせずに、恭しく駕籠に雛を乗せて、その雛をお使いとして贈答を届けるという演出をしていることである。「雛に添えて音信を贈る」という文章からは、駕籠のなかに雛が乗せられていることが推察でき、その雛が、さまざまな品(菓子、酒、肴など)を届けているのである。

つまり、まるで人形劇のように、姫君の雛の許へ、お使い人形としての雛が、贈り物を届けていることが重要である。さらには、これから紹介する日記から明らかなように小さな駕籠のなかに乗っている雛人形だけでなく、その駕籠を担ぐ小さな駕籠かき人形も作られていることがある。このような人形に対して人形が働きかける、なんとも手の込んだ雛の使いによる贈答の仕方には驚くばかりである。

『月次のあそび』の江戸での出板より十年も早い、寛文十年(一六七〇)、そして延宝四年(一六七六)の『無上法院殿御日記』の記録には、京都での公家社会における雛の贈答において「駕籠」ではなく「輿」が用いられていることが書かれている。公家の近衛基熙に降嫁した常子内親王は、後水尾天皇の息女である。常子内親王は『無上法院殿御日記』を残しているが、そこには、娘である熙子(ひろこ)五歳(寛文六年・一六六六・三月二十六日誕生)の雛あそびの模様が母の目を通して、次のように写し出されている。(14)

寛文十年(一六七〇)三月一日

「女三の宮[顕子内親王、母は東福門院。常子内親王からは異母姉]の御方より、ひいなのこし(輿)、うちにひいな(雛)をのせられ、樽、さかなとひめ君に給る。したしき御心さしとよろこふ。法おう[父の後水尾上皇]より桜花、御くハし(菓子)いろ〳〵はいりやう(拝領)す。」

女三宮は、この時、四一歳、生涯独身で過ごされ比丘尼御所へ入ることもなかった。常子内親王より十三歳年長である。姫君(熙子)の雛節供は、この日記記録からわかることは、数え年の五歳から贈答品が届けられて祝われていることである。しかし家庭内では、数え年二歳から内々に「ひいな事」が遊ばれている。

さて、日記史料からわかるように、女三宮からの贈答の仕方に、「雛の輿」が用いられていることが注目される。雛は輿に乗って、樽酒と肴を届けているのである。女児である熙子からすると、(義理の)祖母方の伯母からの贈物である。その背後には、義理の祖母にあたる東福門院(徳川和子)の采配が見て取れる。

さらに、熙子数え年九歳の時、日記には女院(東福門院)から「うつくしきひいな」をはじめとしてさまざまな品々を戴いていることが書かれている。雛人形の贈り物は、熙子の母の母、女系の祖母からの贈り物であることがわかる。

そして、十一歳となった熙子の「ひいなあそび」の時、女院(東福門院)から節供の祝が届けられているが、さらに趣向が凝らされたお使い人形の様子を次のように伝えている。

延宝四年（一六七六）三月一日

「女院より姫がたへ、ひいなあそびちかぐのよし仰にて、さかづきのだい・御たる・さかないろ〳〵たぶ、すなはち御つかひとて、うつくしき公家こし（輿）にのり、其とものさぶらひ・こしかきにいたるまでも成ほどみ事につくり、人ににせ（似）せたるやうす、なか〳〵いうもおろかなり。」

熙子の祖母にあたる女院（東福門院）から、立派な愛らしい公家の人形が輿に乗って、お使い人形として酒樽、盃の台、肴などの贈答品を届けている。公家の御使い人形だけでなく、供侍や輿かきの人形まで見事な作りであったという。

お使い人形は、雛であることもあり、稚児であることもあったことが、後の時代に描かれた図版類から窺い知ることができる。

ところで日記のなかでは、「ひいなあそび」、「ひいなごと」、「せっくのいわい」と記され、女院（東福門院、徳川和子）の御声がかりで、公家の女児たち（五歳から十三歳まで）による雛節供が催されていることが確認できる。徳川方と宮廷方との公武合体、融和が目論まれての、徳川和子と後水尾天皇との政略結婚であった。宮廷内では女性たちによる三月三日の「雛遊び」が、賑々しく、浮き立つ歓びのなかで繰り広げられている。和やかに集い、酒や肴、菓子などによって内寛いでいる様子が、焼失を免れた近衛家に残された日記資料から鮮やかに窺い知れるのである。

なお後で詳述することになるが、雛による節供は、宮廷の公家の子女において、東福門院の指図の許、華麗に大がかりに催されていく。

「嫁娶の結び初め」から考えてみると、後水尾天皇との婚姻によって宮廷に入った徳川和子は、貴族の姫君による「雛遊び」という細やかな人形遊びではなく、春三月の上巳の節供において酒・肴の御馳走による祝宴を催し、絢爛たる「雛遊び」を主催することにより、公家の姫君たちと心通わせ、結びついたと推察される。

なお、日記に登場した近衛熙子は、十三歳までは、心ゆくまでに雛遊びを楽しみ、翌年の延宝七年（一六七九）、十四歳の時、結婚をしている。相手は、徳川綱豊（のちの将軍家宣）であった。熙子は水戸の徳川光圀の養子綱条からの結婚話もあったが、父親は辞退している。理由は、公家である近衛家は、武家との結婚を憚る先祖の御遺戒があるからだとしている。しかし、徳川綱豊との縁談は、将軍からの要請であることにより受け入れざるを得なかった。このような事情があるとは思われるが、その縁組の背景には東福門院の関わりがあったことが十分に推察される。常子内親王と熙子の母子が、徳川家との結婚へと心動いたのは、幼い熙子が美しい雛の贈答によって遊びに熱中した思い出があること、そして母である常子内親王のなかに東福門院に対して「親しき御心ざし」として刷り込まれた記憶があり、女性たちの絆としてしっかりと結ばれていたからではなかったろうか。

雛の使いについて詠んだ句として、伊賀上野の藤堂家の家臣・辻萩子の句「春雨にこかすな雛の駕籠の衆」（『猿蓑』所収）や「春風にこかすな雛のかごの衆」が、知られている。元禄四年（一六九一）の句とされているが、元禄年間、「雛の使い」、「雛の駕籠」が、俳諧によく詠まれている。雛の使いによる贈答のあり方が、京都から江戸へと伝えられていることが、菱川師宣の『月次のあそび』の図版から知ることができる。

(3) 東武風俗としての雛節供

菱川師宣の『月次のあそび』に描かれた雛の使いから、京都の宮廷へと話題が飛んでしまったが、再び、江戸の町に戻ってみたい。上巳の節供において雛を贈答することが、江戸の年中行事として位置づき出しているることを菱川師宣が伝えてくれているのだ。近衛熙子の贈答を伴う雛遊びは、寛文十年（一六七〇）であるので、その十年後に出板された『月次のあそび』から、一六八〇年頃には、江戸の武門において女中方の節供が始まっていることを知ることができる。そして「雛の使い」によって贈答を取り交わすというやり方が、行なわれていることを知ることができるのである。

京都の宮廷において、東福門院（徳川和子）が主催した「ひいなあそび」、「ひいなごと」が日記に記録されているが、それはあくまで宮廷内々のことであり、宮廷の年中行事でもなければ、未だ京都の町方での年中行事ではなかったと考えられている。

江戸時代における宮廷の年中行事については、後水尾天皇がまとめられた『後水尾院年中行事』が知られている。[15] そして後々の時代の人物だが、勢多章甫が伝えている『嘉永年中行事』ならびに『嘉永年中行事考証』も残されている。[16]

後水尾天皇の記された宮廷における三月三日の年中行事は、牛飼によって行なわれた鶏合であり、雛遊びの記述はない。節供の日の夕刻、盃で酒を飲み交わしているが、三献目の銚子には桃の花を刻んで入れており、桃酒を飲んでいる。春の物忌みとして穢れを祓うことが行なわれている。また三月の巳の日ごとに、撫で物にする人形（ひとがた）が陰陽道に最も通じている陰陽頭から届けられ、人形（ひとがた）に穢れを移して禊ぎを行なっている様子が記されている。

勢多章甫（一八三〇—一八九四）は、明法家の家に生まれており、明治期は官吏として皇学所、宮内省に勤めた人物である。『嘉永年中行事考証』において、「近世御涼所ニ於テ雛人形ヲ陳列セラルト雖モ内々ノ事ナリ。因テ年中行事ニ載セザルナリ」としている。

三月三日が雛節供として、人々の生活に浸透し出しているのは、このように江戸の地であったことが明らかなのである。そのことを示すのに、よく引用される元禄年間（一六八八〜一七〇三）頃のいくつかの文献を次に紹介してみたい。

『大和耕作絵抄』は、江戸で生まれた画家・石川流宣によって著わされている。[17] 石川流宣の生没年は未詳だが、残されている作品などにより一六六一年から一七二二年まで在世したと考えられている。この絵本には、世の福（さいわい）は、農人にあり、田作りが寿の最初だと序文にあるように、農作業の四季とともに年中行事を描いているのが特徴的である。「雛遊」について「今は東のはてなき陸奥の末までも、衣冠ただしき内裏雛をまつり奉る」と記されており、東国にすでに雛遊びが広まっている証拠として、よく取り上げられる文献である。

『娘ちりけ草』（元禄十四年・一七〇一）は、山田徳兵衛が『日本人形史』で紹介している文献だが、「ひなあそびは、あずまのかたには、おとなしき人も祝ふものとてすれど、都には目なれず」と、京都では見かけることがないが、東国では、年長である大人の女性も雛遊びに興じて祝っていることが記されている。[18]

『塩尻』は、尾張藩の天野信景（一六八九—一七三三）が残した厖大な随筆集だが、宝永五年（一七〇八）に記録されたとされる巻二十九に「三月三日潮干熱田海浜事　附ひゐな遊びの事」があり、そこには次のような文がある。「今京にてはひゐな立る事さのみ多からず侍る。浪波東都のごときは殊に驕りて、さまぐ〳〵夫ならぬ人形まで立つらね侍る。[19]」

この文献では、京都をのぞいて、大坂や江戸では、贅を尽くした雛を立てる雛あそびが行なわれていることを記している。なおここで雛を「立てる」と表記されていることを記憶に留めておきたい。後に「立てる」ことの意味に触れてみたい。

正徳三年（一七一三）に出板された『女源氏教訓鑑』には京都の年中行事が載っている。[20] 三月の行事は、まず挿絵としては壬生念仏狂言が描かれている。本文では三月十四日から二十四日までとある。なお三日は、「内裏鶏合。賀茂の神事。摂州・住吉しほひ参り、貴賎くんじゅ也」と記されてあり、雛に関わる事柄がない。二十一日は、仁和寺その他の寺院で弘法大師の御影供が行なわれて、女人の参詣が多いことを伝えている。このように、京都の人々には雛節供の遊びが記されていない。

ところで京都で活躍した画家・西川祐信（一六七一―一七五一）は、女子どもを描いたさまざまな絵本を残している。よって雛遊びの絵も残されている。『絵本大和童』（一七三二）、『女風俗玉鏡』（一七三二）、『絵本和泉川』（一七四二）、『絵本十寸鏡』（一七四八）、『雛遊び貝合之記』（一七四九）には、雛遊びをしている座敷風景が描かれているが、その時期は、十八世紀半ば頃からと言える。[21]

(4) 『江戸繁昌絵巻』に描かれた雛節供

江戸で雛節供が盛んに祝われている様子は、実は、江戸の四季が美しい彩色によって描かれた華麗な絵巻が残されており、その絵巻から確認することができる。京都の善峯寺は、五代将軍・綱吉の生母・桂昌院に所縁の寺院である。その寺院に、桂昌院によって寄進されたと伝えられている『江戸繁昌絵巻』（別名『武門繁昌絵巻』）が所蔵されている。

桂昌院（お玉の方）は、三代将軍・家光の男子（幼名・徳松）を生んでいる。家光の嫡男である家綱（幼名・竹千代）は、父・家光亡き後、十一歳から幼将軍となり、男児を儲けることなく四十歳で他界している。そこで弟の徳松、つまり綱吉が、三十四歳で五代将軍となったのであった。その時、生母である桂昌院は五十三歳である。桂昌院の出自については、京都の西陣織り屋、畳屋、そして八百屋の娘であったなどと噂される女性であり、「玉の輿」となった女性として名高い。小説だが吉屋信子が大奥を描いた『徳川の夫人たち』では、家光の寵愛を受けたことにより、伊勢の内宮に付属する尼寺・慶光院の尼から無理やりに還俗させられたとされる気高いお万の方が登場する。小説においては、やがてお万の方が、京都から若い娘をと呼び寄せたのが、このお玉であった。

京都郊外、洛西の小塩あたりは竹林が広がり、善峯寺は辺りでひときわ高い山頂にある。山道を登りきると、見事に手入れがなされた游龍松が迎えてくれる。応仁の乱により寺院が焼失しているが、寺院を再建したのが、桂昌院であった。幼い頃、両親と共に参詣した寺院であった由縁から、再建に尽力したと伝えられている。建立は、元禄五年（一六九二）から開始されているので、我が子が将軍に就いた延宝八年（一六八〇）から後の、権勢を握ってからのことであった。

ところで善峯寺には、桂昌院ゆかりの数多くの品々が寄進されている。そのなかの一つが『江戸繁昌絵巻』または『武門繁昌絵巻』と呼ばれている絵巻である。正月から十二月までの江戸の四季を背景にして、武家や町人の生活ぶりが二巻によって描かれている。それはまさに江戸の年中行事絵巻なのである[22]［カバー絵・口絵④］。

さて三月三日の雛節供の場面がきわめて興味深い。雛の使いが吊り台を従者に担がせて、屋敷に到着している。吊り台のなかには、行器と小さな駕籠が見える。庭では子どもたちが桃や柳の枝を手に持っている。座敷では、三対の座雛が飾られており、菱餅や菓子などが供えられている。酒を飲み交わしている女性も描かれている。そして、屋外の通りには雛屋（立雛、座雛、雛道具が飾られている）や手遊び物を売る露店が描かれている。この絵巻の完成年代ははっきりしないが、寺院再建の一六九二年から、桂昌院が没する一七〇五年の間であったと推測される。

なお、描かれている三対の雛だが、頭は丸く、衣装雛である。女雛は、袖を左右に張った、手を横に広げた形で、長い髪は前に左右に垂れている。男雛は、中央の一つが冠を被り、二つが稚児輪風の髪で、手は前に出して扇を持っている。

この『江戸繁昌絵巻』を見ていると、人物の描き方、年中行事の取り上げ方が、菱川師宣の『月次のあそび』に似通っていることに気付かされる。そこで、この絵巻の作者は菱川師宣（一六一八―一六九四）であり、師宣晩年の作と推測されてならない。

話が換わるが、水戸にある茨城県立歴史館には、一橋徳川家に伝えられた家宝や史料が寄贈されている。そのなかに、尾張徳川家（徳川義禮）から一橋徳川家（徳川達道）に、明治十六年になってから贈られたとされる「風俗画の画帖」が、所蔵されている。その画帖の三月の雛節供の座敷の描かれ方が、『江戸繁昌絵巻』の三月雛節供の座敷風景と酷似しているのに驚かされる。おそらく菱川師宣もしくは菱川派の画家による画帖であろうと思われる。『江戸繁昌絵巻』を基として、江戸の四季を華麗に描いた絵画は、大名家によって愛好され、書写が繰り返されることによって伝えられていったものと考えられる。

宮廷の雛遊びが、東福門院（徳川和子）と深く関わっていたらしいこと、江戸の町でいち早く雛節供が年中行事として三月三日に行なわれていたことを確認した。京都の宮廷においては雛遊びが『お湯殿の上の日記』などによっても記録されているが、京都の町では年中行事としては位置づいていないことも確認できた。

次に、雛遊びと武家との深い関連性に思いをめぐらしてみたい。徳川の居城である江戸の地で盛んになったのはなぜなのだろうか。そのことを明らかにするためには、公家と武家との雛に関わる相違について考察しなくてはならない。

そこで、公家社会の歴史に登場する人形について見ていく必要がある。遠回りかもしれないが、平安時代に遡って「ひひな（雛）」と呼ばれた人形が、いつ頃、どのように登場してきたかを見ていくこととしたい。

第二章
「ひひな」の登場

「ひひな」の語の初出は、平安時代の貴族の日記である。藤原道長の祖父にあたる藤原師輔の日記『九暦』に記載されているのである。しかも「ひひな」と共に「ひとがた」や「あまがつ」といった語も記されており、それぞれ書き分けられている。ということは、当時においては、それぞれの違いが明らかであったことと推察される。しかし、後の時代になると、それぞれの語が意味することが混じり合って使用されている。意味していたことが影響しあったのであろう。

たとえば、「ひとがた」は、邪気を身代わりになって取り込むことによって、邪祓いに用いられていった。やがて、これが水に流されることがある。第四章で詳述するが、江戸時代において、雛が流されるということが民間信仰におきている。「雛」の名称によって「ひとがた」が流されているのだが、「雛」と「ひとがた」が混同されている。「雛」が人の形をしていることで、遠い昔の「ひとがた」の記憶が呼び覚まされてのことと推測される。

ところで、日本人形史においては、人形に二つの大きな系譜があることを、石沢誠司が指摘している。[1] 一つは「ひひな」の流れであり、もう一つは「ひとがた」の流れである。「ひひな」は、愛らしく調えられた人形である。「ひとがた」は、人の身代わりとなって災厄を受ける人形である。この二つの流れに共に繋がるのが「あまがつ」(後の「ほうこ」)の人形である。

『九暦』には、「人形(ひとがた)」も「比々奈(ひひな)」も「阿米可都、または阿末加都(あまがつ)」さえも登場しており、人形の歴史を探求する時に殊に重要な最古の文献史料なのである。そこでまずは、人形史において見過ごすことのできない『九暦』を丁寧に取り上げながら考察を進めていってみたい。

なお、『九暦』において「人形」という漢字表記がなされているのは、「ひとがた」である。これは当時においては「人形」が「ひとがた」と読まれていたからである。「人形」が「にんぎゃう」と読まれるようになるのは、平安時代末期の治承頃（一一七七～八一）に成立した辞書『三巻本　色葉字類抄』からのことである。

一　『九暦』に見られる生育儀礼

(1) 沐浴に登場する「ひとがた」

天暦四年（九五〇）、藤原師輔の娘・安子が村上天皇と結婚することにより女御として皇子を出産しており、この皇子が後に冷泉天皇となる。出産や産養（うぶやしない）の儀礼は、『九暦』に詳細に記録されるところとなり、生育儀礼を知る上での貴重な史料となっている。[2]

なお産養とは、生後三日目、五日目、七日目、九日目、十一日目にあたる各夜に催される祝宴のことである。王朝貴族の通過儀礼を早くに取り上げている中村義雄は『王朝の風俗と文学』において、生誕は、神秘の瞬間であり、魔物が入りやすい危険な継ぎ目であったとして、産養について次のように記している。[3]

「新生児にとっては未知の新しい世界への第一歩であり、同時に母体にとっても大きな危険であった。生誕儀礼としての産養の起源は、一つには新生児に対する形式的な饗応を意味し、一つには母子の邪気を祓い悪鬼を退散させ、健全に育つことを祈念する意味をもっていたと考えられる。」つまり、新生児と母体の二つの生命を養護する儀礼なのである。

出産は、生と死が隣り合う危険な事態であったものの、さらには摂関政治の時代の結婚や育児は、妻方が中心となる「婿取り婚」であったので、子どもは母方の親族のなかで誕生して、養育される。そこで将来、皇子から天皇となる定めなら、なおさらのこと、父方親族（天皇家）からどのような承認、関与が示されるかが妻方の家繁栄にとっては重大事となった。日記は、詳細に生誕の状況を記すだけではなく、産養の祝宴儀礼の主催者は誰か、誰によって何が祝いの品として贈られているかを詳述することとなる。

天慶九年（九四六）四月二十八日、村上天皇の即位後、六月五日、女御安子は、第一皇子を出産している。しかし、即日、亡くなっている。それから四年後、安子は再び、皇子生誕を迎えたのである。待たれた皇子の健やかな生育への期待は、募ってやまない。ところで、『源氏物語』をはじめとして王朝物語を、儀礼分析の角度から探究・考察している小嶋菜温子は、「『九暦』逸文、天歴四年の産養を読む」（『源氏物語の性と生誕』）において、生後二十日目までの日記の試読をされているので、その解読を参照させていただきながら、皇子として生まれた赤ん坊が、邪気を祓い健全に育つためにどのようなことを行なっているのか、生育儀礼の内容をたどってみることにする。(4)

天暦四年（九五〇）五月二十四日、寅の刻（午前三時からの約二時間）、無事に皇子が誕生して村上天皇に報告されている。すると内裏から返事がきて、魔除けの護持の具として「野剱」、「犀角」(5)、「虎頭」(6)を皇子の枕上に置くようにとの沙汰があった。そしてお七夜までの加持祈祷を行なう守護者の僧侶を手配することを命じ、また乳付けにあたる女人の手配は天皇の命によってなされている。さらに七日間のあいだ皇子を守るために天皇が特に遣わした法師がいる。九十歳に近い天台律師の明達であるが、この法師は、神供の料物には穢れなき物を当てるなど、その道に精通している人物だという。さて、守護のための剣や虎頭や犀角の他に、穢れを赤ん坊に近寄らせない種々の方策が周到に手配されている。

岡田荘司は、「平安神祇祭祀の周辺」（『平安時代の国家と祭祀』）において、九世紀後半から天皇の私的生活のなかに神祇官の宮主（みやじ）である卜部が陰陽道祭祀を奉仕している論考を記している。[7] そして、これまでの研究者による考察を踏まえ、国家祭祀は平安時代以降、太政官（神祇官は幣物準備など単なる事務機関として存在）が掌握していったこと、天皇個人の長寿延命などの私的性格の内廷祭祀は、神祇官の宮主が関わっているとしている。さて、村上天皇の大宮主は、直常純であり、卜部のなかの対馬出身の家（対馬卜部）である。亀卜を伝承しており、獣皮の供饌（ぐせん）を用いるなど大陸的・陰陽道的祭祀を行なったとされる。そのようなことから、生まれた皇子の枕上に、犀角や虎頭を護持のために置くということは、大宮主の進言に依ったものと推察される。

なお、同じく岡田荘司の「陰陽師の祓祈祷」（『平安時代の国家と祭祀』）において、出産の場に陰陽師が参加する早い例は、一条朝期頃からであるとして、『紫式部日記』の中宮彰子出産場面で「陰陽師とて、世にある限り召し集めて」の一節が引用されている。村上朝期の女御安子出産場面では、僧侶による加持祈祷が中心であることは、『九暦』から明らかである。陰陽師は、日時、方位などを占うことに当たっている。

藤原師輔は、赤ん坊が生まれると、すぐに陰陽師に次のことがらを行なう日時を尋ねている。臍緒切りと乳付け、御湯殿の用具の調えと沐浴、そして着衣初（きそはじめ）を行なうのに良き日時である。赤ん坊がこの世にやってきて、この世に馴染んでいくことになるが、乳付け（食）と沐浴（禊ぎ）と産着始め（着衣）が、慎重に占われて執り行なわれている。この世に迎え入れる人間としての承認のあり方が、食と禊ぎと着衣によって考えられているのである。そのなかで最も重大なのが、七日間の産湯つまり沐浴である。そして産湯の始まりの日は特に湯殿始めとして盛大に儀礼が繰り広げられている。

初めての沐浴は「御湯殿の儀」と称され、特に重要なものであったことが日記に詳細に記されている。こうして一日に朝と夕の二回の沐浴は、七日間続くが、毎回、同じように配慮がなされている。このような沐浴の重要性とは、出産の穢れを祓う禊ぎであったからであろう。産穢（さんえ）の期間は『弘仁式』において、七日間と明確に規定され始めている。それでは、その沐浴の様子を紹介してみよう。

寅の刻（午前三時頃）の出産のあと、占いによって辰の刻（午前七時頃）から湯槽など湯殿具が特別に誂えられ、水を汲む方位や時間も、やはり占われた通りに事が進行している。赤ん坊の護身は僧侶（仁和寺の寛忠）が中心となっており、まず産湯そのものに対して、加持祈祷を行なっている。次に、博士たちが漢籍の目出度い文章の読誦を行なうなか、戌の刻（午後七時頃）沐浴がはじまる。六人が燭を捧げ、十人によって鳴弦・打弦がなされ、白装束の三人の女房が、まず例の魔除けの具を携えて登場する。一人は虎頭を持ち、一人は犀角を持ち、残る一人は御釼（みつるぎ）と人形（ひとがた）を持つと記されている。七日にわたる沐浴には、読経、読書、鳴弦のなか、同じように繰り返されている。(8)

つまり、弓の弦音がびんびんと鳴り、読経と読書の音声がとどろいている。仏教、道教、儒教、神道、そして医者、武芸者が集い合って、邪祓い、清め、祝賀が同時に進行して執り行なわれている光景なのである。このような沐浴場面に、「御釼（剣）」と共に「人形（ひとがた）」が登場していることが大いに注目される。女房によって「剣」と共に携えられている「人形（ひとがた）」、つまりは赤ん坊の「ひとがた」とは何なのだろうか。沐浴は、背中を上にした体位でなされるので、沐浴する赤ん坊の「ひとがた」は、裸体で這い這いするような形状になるのであろうか。日記に記録された「人形（ひとがた）」がどういうものか推測するしかないが、後の「這う子」の形状である可能性も考えられ、実に興味深いのである。

(2) 食事に登場する「あまがつ」

産屋から明けた生後八十日目に、皇子は「憲平」と命名されている。そして八十八日目にあたる七月二十三日に、なんと早くも立太子の儀式がなされている。実は、立太子のことは、密々に、生後四日目に話が出ていたことであった。村上天皇には、すでに第一皇子として広平親王がいたが、この皇子の母は、大納言藤原元方の娘・更衣祐姫で劣り腹であった。そこで右大臣藤原師輔の娘・女御安子が出産した、第二皇子の憲平親王を皇太子に決めたのである。

さて、立太子の儀式に先がけて、村上天皇より賜わり物の目録が届けられているが、その目録によると、銀器・御帳・帷子の料は新調されているものの、それ以外の品々は村上天皇が大嘗会の時（天慶九年・九四六年）に用いられた品物であるという。「主基方（すき）」（大嘗会の神事において主基方と悠紀方で新穀を捧げるが、その主基方において新穀を御膳に調えるための調度品・食器類）で用いられた品が届けられたのである。このことは、憲平親王が皇位継承者として承認された印としての贈答であることが示されている。そして午三剋（昼の十二時頃）、紫宸殿に村上天皇が出御されて、立太子儀が行なわれる。藤原師輔は、しかしながら参内していない。それは父・忠平が前年の八月十四日に没したことにより重服中であったからである。式次第等は、伝聞によって記録しているると思われる。

立太子の儀式において東宮には、立派な釵が贈られている。これは、皇太子が受け継ぐ宝剣とされる壷切御剣のことと思われる。この立太子の儀が終了すると、関係者が集い合っての殿上饗が行なわれている。そして、皇太子となって初めての御膳が、幼い皇太子に供えられている。御飯と御菜の御膳だが、生後八十八日の赤ん坊の皇太子は食事を取ることができないであろう。給士を務めた陪膳采女（ばいぜんうねめ）は、藤原元姫が髪上げをして務めている。この女性は、村上天皇の命で乳付けを行なった平寛子の母親であり、平時望の室である。なお、所京子が「後宮制度」について述べている中で、采女が上世から御饌に関わっていたが、後世になると水司、膳司に従事して、やがて衰えていったと女官の歴史的変遷に触れて説明している。(9)

また浅井虎夫は、村上天皇の応和以後、宣旨によって采女配膳を禁止して、女蔵人が担当して、節会などの時のみ古例として配膳采女としたとしている。(10) この立太子の儀は、天暦四年であるので、すでに配膳采女はいない。特別に陪膳采女が調達されており、髪上げをして古式の容姿で務めていることが窺われる。その陪膳采女が古式のように髪上げをする様を「一本髪を上げる」と表記されている。(11)

憲平親王が立太子となった祝宴、その初御膳の儀礼の食事場面で、「阿米可都（あまがつ）」が登場しているのである。(12)

御飯（内膳所で炊いたもの）と御菜（本家で設けたもの）の御器への盛り付けだけは、陪膳采女が行なうが、女蔵人四人が陪膳を手助けしている。さて、御膳を供え終わってから、さらに居土器（こしき）二口に御飯と御菜を盛り、女蔵人が受け取って、盤を捧げて御張中に参入して、「阿末可都料」としている。「是、阿米可都料」と記されているが、「あまがつ」に膳を供えており、おそらくは、小さな土器を用いていることが推測される。このように「あまがつ」は、食事に関連した人形（ひとがた）として登場している。生後八十八日の未だ赤ん坊の東宮の身代わりとして食事を召し上がる役割を担ったのだろうか、と考えてみたくなるが、実は、当時の天皇の食事についての研究から、次のような興味深いことが判明している。

佐藤全敏は、「古代天皇の食事と贄」（『平安時代の天皇と官僚制』）において、平安時代十世紀の中後期は画期的な時代の展開期であったということを、食事文化の変容から明らかにしている。その変容の概要は、次の

ようなものである。(13)

天皇の食事様式は、令制に基づいた内膳司が食事を調える内膳御膳であり、御大盤（テーブル）、大床子（座具のイス）を用いて、銀器・銀箸・銀匙を使って食事をしていた。これは隋唐社会の上流社会の食具である。しかし、九世紀中葉あたりから、新たに御厨子所が調える御膳を、土器と木箸を用いて平敷畳に坐って食事をするように変化している。こうして儀式的な食事は、旧来の内膳御膳、実質的な食事は御厨子所御膳になっている。過渡期はその混合の様子が窺われるのである。

佐藤全敏は、十世紀後半から十一世紀前半の、天皇の食事の実相を、『侍中群要』や『日中行事』の史料を用いて、日常と儀式の食事がそれぞれどのようなものであったか描いている。さて、日常の天皇の食事場面だが、実質的な食事（御厨子所御膳）と儀式的・形式的な食事（内膳御膳）の二種類の食事をとっている。そして何と、形式的な食事場面において「あまがつ」が登場している。二種類の食事をすべて食べることができないので、形式的に「あまがつ」に食べてもらうのである。

佐藤全敏は、次のように記している。「天皇は、箸で御飯を一つまみ（「三把」）取り分け、「土器」に入れて役供に返す。この「三把（さば）」は天皇の形代である人形（アマガツ）に奉られた。」

なお、「三把（さば）」とは、食前に少量の飯を取り分けるということである。「散飯」、「生飯」と表記することがあり、仏教語においては、鬼神、衆生のために飯を取り分けることを意味していく。

このように、食事の時に、「あまがつ」が登場するのは、皇太子が赤ん坊であるからではなく、成人である天皇の食事場面にも登場しており、十世紀半ばから大きく変容してきた食事文化そのものに由来するということである。

『九暦』の記事では、皇太子となった儀式直後の初御膳において、皇太子の「あまがつ」に土器で膳を供

えている。(14)

その「あまがつ」とは、どのような形状であったろうか。幼い姿であったのだろうか。しかし、産湯場面ではないので裸体でもなく、ましてや寝ている姿でもなかったと思われる。その時の皇太子と同じ衣を着た姿の、形代であったのであろう。

『旧暦』によると、五十日（いか）の儀は、執り行なってはいない。しかし、生後百日目の百日（ももか）の儀は、八月五日に行なっている。師輔の服喪も明けているので、晴れ晴れとした様子が窺われる。「世俗の例により、餅御膳を供す」と記されていることから、民間の習俗が貴族・宮廷社会に取り入れられている由来を知ることができる。なお、餅がどこから調達されたかの記載はない。餅御膳は、下御厨子所で調えられており、次のように詳細に記されている。「朱小御臺六基、一基御匕筋・乾荷葉四種、以上銀器、二基唐菓子八種、二基餅八種、一基等菓子四種、以上盛銀平盤。」六つの小さな朱色の御台に、それぞれ銀器や銀平盤に載せられた餅や菓子が並べられている。

約五十年の後の時代のことになるが、寛弘五年（一〇〇八）九月十一日、一条天皇の中宮彰子が敦成親王（後の後一条天皇）を出産し、十一月一日に五十日（いか）の儀を行なっている。その様子は『紫式部日記』に書き留められている。餅祝儀の膳に対して、「小さき御台、御皿ども、御箸の台、州浜なども、ひひなあそびの具と見ゆ」とあり、幼い皇子に向けて小さくかわいらしい食器が準備されていたことを知ることができる。なお州浜とは、宴席の飾り物だが、岩や鶴亀や松などを浜辺の景に模して作った盤台である。沈香の木で作った折敷（食器を載せる盆）、銀細工の品とともに風流が演出されており、祖父である道長の歓喜が表わされている。

『九暦』に戻ると、百日の儀において、皇太子となっている憲平皇子の場合、銀器による立派な御膳が調えられている。おそらくそれらの台や盆や器は、小さいことが推量される。餅の数を百日にちなんだ百に合わせるため、百枚の数に切って、その餅を磨粉木（すりこぎ）ですりつぶし、これに漿（しょう）を加え、銀器に盛り、柳の木で作った匙を用いて、乳母の橘等子が含ませている。生後百日目は、どろどろした食べ物を飲み込むことが可能となっていることであろう。なお、食事の代役としての「アマガツ」は日記に登場していない。

食べ物による生育儀礼の関連で言及すれば、おおよそ生後二十ヶ月で魚味始（まなはじめ）（魚味の祝）を行なっている。これは小児に初めて魚鳥の肉など、動物性の食べ物を与える儀礼であるが、時期は一定していなかったらしい。醍醐天皇の皇子・寛明親王（後の朱雀天皇）の頃から儀式化され出したとされている。その時は、生後十三ヶ月に行なっている。

憲平親王は、天暦五年（九五一）十月二十六日、生後十九ヶ月で行なっている。これは姉にあたる承子内親王が二十ヶ月（天暦三年十一月二十七日）で行なっているが、天暦五年五月に四歳で没しており、二十ヶ月が憚られ、一ヶ月早められている。

魚味始の様子は、次のように行なわれている。十九ヶ月つまり一歳七ヶ月の皇太子を、藤原兼家（師輔の子、女御安子の弟、皇太子の叔父）が抱いている。そして藤原有相（蔵人頭内蔵頭で、生後三日目の産養においての給物勅使）が陪膳を務めている。このように男性の手によって食べ物が供されている。ところで、銀器を用いた御膳（「銀御盤八口、御羹垸四種等」）が儀礼の食事として奉られているものの、魚味始の食事は、土器であり、先に紹介した男性に抱かれて行なわれている。

日記には、「而始自今日、加供土器御膳」と、初めて土器を用いた御膳が、これ以降、加わることが記されている。乳や離乳食が終わり、普通の食事が開始されるということであろう。なお、魚味始の御膳、つまり土器御膳は次のように差し上げている。まず鯛を含ませ、次に魚鳥を含ませている。このように魚味始（まなはじめ）は男性の手によって食べ物が供されているのが注目される。なお、銀器を用いた儀礼の御膳が出されているが、その御膳を「あまがつ」に供えたのかについての記述はない。

(3) 御殿祭（おおとのほがい）に登場する「ひひな」

憲平親王が皇太子となり、住まいは桂芳坊が「御殿」となるが、その新築・移居に伴う祭儀が行なわれている。御殿祭、御井祭、鎮祭、御膳所神の祭儀が日時を勘申して執り行なわれていく。神祇官から東宮の宮主として直氏茂、御巫として乳母の源正子、補佐役として阿部高子が決められている。親王という立場ならば、幼少期は内裏内の母（女御安子）の殿舎で養育されることであろう。しかし、東宮となったからには、東宮御殿が設けられている。東宮御殿祭は、百日の儀の四日後、八月九日に行なわれている。

さて興味深いのは、東宮御殿祭において儀礼を司る神祇官が祭りを奉っているが、「比々奈料ならびに五色絹等、本家給之」と記されていることである。つまり、藤原師輔が「比々奈料ならびに五色絹など」を供ず、としていることである。東宮の母方の家である師輔が、「比々奈」に深く関連することには深い意味があることと思われる。そして「比々奈」とは何かを考える上で貴重な記録である。[15]

御殿祭の拝礼において、皇太子のカタシロならびに衣装に関わる「比々奈」を、藤原師輔が供したということであろうと推測される。御殿祭という儀式に未だ幼い皇太子は、出席することはできなかったことであろう。そのため東宮の代理として立派な装束を調えた「比々奈」が必要とされたものと思われるのである。つまり、ただのカタシロではなく、正装をしたカタシロこそが「比々奈」ではなかったろうか。

櫻井秀は、「雛遊史考」（『風俗史の研究』）において、「盛飾せる人形をヒヒナと呼ぶ」としており、日記に登場しているこの「比々奈」を取り上げているので紹介してみたい。「所有者の生命をも代表すと考へられし唯一の人形をも『雛』と呼びしものの如し」と述べているのである。そしてその「雛」とは、精巧に製作されたものであろうとしている[16]。

なお、『国史大辞典』の「大殿祭」の項目（山上伊豆母執筆）によると、御殿祭は「宮廷殿舎の災害を予防し平安を祈願する宮中祭儀」であり、祝詞から三神（屋船久久遅命、屋船豊宇気姫命、大宮売命）を祭ることがわかる。式次第は「糸四両、安芸木綿一斤、筥四合、米四升、酒二升、瓶一口、蓋二口、案二脚を揃え、中臣・忌部の官人、宮主、史生、神部、御巫らが奉仕、中臣は御殿の南に侍し、忌部は巽に向かって微声で祝詞を申す」とある。この祭式に、「比々奈料、五色絹等」を師輔が供えているということである。

以上紹介してきたように『九暦』には、「ひとがた」、「あまがつ」、「ひひな」の語が書き分けられながら登場しており、日本人形史からみて重要な史料なのである。まとめてみると、沐浴時に用いられているのが「ひとがた」であり、裸体と推測される。食事において用いられているのが「あまがつ」であり、着衣の姿が想像される。そして儀式の場面においては代理者としての生命が込められた「ひひな」が用いられており、その「ひひな」は、正装をしている姿だと思われるのだが、いかがなものであろうか。

⑷ 幼稚皇子と摂関政治

藤原師輔の『九暦』から覗い知ることができるのは、村上天皇の皇子誕生後の七日間にわたる産湯において、「虎頭」、「犀角」そして「釵」と共に「ひとがた」が嬰児の護身として用いられていることであった。そして、生後八十八日目に行なわれた立太子の儀において、食事場面では「あまがつ」が用いられていた。御殿祭の祭儀における拝礼場面では「ひひな」が用いられている。もし、立太子になる年齢が儀式に参加できるほどの年齢に達していれば、「ひひな」は用いられることがなかったと思われるのである。

村上天皇の方から立太子を急ぐようにとの話が出ていることを日記は伝えている。その背景には、村上天皇の生母・穏子皇太后の意見があったと伝えられている。師輔は、天皇から先例を調べるようにと仰せつかっている。朝廷の行事や儀礼など過去の先例についての知識は、政治の説得力ある規範・根拠と考えられていた。このような「有職故実」と呼ばれる知識の体系化は、藤原忠平によって基本形を確立したとされている。師輔は、父の忠平から口伝によって引き継ぎ、九条流を作り上げてゆく。『九暦』という詳細な日記を書き留めているのも「有職故実」のためなのである。

天暦四年六月十五日の条には、かつてどのような「幼稚皇子」がいたか、調べ上げたことを書き記している。なお、この幼稚皇子という言葉は、日記に記されている言葉である。師輔は、恒貞親王、是忠親王、保明親王、惟仁親王、貞明親王、寛明親王の名前を挙げながら、その時の皇位継承についての事情も書き留めている。ところで、師輔が調べた立太子のなかで、年齢が特に幼い皇子について紹介してみたい。

惟仁親王（後の清和天皇）は、文徳天皇の第四皇子として嘉祥三年（八五〇）誕生し、同年十一月に生後八ヶ月で立太子を行なっている。そして父帝の死の後、九歳で即位している。母親は、右大臣藤原良房の娘・明子であり、太政大臣となった良房が幼い天皇を庇護するかたちで摂関政治が始まったとされている。

もっと幼く生後三ヶ月で立太子となった皇子が、二人いる。貞明親王（後の陽成天皇）は、清和天皇の第一皇子として貞観十年（八六八）十二月十六日に誕生している。立太子は、貞観十一年二月であるから、生後三ヶ月足らずである。即位は、十歳であった。母親は、藤原基経の妹の高子である。しかし、摂政の基経と国母となった高子との間で、兄妹関係が悪化したことにより、貞明親王の人生が大きく翻弄されたと伝えられている。

今一人の保明親王は、延喜三年（九〇三）十一月晦日、醍醐天皇の第二皇子として誕生している。翌年、延喜四年二月に皇太子となっているので、生後三ヶ月である。しかし、二十一歳の若さで世を去り即位することがなかった。

このように生後間もない赤ん坊での、皇位継承を見越しての立太子は、摂関政治を背景として起こっている。師輔は、学問に優れ、村上天皇を支える人物であり、天皇から信頼を寄せられていた。皇位継承のことで混乱を避ける意味から、天皇方から早い時期での立太子を望まれている。過去においても、生後三ヶ月での立太子の例があったということで、憲平親王の立太子が実行されているのである。

ところで、『古事記』の解釈をしている西郷信綱は、天孫降臨において、この国土に降臨した最初の君主であるニニギノミコトが、生まれたての嬰児であったことに注目する。[17] 本来なら父であるタカミムスヒが降りる準備をしていたところ、子が生まれ出たので、その子を降ろすことにしたという。大嘗会の即位式において真床覆衾（まどこおふすま）が神座となるのは、嬰児として地上に来臨した神話的消息を再現して、子宮の羊膜に包まれた状態に戻り、模擬的に誕生するという意味があるとする。このような天孫降臨から、生後三ヶ月の褓（むつき）にくるまれた赤ん坊を、人々が皇太子と認めることの背景には、日本人の神話的感性に十分に見合うものだったと推測されるのである。

江戸時代中期の有職故実家・伊勢貞丈（一七一七—八四）は、アマガツについて次のように述べている。「あまかつとは天児と書くなり　あまくだりたる児という心なり　天児と書てあめがちごと読むなり。[18]」あまがつとは、天下りたる児、つまり、ニニギノミコトを想定しているのではないだろうか。『九暦』には、出産の祝としてさまざまな祝品が届けられているが、褓、襁、緥の語で「むつき」が登場している。そして、産養の功労者への被き物（贈り物）としても緥が贈られていることが注目される。生後三日目の「給物の勅使」藤原有相に対しては、お七夜の儀において「女装束一襲、児衣・襁緥各一襲」が贈られている。生後十一日目の皇太后・穏子主催の産養においては、皇太后の使者・常行朝臣という重々しい人物に対して、当日、「女装束一襲、衣・緥各一襲」が贈られているのである。普通のみやげは、絹十疋であるので、重要な人物に対する贈答の品は襁緥であることから、襁緥の重要性が示されていよう。高価な女装束とともに襁緥が加えられている意味は甚だ大きいと思われるのである。

二 「ひひな」の変遷

「ひひな」の語の初出は、藤原師輔の日記『九暦』天暦四年（九五〇）の年に認めることができた。これから、その後の時代を追って、「ひひな」が記載されている文献をたどりながら探っていってみたい。憲平親王の父親である村上天皇の時代、歌のなかなどに「ひひな」が登場しており、この時代が大いに注目される。

(1) 『斎宮女御集』にあらわされた「ひひな」

斎宮女御徽子（よしこ）（九二九―九八五）は、三十六歌仙の一人であり、『斎宮女御集』を残している歌人として高名である。名前が示すように、十歳から十七歳までは伊勢の斎宮であった。斎宮を終えてから、二十歳で村上天皇（九二六―九六七）の女御になった方である。「斎宮女御」の呼称は、このような運命を生きたことによっている。

村上天皇の二十一年間の在位期間は、天暦の治と称され、文芸が繁栄していた。村上天皇は和歌所を梨壺に置き『後撰集』を編集されたり、多くの歌合を催したりと、風雅な文運を開かれた天皇である。御自身も歌や音楽を好み、徽子の歌人としての才能に心を寄せている。村上天皇と女御の徽子との間で、多くの歌が贈答されているが、そのなかに「ひひなあそび」が歌われている。

『斎宮女御集注釈』[19]から、「ひひなあそび」の歌ならびに解釈を引用して紹介してみよう。「ひひなあそび」の歌は、六十番、六十一番、六十二番である。（なお番号は、「私家集大成」の番号による。）

六十番の歌

うちにおはせし時、**ひひなあそび**の神の御もとにまうでたる女をとこまうであひて、物いひかはす

そのかみはさしもおもはでこしかどもおもふことこそことになりぬれ

（内裏にいらっしゃった時、雛遊びの神の御前に詣った女と男が出会って、物言いかわす〈その男の歌として〉お詣りを志した当時は、神様をそれほどとも思わずにやって来たのですが、あなたにお会いして私の心が以前とはまるで変わったものになってしまってからというものは、神様の霊験についても認識を変えてしまったことです。）

村上天皇が徽子に贈った歌である。伊勢の斎宮になる前の内裏にいた時、つまり十歳以前に、互いに子どもどうし遊んだ記憶を呼び覚ましての歌である。小さな社を作り、雛（女の人形と男の人形）による神社参詣の遊びをいっしょにしたことがありましたが、あれからこうして再会してみると、あなたへの思いが燃え盛ります。神様の霊験なのでしょうか、という愛の歌になっている。

六十一番の歌

女の返し

神だにもいのることだにあるものをあだしおもひやいかがなるらん

（女の返歌　神様だけでもわたくしの気持をわかっていただきたいと、祈ることすらありますのに、その神のことは「さしも思はで」などとおっしゃるいいかげんな、変わりやすいお心では、この先、いったいどうなるのでしょうか。）

徽子が村上天皇に返した歌である。神様に恋の成就をひたすら祈っていますという言い方をしないで、いくら子ども時代だったからといって、昔は思ってもみなかったとは、なんというかげんな思い方なのでしょう。言葉尻を捉えて反撃した返歌であり、拗（す）ねてみせた恋の駆け引きが窺われる。

六十二番の歌

おなじ**ひひなやのやしろ**のまへのかはにもみぢちるところにて

かぜはやみかみのあたりをはらふらんはやきせぜにもちるもみぢかな

（同じ雛遊びの作り物の社の前の川に、紅葉が散っている所で

風が速いので、落葉しないはずの神域の大木もすっかりはらうのだろうか。流れの速い川の瀬瀬にも紅葉がこのように散っていることだ。）

この歌を詠んだのは、徽子だと思われる。ひひな遊びで作った小さな社は、神域で穏やかなものなのに、神様が風を烈しく吹かせてはらったので、紅葉が川面にびっしりであるという情景であろうか。子どもの時

に焼きついた、忘れられない光景が思い出されての歌であろう。

注釈によると、契沖は、「ひひな遊び、物にかけるは、これをはじめか」(『河社』)と記しているとのことである。

なお、注釈者は、州浜などに作られた作り物で、ひひな遊びをしていたのかと推測している。また、後のお人形遊びにあたるとしている。庭の州浜に作られた小さな社での遊びか、もしくは州浜台(飾り物を載せる島台)を用いての遊びなのであろうか。どちらにせよ、ミニアチュールの遊びと考えられよう。

「ひひな遊び」がどのようなものであったか判然としないが、初めて歌に詠まれた「ひひな」が、子どもによる「ひひなあそび」による神詣であり、「ひひなやの社」というように「神域」に関連して、神に拝礼することである点が注目されてならない。さらに男女が歌われていることにも関心がゆく。

なお、歌が詠まれた年代だが、山中智恵子は、天暦七年(九五三)か、八年(九五四)頃であったと考えられるとしている。[20] 子ども時代の遊びの記憶を歌にしていることから、「ひひな遊び」自体は、徽子十歳以前、成明親王(村上天皇)十三歳以前ということになる。つまり九三八年以前頃の遊びということになろう。「比々奈」の『九暦』の登場が九五〇年であったので、それよりも古い事例ということになる。「ひひな」が、社殿に拝礼していることが、東宮御殿祭にも繋がり、「ひひな」の役割が浮かび上がってくるのではないだろうか。

(2)『中務集』にあらわされた「ひひな」

中務(九一二年頃—九九一年頃)は、敦慶親王(宇多天皇の皇子)と女流歌人・伊勢との間の娘である。母の才を受け継いで平安時代中期に活躍した、三十六歌仙の一人に入る女流歌人である。村上天皇在位の時（九四六―九六七）、憲平親王を生んだ中宮・安子の「雛合」において詠まれたという歌が、『中務集』の九十五番～九十七番にあるので紹介してみたい。

村上御時、中宮〔安子〕の雛合に、七月七日、河原に女房車あり、州浜などして
たなばたも今日は逢瀬と聞くものをかはとばかりや見てかえりなん
又れいけいでん（麗景殿）の女御〔村上天皇の女御の一人、荘子女王〕中宮にたてまつり給ひひなのも〔裳〕にあして〔芦手〕にて
白波にそひてあきはたちくらしみきは〔汀〕のあし〔芦〕もそよといふなり
又
たなはたのこころやそらにかよふらんけふたちわたるあまの河きり

七夕の日に詠まれている三首の歌だが、わかりにくい内容である。屏風に描かれた絵に寄せて詠む屏風歌と考えられることがある。また「物合」による歌だとも考えられている。

高野瀬恵子[21]の注釈によると、「物合による歌合[22]」としての「雛合」の歌と考えることができるという。そうであるなら、七夕の日、庭に州浜を作り、水の流れを拵えて、河原に女房車を置き、その具体的な州浜の景から歌が詠まれたと推測できるという。そこで、歌の解釈は、次のようになる。

機女も今日は牽牛に逢う機会と聞くのに、この私は「あれは（あの方か）」と見るばかりで帰ってしまうのだろうか。

二首目と三首目は、安子中宮に麗景殿の女御が、「ひひな」を奉っている。その「ひひな」の裳に葦手で中務が歌を詠んで描いたということであろうか。高野瀬恵子による解釈がないので、これは私の解釈である。なお葦手とは文字絵のことで、装飾的に文字を水辺の絵のなかに配する風流な趣向である。七夕の天川の景色にちなんだ歌だが、「ひひな」の裳に描かれているのが注目される。後述するが、斎宮女御徽子は、円融天皇の皇后の「あまがつ」に裳をつけて、そこに葦手によって歌を描いている。「ひひな」の裳に歌が描かれるということの初出かと思われるが、中務によってなされていることが確認できる。

村上天皇の時代に、『九暦』に見られたように「ひひな」が初出し、同時期の歌においても「雛遊び」、「雛合」が登場していることが大いに注目される。そして「ひひな」の語の使用が、神の社に詣でること、七夕の日に星に祈ることなど、男女の間の、強く深い契りにも関連している点に注意をはらう必要があろう。

(3)『枕草子』に記録された「ひひな」

『枕草子』「村上の先帝の御時に」の段、それに続く「みあれの宣旨の」の段は、清少納言が仕えた中宮定子の一条天皇の時代の話題ではない。一条天皇の祖父にあたる村上天皇時代の話題が、聞き書きとして伝えられている。

「みあれの宣旨の、上に五寸ばかりなる殿上童のいとをかしげなるを作りて、みずら結ひ、装束などうるはしくて、なかに名書きて奉らせたまひけるを、《ともあきらのおほきみ》と書いたりけるを、いみじうこそ興ぜさせたまひけれ。」

この段の内容は、国文学研究においては、意味が不分明とされている。人形芝居の研究者の永田衡吉は、「天皇の御使として人形を用いることは賀茂の御阿礼にあった。もとは四月、いまは五月十二日の夜の神事である」として、次のように解釈を試みている。(23)

「この人形は天皇から賀茂斎院へわたされる宣旨の御使を意味し、ふつう《みあれの宣旨》と呼ばれた。これは御使人形と言うよりは、むしろ当夜、神籬山の休間木（榊）に降る別雷神の御形を憑かせるための尸童であろう」としている。「夜半、北西にあたる御形山の休間木の枝に鈴をかけ、引いて鳴らし、その鈴の音を神出現、と感得した。が、その原初のすがたはオヤマ木の青葉が五月の深夜の微風に揺れ、おのずと鈴の鳴るを神の出現と見たのであった」と説明している。

五寸（約十五cm）の立派な装束をつけた童形の人形が、尸童として用いられているということになる。村上天皇の在位時代（九四六～九六七）の賀茂斎院は、婉子内親王であり、村上天皇からすると、妹にあたる。なお、「ひひな」が巧みな細工でとても上手な出来栄えの人形であり、「ともあきらのおほきみ」と書かれていたのを、村上天皇は「いみじうこそ興ぜさせたまひける」とある。(24)

村上天皇の時代は、これまで見てきたように『九暦』において、また和歌において「ひひな」が登場している。さらに『枕草子』からも「うるはしい装束」を着した「ひひな」が、賀茂の祭礼神事に用いられていたことを知ることができる。このように「ひひな」は、神詣に深く関連していることを示している。

(4)『蜻蛉日記』にあらわされた「ひゝな衣」

藤原師輔の子・藤原兼家の妻であり、道綱の母として広く知られている『蜻蛉日記』の作者は、天延二年（九七四）五月四日に、「ひヽな衣」について記している。作者はまだ四十歳前（三十八、九歳頃）であり、夫婦仲がぎくしゃくしていることに悩んでいる。どしゃぶりの雨の日だが、身内の女性が神社に参詣するということで、いっしょに詣でている。篠塚純子は、康保三年（九六六）九月にも三十歳になってまもなく稲荷詣をしていること、そしてそれが伏見稲荷であり、今回も同じ伏見稲荷詣だと推論している。(25)出かける時、侍女が「女神さまには、衣を縫って奉納するのがよいそうです。そうなさいませ」とささやくので、道綱の母は試してみましょうと、細い絹糸で目を細かく織った絹布を用いて「ひゝな衣」を三つ縫う。そして、それぞれの衣装の下前に歌を書いて奉納している。女神に祈った三首の歌は次のような歌である。

しろたへの衣は神にゆづりてむへだてぬ仲にかへしなすべく
唐衣なれにしつまをうちかへしわがしたがひになすよしもがな
夏衣たつやとぞみるちはやぶる神をひとへにたのむ身なれば

篠塚純子は歌の解釈を次のように記している。

白妙の衣の歌
（この真白な着物は、神さまにお供えいたします。隔てのなかった昔の仲にもどしてくださいますように）
唐衣の歌
（長い間、慣れ親しんだ夫を、今のような状態とは逆に、あの昔にかえし、私の心のままになるすべがほしいと思っております。どうぞ、そのすべをお教えください）
夏衣の歌
（このように夏の衣を裁ってお供えし、神の御霊験が顕(た)つのを待つばかりでございます。ただひたすら神の御力におすがりしている伏見稲荷は、上社、中社、下社の三社があり、中社が最も重要な本社だとされる。中社への歌は、唐衣の歌であり、夫が自分の意に従う具体的な手だてを授けてくれますようにと、切に願っていると思われる。

このように「ひゝな衣」の下前に、他者に知られないよう祈願の歌を書いている。すでに述べたが、『中務集』にあるように「ひひなの裳」に装飾的に葦手で歌を描くということが、行なわれていた。

さて、伏見稲荷の女神だが、水神であり穀物を生みだす母神であり、さらには神婚の神事も伝承されていたことから、男女関係が円滑にいく信仰があったと考えられている。[26] 後に、円融天皇の皇后となった媓子は、父親の藤原兼通にも可愛がられず、行く末を案じた少女期、後見の女房たちのすすめにより伏見稲荷詣を行なったと『大鏡』が伝えている。虫の直垂指貫姿(つまり男装姿)で徒歩によって参詣して将来の幸福を祈ったと言われる。道綱の母の場合は、女神に奉納するということで、女性の正装である裳と唐衣の装束を雛衣としている。藤原北家の女性たちは、伏見稲荷を参詣して、男女の強い契りを祈ることが伝承されていたようである。

(5)『三宝絵詞』の法花寺「ひひなの会(え)」

永観二年(九八四)十一月、源為憲が冷泉天皇の第二皇女・尊子内親王(九六六—九八五)の仏道修行を導くために著したのが『三宝絵詞』である。さまざまな不幸に見舞われ出家を願うようになった美しく薄幸の尊子内親王については、小泉弘による『三宝絵』のなかでの解説、[27] 岩佐美代子の『内親王ものがたり』[28] に詳しい。

『九暦』で出産の儀礼を紹介した憲平親王が、父・村上天皇の崩御により、十八歳で即位して冷泉天皇となった。その皇女が、尊子内親王である。冷泉天皇は、皇太子時代から精神疾患があり、奇行が目立っていた。祖父・師輔をはじめとして藤原北家の大きな期待を受けて成育したが、狂疾を発したのであった。そのため、在位二年間で退位している。そこで弟が円融天皇となるが、円融天皇は十五歳の時、十二歳も年上であった二十七歳の関白兼通の娘・媓子を中宮としている。この皇后については、伏見稲荷を参詣したことを先に述べたが、晩年、斎宮女御徽子と多くの歌を贈答しあって、深い親交で結ばれた方でもあった。天元二年（九七九）六月、中宮媓子が三十三歳で没すると、尊子内親王は、翌年の十月、十五歳で叔父・円融天皇の女御となって入内する。母（藤原伊尹の娘・懐子）をはじめとする母方親族が次々と亡くなり、権力争いが繰り広げられている後宮生活にも耐えきれなくなり、やがて出家を望むようになったという。

冷泉・円融両帝に仕えた老齢の漢学者・源為憲[29]は、傷心と悲哀に沈んでいる尊子を慰めるべく、心を込めて著したのが、仏教入門書であり仏教概説書である『三宝絵詞』であった。絵が華麗に描かれた絵本が付いていたと思われるが、現在は、絵本の部分は散逸して伝承されておらず、本文のみが伝えられている。なお、尊子内親王は、この『三宝絵詞』の完成（九八四年十一月）のわずか半年後、永観三年（九八五）五月二日、二十歳の若さで世を去っている。

三宝とは、仏・法・僧のことである。上巻の「仏」では、仏本生譚、中巻の「法」では、因果応報譚、そして下巻の「僧」では、一月から十二月までの僧が勤める仏会や行事が解説されている。法花寺花厳会のことは、下巻に収められているので紹介してみたい。まず法花（華）寺は光明皇后が建立した尼寺であることが述べられている。花（華）厳経を講ずる会において、花（華）厳会が行なわれるが、その様子について次のように書かれている。

花厳経のなかに解ける所の善財童子の所々にして五十余人の善知識に会ひつゝ諸の妙なる法を聞きし形を作れり。丈七八寸ばかりなり。会の日ごとに錦綾を縫い着せて舞台の上に置きて供養せしめ給ふ。本願の時より世の人言ひ伝えて、ひひなの会と言へり。（古典文庫『三宝絵詞』〈東寺観智院本〉より引用。なおカタカナ表記を、皆川が平仮名表記に改めている。）

現在の奈良の法華寺には、善財童子の木像が数多く残されている。四月一日から七日には雛会式の法要が行なわれている［口絵⑤］。

善財童子はインドの長者の子どもとして生まれたが、仏教に目覚め、文殊菩薩に勧められて、人生を知り尽くした五十三人の指導者（善知識）を訪ね歩き、悟りの道に達したとされる。やっと最後に訪ね、悟りを開くことができたのは、普賢菩薩だとされている。それまでの道々で出会ったのは、比丘、比丘尼、外道、遊女、子どもなどであった。特に多くの女性を含むさまざまな人物と出会っている。

法華寺のかつての華厳会においては、その折ごとの問答が人形劇のように舞台で演じられたと推測される。「諸の妙なる法を聞きし形を作れり。丈七八寸ばかりなり」とあるように、経典の内容が、対話によって具体的に、人形劇として繰り広げられたことであろう。参集した多くの女性信者は、目の前に展開する御経の世界に、大いに引き付けられながら理解したことであろう。

気高い善財童子という旅をする子どもに、崇拝と敬愛を込めて、錦綾という高価で立派な衣装を縫いあげて着せている。この衣装に包まれていることから「ひひな」と称されたと推測できる。「ひひな」とは、衣装からもたらされた呼称であると考えられるからである。

(6)『源氏物語』に描かれた「ひひなあそび」

藤原道綱の母が、伏見稲荷参詣において女神に奉納した「ひゝな衣」は、絹布で縫いあげた唐衣と裳の立派な装束であった。法華寺の華厳会における「ひひなの会」は、善財童子の木像に綾錦で縫い上げて着せた、これも豪華な装束である。このように神仏への深い信仰から捧げられた装束が「ひひな」と称されていたと思われるのである。

しかしながら、子どもの遊びに入っていくと、「ひひな遊び」とは、紙人形に紙衣を着せたものだったと思われる。とはいえ当時にあって、紙は貴重な品であり、現代から考える紙の価値どころではないであろう。貴族階級の子どもたちのみが遊ぶことが可能であった材料であったろう。

山田徳兵衛の『日本人形史』には、平安時代のさまざまな物語（『源氏物語』『栄華物語』『狭衣物語』）を見ていくと、雛について多くの記述があることを紹介している。ところで、川名淳子は『物語世界における絵画的領域』のなかで、『源氏物語』の若紫の雛遊びを取り上げて、子どもから大人への移行を、丁寧に深く分析している。

若紫と「ひひな遊び」の関連を見ていくと、「若紫」と「末摘花」と「紅葉賀」のそれぞれの巻に描かれている。まず、「若紫」の巻で、病を患った源氏が北山に加持祈祷を受けに赴くが、その折、恋しい藤壷に生き写しの、姪にあたる少女・若紫と出会い、若紫を引き取ることに展開していく場面で「ひひな遊び」が登場している。

川名淳子は、「そもそも北山の僧庵の人々を驚かせ、浮き足立たせた光源氏の出現を、幼い若紫がさほど抵抗なく受け止めたのは、彼女にとって源氏は、日頃興じている絵や雛の世界の貴公子に容易に繋がるもの

として捉えられたからである」と指摘している。(30)

ここで、さらに私の考えを付言するならば、「ひひな遊び」に慣れ親しんでいたため、源氏が見慣れた気高く美しい容姿と装いで出現したことによって、親近感を抱いたということになろう。なお、これ以降の『源氏物語』からの引用は、『源氏物語』「若紫」の巻には、次のように書かれている。小学館『新編日本古典文学全集』によっている。

この若君、幼心地に、めでたき人かなと見たまひて、「宮（父である兵部卿）の御ありさまよりもまさり給へるかな」などのたまふ。「さらばかの人の御子になりておはしませよ」と聞こゆれば、うちうなづきて、いとようありなむ、と思したり。雛遊びにも、絵描いたまふにも、源氏の君と作り出でて、きよらなる衣着せかしづきたまふ。

源氏を見知ったことにより、若紫は、父である兵部卿よりも源氏こそが美しく気高いことに気付く。そこで、今までは父の姿であったものが、絵を描く遊びにも雛を用いた遊びにも、源氏の君を描いたり、その姿形を作ったりするようになっている。源氏に似せた雛には「きよらなる衣着せ」て、遊び出しているのである。雛とは、美しく正装をした姿だと考えられるが、世にも稀なる光輝く源氏は、生きている雛のようだと、若紫には思われたのではないだろうか。

若紫の祖母が亡くなり、源氏が若紫を二条院の自宅へと誘う言葉は、「いざたまへよ。をかしき絵など多く、雛遊びなどする所に」というものであった。そしてそこは、屏風には美しい絵が描かれており、源氏自らも絵を描いてみせたり、雛遊びのための雛屋を拵えて、ともに雛遊びをして過ごすなど、絵と雛でちりばめられることになる。

「末摘花」の巻では、源氏が、赤い鼻の面相で興覚めたことにより恋が終わり、まだ幼さが残る十一歳の若紫のもとに戻ってくる。若紫は、成人女子の印となる「お歯黒」や「引き眉」をしていない。その事情は、祖母にあったことを告げている。

古代の祖母君の御名残にて、歯黒めもまだしかりけるを、引き繕はせ給へれば、眉のけざやかになりたるも、うつくしう清らなり。

中村義雄は、一条帝の頃から男子も女子も元服年齢が低下して、早婚になっており、一時代前の古風な祖母の遺風によって、若紫がまだお歯黒や引き眉をほどこしていなかったと記している。[31]源氏は若紫に、お歯黒をつけさせ、眉を抜いて眉墨で眉を引くことにより、眉も調えてやる。そして、成人に近づいて、より一層美しくなった若紫と、今までのように「例の、もろともに雛遊び」をはじめる場面がある。

「紅葉賀」の巻には、元旦、朝拝のために宮中参内をする源氏が、参内前に、新年を迎えて年を重ねたであろう若紫が、少しは大人になっているかと様子を窺いに来る場面がある。そのあたりを引用してみたい。

男君は、朝拝に参りたまふとて、さしのぞきたまへり。（中略）いつしか雛をすゑてそそきゐたまへる。三尺の御厨子一具に品々しつらひすゑて、また小さき屋ども作り集めて奉りたまへるを、所狭きまで遊びたまへり。「儺やらふとて、犬君がこぼち侍りにければ、つくろひ侍るぞ」とて、いと大事と思いたり。「げに、いと心なき人のしわざにもはべるなるかな。いまつくろはせはべらむ。今日は言忌して、な泣いたまひそ」とて、出でたまふ気色所狭きを、人々端に出でて見たてまつれば、姫君も立ち出でて見たてまつりたまひて、雛の中の源氏の君つくろひたてて、内裏に参らせなどしたまふ。「今年だにすこしおとなびさせたまへ、十にあまりぬる人は、ひいなあそびは忌みはべるものを。かく御男などまうけたてまつりたまひては、あるべかしうしめやかにてこそ、見えたてまつらせたまはめ。御髪まゐるほどをだに、ものうくせさせたまふ」など、少納言聞こゆ。

源氏に引き取られて、若紫の雛遊びは、さらに深まっていることがわかる。反故紙などで作られたとされる雛屋が複数になっている。また、雛を作る紙類や雛ならびに雛道具を納める、おもちゃ戸棚と化した御厨子までも、部屋の調度として置かれるようになっている。そしてどうやら、大晦日から元旦にかけてまで、雛遊びの道具が片付けられてはいない。年を越して、部屋中に広げられたままなのである。

女童の犬君（いぬき）が登場すると、雀の子を逃がした事件が想起されるが、その事件と並んで、若紫が、遊戯の世界に熱中しているあどけない幼児性が、誇張されて強く示されることになる。大晦日、鬼やらいで遊んでいた折、犬君によって雛屋が壊されてしまい、若紫は、その修復こそが一大事となっており、源氏の参内の見送りをそこそこにして、雛の世界の復元にとりかかっている。年を越すことになった若紫の悲しみは、雛遊びの雛の館のことなのである。新年の年重ねで成長するどころか、幼いままであることが、「ひひな遊び」によって象徴的に描かれている。

源氏との結婚を準備する思いから、乳母である少納言は、黒髪は成長したものの「片生い」で精神面が未熟であることを案じているのである。「今年は少し大人らしくなりなさい。十を越した人はもう雛遊びはいけないと申します。このように婿君を持たれたのですから、そのような立場で落ち着いた振舞いをなさいませ。髪をなおしてさしあげることさえいやがっているのですから」と忠告している。壊された雛を繕うことよりも自分自身の身繕いや立居振舞こそが第一であり、日常生活に目を向けなさいということである。

その雛世界で、若紫が、源氏の人形を用いて遊ぶのは、人形を動かしながら内裏に参り、拝礼をさせる遊びである。

「雛」とは、正装している姿であり、神域と深く関連していたことは今まで述べてきた通りである。「若紫」の巻で、北山の寺院の僧都が源氏の美しさと気高さを、三千年に一度開花する優曇華（うどんげ）の花にたとえて賛美している。優曇華の花が咲くと、理想的な仏法の悟りに達した聖王が出現するという意味である。また、「あはれ、何の契りにてかかる御さまながら、いとむつかしき日本の末の世に生まれたまへらむと見るに、いとなむ悲しき」と、仏道修行に勤しんでいる僧侶らしい言い方で源氏の高貴さを讃嘆している。その背景には、盛装をすることで高貴な容姿が、さらに神々しいほどの気高さになっていることが、意味されている。「雛」こそは、神仏に拝礼をする神域に由縁をもつことから導かれていると考えられるのである。

雛による遊びとは、日常茶飯事を模倣する「ままごと」遊びではなかったと思われる。『源氏物語』から窺い知ることができるように、御殿での儀礼を模倣する遊び、追儺などの宮中での年中行事を真似る遊びではなかったであろうか。若紫は、美しい源氏の雛によって、儀礼という拝礼遊びに興じていたということなのである。

ところで『源氏物語』を題材とした絵巻が、さまざまな時代に描き続けられている。絵巻は巻子の形態ではなく、後世になってからバラバラにされたりもしている。画帳、手鑑、扇面、屏風など種々の形態となって、優れた画家が絵筆を奮った源氏絵が残されている。最古の絵巻は、平安時代末期に製作されたと考えられている作品だが、現存するのは一部分のみであり、残されているものは国宝となっている。そのなかに、残念ながら「若紫」や「紅葉賀」の巻は伝存していない。

雛が登場している絵画場面は、江戸時代に製作された土佐派による多くの作品に見ることができる。そのなかで、「紅葉賀」の雛遊びの場面が絵画化されているのは、おおよそ次のような作品がある。それらの作品に描かれている雛とともに紹介してみたい。[32]

土佐光吉（一五三九―一六一三）『源氏物語絵色紙帖』京都国立博物館　座雛
『源氏物語図色紙』石山寺　座雛
『源氏物語手鑑』和泉市久保惣美術館　座雛
土佐光則（一五八三―一六八三）『源氏物語画帖』徳川美術館　座雛

これらの絵画を見ると、雛は、子どもが手遊びで作り上げたとは考えられないほど、精巧なものである。御殿もしかりである。たとえば、土佐光吉は、立派な雛館を描き、そのなかに人間とそっくりな小型化した造形で人形を描いている。つまり、人形は、人間を縮小した姿である。そしてそれらは、紙雛でも立雛でもなく、立派な装束を身にまとった座雛ということになる。さらに驚くことは、人形の髪の毛筋さえもが美しく描かれている。近世初めの当時において、このような人間そっくりの人形の造形は考えにくい。

俳人として名高い野々口立圃（一五九五―一六六九）は、寛文元年（一六六一）、『をさな源氏物語』を著しているが、そこに描かれた紅葉賀の場面の挿絵は、素朴な紙の人形であり、おそらくこのような簡素なものであったと推測される。

また、絵画化されている雛は、どれも坐っている。つまり座雛のように描かれている。しかし、それは立姿が本来であったと思われる。

山田徳兵衛は、「紅葉賀」の巻にある「雛のなかの源氏の君つくろひたてて、内裏に参らせなどし給ふ」

という表現から、雛が立ち姿のものでなくては、こうした文は書かれないだろうとしている。[33]

川名淳子は、「夕霧」の巻で、雲居雁が子どもたちと遊ぶ場面の表現に注目している。「雛つくり拾ひ据ゑて遊び給ふ」という表現だが、「拾う」と「据える」ということから、「雛はそれ自体では立たないため、床から起して手で支えながら動かし遊ぶということだろう」と推量している。さらにまた、「総角」の巻で、臨終の床にある大君の衰弱した様子の表現、「中に身もなき雛を臥せたらむ心地して」という形容からも「厚みのない身体こそが雛の特徴的形状であったことが想定し得る」としている。[34]

平安時代の雛、ならびに子どもが雛によって遊んだ「ひひな遊び」は、立姿であり、動かして遊ぶのであった。宮中儀礼の模倣であることから立礼と考えられ、坐る雛は考えられないと思われる。

(7) 『栄花物語』に描かれた「ひひな」

藤原道長・頼通父子の栄華を賛美してやまない『栄花物語』は、『源氏物語』などの女流文学の影響を受けながら、ある宮廷女性によって紡がれている。約二百年間の宮廷の歴史を伝える、女性に向けての歴史物語なのである。巻十九には、道長の二女妍子(きよこ)が三条天皇の中宮となって禎子(よしこ)内親王を出産するが、その内親王十一歳の三日間にわたる裳着の儀式(治安三年四月一日から三日)が描かれている。なお、裳着とは、女子の成年式であり、おおよそ十二歳から十四歳で執り行なわれたとされる。公的に大人となったことを知らせ、この後から結婚の準備に入っていく。裳の腰を結ぶ役は、姫宮の母の姉、上東門院彰子(あきこ)である。尊貴な女性である彰子が、重要な役割をしている。夜間に行なわれる儀式であり、眠たくなっている姫宮を見たときの可愛らしさが、彰子の言葉として次のように表わされている。[35]

「いみじくうつくしげに、御髪の懸りたる程、なべてならずめでたく見えさせ給ふ。ひひななどを作りたてたるはをかしげなれど、たをやかならず見ゆれば口惜し。絵はめでたくかきたれど、物いわず、動かねばかひなし。これはひひなとも絵とも見えさせ給ふものから、らうたげにうつくしうなまめかしう匂はせ給へれば、御目ほかへもやらせ給はず見奉らせ給ふ。」

唐衣と裳による女性としての正装姿で儀式に臨んでいるが、まだ幼さが残る美しく可憐な姫君の有様を、このように表現しているのだ。「ひひな」などを作って立てるのは、美しくて立派な趣きがあるが、しなやかではないように見える。絵は素晴らしく描いても、物を言うことなく動かないので、何のかいもない。姫宮は、「ひひな」とも「絵」とも見えるので、気高く優美でみずみずしく、しっとりと上品であると絶賛しているのである。

これを受けて、後一条天皇の東宮時代の乳母であった典侍（彰子に仕えた内侍でもあった）が、「ただ今のままで主上とお並べ申し上げたならば、ひひな遊びのように立派でございましょう」と言って、周囲を笑わせている。美しく正装した姿と「ひひな」との結びつき、さらに裳着を終えてからの結婚の儀式へと連想が湧いているのであろう。彰子の言葉に戻ると、「ひひな」は、動かして言葉を発しながら用いた様子が窺えるのである。また典侍の言葉から、「ひひな遊び」とは、（結婚）儀礼を遊ぶということを窺い知ることができよう。

同じく『栄花物語』の十六巻には、道長の妻、倫子（ともこ）が発願した寺院（無量寺院西北院、後の法成寺）の落成法要や仏像開眼、不断念仏（治安元年十二月二日から六日）などの様子が描かれている。念仏僧として、比叡山、仁和寺、三井寺などの各寺院から十五歳を上限にして、十二、十三、十四歳の子どもの法師を呼び寄せている。しかし、上達部（三位以上）、四位、五位の殿上人の子息だけに限っている。装束は、道長より与えられており、宿直（とのい）装束である。宿直装束とは、宮中で宿泊して勤める時の身支度であり、儀礼に列する表向きの姿ではない略装である。小法師たちは十五人が一組となって三昼夜にわたり念仏を行なっているが、宿直装束とはいえ、綾羅錦繍の善美を尽した華麗なものである。その部分を引用してみたい。

「なりどもは、あるは紫の織物の指貫どもを、濃紫・薄紫にて、丈に二尺ばかり踏みしだき、あるは浮文・固文、あるは唐綾などを着せたり。薄鈍の袿、糊張などの綾、無文、あるは固文の織物、また今様のつやつやなどいふをぞ、六ばかりづつ綿薄らかにて著せたる。薄物の衣ども、あるは薄鈍・紫香などしても染めたり。香のかうばしき事限りなし。衣にひかれて歩き舞ふ程、いとよだけげなり。頭には花を塗り、顔には紅・白い物をつけたらんやうなり。あはれにうつくしう尊き様、小さき地蔵菩薩はかくやおはすらんと見え、又天児などのもの言ひて動くとも見ゆ。又稚児どものめぐりするとも見えたり。さまざまあはれにらうたき声どもの、ひわかく細くうつくしげに、聞かまほしき事、迦陵頻伽の声もかくやと聞えたり。」

小法師の装束は、僧侶としての墨染めの衣でもなく、ましてや貴族の正装でもない。紫色のだぶだぶとした指貫袴を着用し、上は薄鈍色や紫香（薫物の原料である香料）で染めた僧衣である。頭には花の汁を塗り、顔には紅や白粉をつけている。可愛らしい美しい姿で若々しい細い声で念仏を唱えて、くるくると廻っている有様は、尊く厳かで香り高く、優美であったという。この小法師たちを「天児」が口をきいて動いているようだと形容している。ここで「ひひな」のようだと形容していないことが重要である。可愛らしい貴族の子どもの立派な装束姿だが、小法師という僧侶姿には、「ひひな」という言葉は用いられてはいないのである。勿論、小法師には髪がないこともあろう。このようなことからも、「ひひな」とは、貴族の盛装した装束姿であることが明らかであると思われるのである。

『栄花物語』には、二八巻にも「ひひな」に関連した印象的な場面がある。関白頼通の弟・教通には六歳の信長がいた。この若君が可愛いらしくて皆の注目を集める。

「紅梅の御衣のあまた重なりたるに、同じ色の浮文の御直衣たまひて、御前の高欄におしかかりておはすれば、関白殿見たてまつらせたまひて、やや、こち、と申させたまへば、ただならずさし歩みてまゐりたまふ。御髪のいとふさやかにて、肩わたり過ぎておはす、雛などにぞ似させたまへる。殿ばらなど見遊びうつくしみたてまつらせたまふ。」

関白頼通にとって、甥にあたる子どもである。あまりにも愛らしい姿に目がとまり、「やや、こち」と呼んだところ、緊張しながらもやってきたという。物語の伝本（富岡本）によっては、関白が信長を抱いて、こういう子があったならという意の文章が続いているとのことである。ここでは、貴族の男児が私服として着用する直衣姿の、愛らしい姿をも、「雛」と表わしている。よって雛とは、男女にかかわらず、気高さを湛える貴族の装束に包まれた、盛装した美しい姿であることが重要なのである。

⑻藤原頼通のひひな

関白藤原頼通の母であり、藤原道長の妻である倫子の葬儀において、何と「ひひな」が書き留められている。天喜元年（一〇五三）六月十五日条の『平定家朝臣記』（『康平記』）には、倫子の葬儀の模様が記録されているが、そこに「ひひな」が登場している。なお、平定家は、藤原頼通に仕えていた家司である。平定家の家筋は、武門ではなく「日記の家」と称され、親信以来、代々、日記を書き残していることで有名である。

藤原道長は、万寿四年（一〇二七）没しており、藤原北家の首長は、頼通である。天喜元年、頼通（六十二歳）は、三月、宇治の平等院・阿弥陀堂を造営しているが、六月十一日、母の死を迎えている。春秋九十、という長命であり、大往生であったと思われる。さて、その葬儀のなかで、棺に入れる形代が次のように記録されている。[36]

「今日依レ仰参、京極殿。令レ作御人形。長七尺許、以レ紙作ニ比々な一、令レ著ニ束帯幷冠一、作ニ御衣切一。」

頼通の命令によって御屋敷の京極殿に行くと、平定家は、棺に入れる御人形を作るように命じられる。紙で長さが七尺、つまり約二・一メートルというヒトガタである。等身大よりも大きく、さらには、頼通の御衣を切ってそれを用いた束帯の姿にするよう命じられている。そして、何とそれを「比々な」と称しているのである。

後に再び触れたいが、「ひいな」の語源が、小さなという意味であったとするのは、本居宣長である。宣長は、『玉かつま』において「人の形をちひさく作りて、わらはのもてあそぶ物を、物語ふみどもに、ひゐなといえり、これはちいさくつくれるを、鳥のひなになぞらえていへる名にて……」と記しており、この解釈が世に膾炙したのである。しかしながら、『平定家朝臣記』から明らかなように、小さいから「ひいな」ではないと考えられる。「ひいな」とは、実に、公家装束の束帯の礼服姿に深く関連していると考えられるのである。

藤原頼通が、九十歳で没した母に、なぜそのような大きく立派な我が身の代理としてのヒトガタを入れたのであろうか。おそらくは、母への敬愛の強さ、深さからであったろう。父である道長が、政治経済の基盤形成、芸術文化の庇護繁栄により、藤原氏による全盛期を築きあげた背景には、母である源倫子の尽力があったからこそのことであった。多くの歴史家が述べているように、源倫子の父・源政信の財力や権力という支え、また倫子の多くの子どもたちを出産した生命力や健康に与っていよう。長女の彰子をはじめとして、合わせて三人の女子が中宮となっており、外戚の力によって道長の権力の確立が成功した。そのような大きな母に対する心からの慈しみの想いが、等身大より大きな「ひひな」を生み出したのではないだろうか。

⑼宮咩祭（みやのめのまつり）のひひな

櫻井秀は、「雛祭史考」のなかで早くに宮咩祭を取り上げている。まず宮咩祭とは、「自家の幸運を希求するために行ふところの風俗にして、恒例としては十二―正月の午日を以て行はる」と紹介している。なお、『国史大辞典』の「みやのめのまつり」の項では、上田正昭が「正月と十二月の初午の日に行なうのが慣例であったが、臨時に執行する場合もあった」としており、さらに「不祥を祓い、延命長寿、子孫繁栄、福徳円満を祈願する祭。宮売祭・宮咩奠とも書く」としている。

櫻井は、寛治七年（一〇九三）七月四日、宮廷で宮咩祭が行なわれたという記録を引用して、そこに「比々奈」が登場していることを紹介している。その記録とは、「執政所抄」[37]に収められている「清実朝臣記」であり、その内容は次の通りである。

「殿下着御衣冠。御其座。是依被始御祭也。又大盤所御料。此日同所被始行也。一所料高杯物五前。衝重物一前。衣笠二具。比々奈七人。（男形三人。女形三人。召一人。）如此之物等所相具也。比々奈七人。於大盤所被調。於衣笠二具。政所雑仕女所調進也。」

七月四日に清涼殿で臨時に執行された記録である。この前々年八月は、近畿大地震で道長が建立した法成寺堂塔が破損している。前年三月は京都が大火に見舞われており、同じく八月は諸国大風・大洪水の甚大な災害が起きている。なおこの時の暴風雨で、伊勢両宮の宝殿が転倒したことも伝えられている。このような状況のもとで執り行なわれたと思われる。

比々奈七人とあるが、これは男女六柱の神々であり、この神々をヒトガタならぬカミガタに作ったものと思われる。高御魂命、大宮津彦、大宮津姫、大御膳津命、大御膳津姫、笠間神の六柱を祭神として祀っている。清涼殿大盤所の女官が、綿子で男女の神形を作り、染絹の衣を着せ、男神は束帯の姿にした。笹を立てて衣笠やそれらのカミガタを吊るしている。山田徳兵衛は、「雛祭が生まれるについては、この宮咩祭の人形の影響もまたあるかもしれない」としている。男女神がそろっての「ひひな」の姿から、後の時代の夫婦一対の雛の姿と結びつくと考えているのであろう。

宮中で行なわれている祭だが、公的な行事ではなく、天皇の日常的な御座所での祭であり、家祭としての私的な色彩が濃い。宮主が祭文を奏しているが、その祭文からは天皇の長寿と国土の平安によって食糧が豊かであることが祈られている。なお、笠間神とは、大宮売神であり、古代の穀物神である。この大宮売神を祭ることから宮売祭と呼び習わされたと考えられている。大盤所が関与していることからもわかるように、天皇の食事に深く関わる祭礼である。その時、男神の姿が、束帯の装束で表されていることから「ひひな」と呼ばれたものと思われる。

まとめ

平安時代十世紀半ばに登場した「比々奈」の言葉をたどることにより、「比々奈」がどのように用いられているかを探ってきた。ここで、まとめを記しておきたい。

最も古い時代と推量できるのは、村上天皇の子ども時代であり、徽子内親王と内裏において「ひひな遊び」で神に詣でたことが歌に詠まれていた。さらに天皇となってから、天皇の御使として賀茂の御阿礼の「ひひな」の存在があった。それは、五寸ばかりの麗しい装束を着けた殿上童の姿であった。

『九暦』に記載された東宮御殿祭の儀礼には、文献的に初めて「ひひな」が登場していた。おそらくは、生後一〇四日目の幼稚皇子に替わるものとして「比々奈」が儀式の代役を務めたものと推測できる。

次に、法華経の華厳会において、善財童子像に捧げられた豪華な錦綾の衣装の姿から「ひひなの会」と称されていたことが確認できた。藤原道綱母が伏見稲荷の女神に捧げた神衣は、女性の正装姿（裳と唐衣）であり「雛衣」と称されている。宮咩祭の神々の束帯姿に対しても「比々奈」と呼ばれていることもたどることができた。

これらの事例から、「ひひな」とは、正式装束で身を調えた形代であること、そしてその姿から、生命をも代表した荘厳な形代になりえていることが認められる。このような「ひひな」によって神事、儀礼において代行が可能となったのである。代行とするには、生命を賦活することになる装束こそが重要であり、直接手ずから調えることであった。『九暦』において藤原師輔が、東宮御殿祭の「比々奈料ならびに五色絹等、本家給之」は、「ひひな」が、東宮の母方から、女性の手によって調整されることの意味を示していると考えられる。「ひひな」の装束が女性たちに委ねられているのである。

江戸時代になって「ひひな」を、「小さく作れるを鳥の雛になずらへて言へる」（『玉かつま』）と本居宣長が書き著したことから、小さなものという考えが広まっている。しかしながら、藤原頼通の形代の大きさが「七尺」をもってしても「ひいな」と呼んでいることから、小さなという意味ではないことが明瞭に理解できる。

平安文学においては、「ひひな」、「ひひなあそび」の言葉も数多く書き留められていた。とりわけ『源氏物語』の若紫と「ひひなあそび」の関連は、今までもしばしば取り上げられてきたところである。幼い子どもが遊んだ「ひひなあそび」とは、いったいどのような遊びなのか推測してみた。「ひひな」が、貴族の装束を身にまとって儀礼に用いられたと考えられるので、紙で作られた子どもが遊ぶための「ひひな」も、装束を着せられており、宮廷での儀礼を模倣する遊びであったのではないかと提示してみた。

そこで、若紫が「ひひなあそび」に熱中することの意味を考えるならば、以下のことが推量されるのではないだろうか。若紫は、母に早くに死に別れ、父からも支援の手が差し延べられず、老いた病身の祖母と山間の地で寂しく暮らしていた。そこに源氏が現れて発見され、源氏によって隠されることになる。そのため、社会儀礼としての三歳髪削ぎが、なされないままに経過している。また、本来なら十二歳から十四歳頃に裳着が行なわれて結婚となるが、それも逆転しており、源氏と新枕をかわしてからの世間への知らせとして裳着が行なわれている。このように源氏によって、囲い込まれ秘匿されている若紫が、社会から遮断されているのにもかかわらず、公的な儀礼遊びである「ひひなあそび」に熱中している意味は、深くて大きいだろう。

源氏その人は、袴着・元服の儀礼において「光輝と陰影の両極に引き裂かれた」状態に置かれていると小嶋菜温子によって読み解かれている。(38) 若紫の「ひひなあそび」は、囲い込まれ隠されていることの自覚のないあどけなさと、屈託なく晴れやかな儀礼を遊ぶ没頭ぶりに彩られている。このことから、遊戯空間は、幼く美しい少女の輝きと、社会から周到に隔絶されている陰影とを帯びてくるのではないだろうか。そして、それこそは、源氏その人の運命と同伴する者の引き裂かれた運命であったともいえよう。

「ひひなあそび」とは、子どもにおいてのみ遊びとして許されるのであり、裳着を迎える大人の女性には忌まれるのである。「ひひな」によって神に向かう祭儀を遊ぶことは、怖れ多いことであり、子どもが許されても分別のある大人は憚られるのである。第三章で述べることになるが、江戸時代の宮廷にあっては、五歳から十三歳までが「ひひなあそび」がなされた年齢である。十三歳になると「雛満（ひいなみて）」として、この歳をもって終了となる。「ひひな」に込められた神儀としての畏敬の念は、宮廷人の心性として伝えられているのである。

「ひひな」は、立てるものであることも、「ひひなあそび」から知ることができた。動かして遊ぶ、話をさせて遊ぶなど、手で支えながら動かして操作している。儀礼の動作は複雑な約束事の動きがあることであろう。「ひひな」は、立たせることで生命が宿ったのであると考えられる。江戸時代において「立雛」が、座雛へと変わっていくが、古式を重んじる記憶として紙雛としての「立雛」は残り続ける。「雛を立てる」という言葉も残り、雛を飾ることを意味していく。

以上のように、江戸時代以前の「ひひな」について概観してきたが、「ひひな」は男女どちらにも用いられており、それぞれ一体を指している。男女を対にして「ひひな」とするのは、江戸時代に入ってからのことである。江戸時代における「雛の誕生」の歴史に向かう、心はやる気持ちがあるが、その前に、「ひとがた」についても言及しておきたいと思う。

三「ひとがた」の由来

日本の人形史を振り返ると『九暦』にも登場していたが、「ひひな」と並んで「ひとがた」が認められる。日本の人形の流れは、「ひひな」の流れと「ひとがた」の流れの、大きな二つの流れがあるという、石沢誠司の提言はすでに紹介しておいた。

ここでは、「ひひな」と並ぶ今一つの流れである「ひとがた」について取り上げておきたいと思う。「ひひな」と「ひとがた」は、多くの人々に混同して受け取られてきた。そこで、「ひひな」とは異なる「ひとがた」の由来を明らかにしておきたいと思うのだ。

そもそも「ひとがた」とは何なのだろうか。人はなぜ、人の形を生み出すのだろうか、まずはそのことに触れておきたい。

永田衡吉は、日本の人形芝居について広範に調査・研究をし、鋭利な考察を展開した人物である。永田の主著『改訂　日本の人形芝居』には、ヒトガタが生み出された経緯について次のように書かれている。[39]

「人が人の形(かたち)を作った最初の動機は呪術に用いるためであった。呪術は古代人の科学であった。その人形(ひとかた)は人の霊魂(たましい)の容器(いれもの)とされた。ほんらい、人体は空虚。からっぽである。……(中略)……この空っぽの人体に霊魂の来り宿って活体となる。すなわち、人間である。……(中略)……霊魂は物質の一種、半気体と想われた。……(中略)……ヒトガタは、死霊・生霊を問わず、人の霊魂を誘い込む模擬人間であった。」

永田は、ヒトガタに要求されたのは人体の正しい形であったと述べている。つまり「個々人の霊魂の容器であるヒトガタはその人の体形そのままに造形したものであるべき筈である。でなければ、その人の霊魂は安んじて、そのヒトガタに移ろうとはしなかったであろう」という。

そして、ヒトガタの用い方は、陰陽師や験者などの呪（修）法によっていたという。「彼らは霊肉二元の理念に立ってヒトガタを駆使し、自在に人間の霊魂の脱皮・更生をはかり、また人体から霊魂を出し入れする呪術をも実践した。しかして、脱皮更生の呪法を祓除（はらえ）と呼んだ。……ハラエの対象となるものを神道ではツミ・ケガレと言う。……一般には年間・月間の実生活から生じる霊魂の消耗・疲労・老化・疾病を意味し、それらの現象が、霊魂をして人体から離脱させることを怖れた。」

霊魂は、消耗したり、疲労したりするという観念から、呪法によって霊魂の再生を図ったということである。その時に用いられた重要な呪具こそがヒトガタであるという。

「呪術者たちは、消耗・疲労・老化した古い霊魂を、ヒトガタに移すことによって、新しい霊魂の更生を庶幾した。申せば、魂の井戸替えである。ヒトガタは古い水を汲みだす桶であった。井戸の底には新らしい生気の泉が涌いた。ヒトガタはツミ・ケガレを負うたまま、海や川に流された。」

成人した大人が、その霊魂が消耗・疲労・老化することにより、ヒトガタという呪具が必要であることは理解できる。しかし、誕生したばかりの生命力がある赤ん坊には、ヒトガタが必要なのだろうか。

永田は、「赤ん坊の霊魂はひ弱く、視力も脚も弱く、遠く遊びにでては、帰るべきわが身胴（みがら）さえ見失うてしまう」のだと述べている。古代の人は、寝ている時間が多い赤ん坊は、霊魂が浮遊しやすいと考えたのであろうか。また、生まれたてであるので、霊魂と人体との結びつきが、まだ馴染んでいないということなのだろうか。クシャミをしたことでも霊魂が飛び出してしまうと思われたふしもある。はたまた邪悪な霊魂が、容易に赤ん坊に入り込むと考えられたのであろうか。それとも産穢の意識から、生まれてきた赤ん坊そのものが穢れていると考えられているのだろうか。
ともあれ、赤ん坊の「ひとがた」は、出産の儀礼において登場している。次に、「ひとがた」が記載されている平安時代の文献資料から探っていってみたい。

日本では、古くから大祓（六月、十二月の晦日に半年間の罪穢を取り除く）において、麻を用いた祓いが行なわれてきた。しかし、七世紀後半から八世紀にかけて、中国の民間信仰である道教が日本にもたらされ流布したことにより、我が国の祭祀に大きな変化が起きたと考えられている。道教の祓えにおいて「ひとがた」が用いられるが、我が国においても「ひとがた」が用いられるようになったのである。

岡田荘司は、『養老神祇令』を引用しながら、中臣の麻による祓いと共に、大和・河内両国に居住する（漢高祖の後裔で百済を経て日本に帰化）文部（ふみべ）により、祓刀を捧げて行なわれる祓いを紹介している。[40] その時、「ひとがた」も用いられている。祓いによって、金人、銀人、鉄人、木人があり、それらの製作の数量や寸法は、『延喜木工寮式』に詳細に記されているという。考古学的にも当時の遺跡から、祓で用いられた数多くの「ひとがた」が発掘されている。病気快復、除災、延命のための祓えにおいて、金、銀、錫等による金属製の「ひとがた」が用いられていることが明らかとなっている。なお、笹生衛は、帰化人の文部が読んだ「祓詞」は、道教の経典（『赤松子章暦』）を基本にしていることを指摘している。[41]

このように、九世紀後半から十世紀になると、国家行事の祭祀は神祇官によるとされ、天皇にかぎらず個人の私的除災・延命においては、陰陽師が家に招かれての陰陽道祭祀が行なわれていった。つまり、大祓に関しては、日本古来の祓と渡来系の祓の二重構造となっている。なお、道教と陰陽道は互いに絡み合い、切り離しては考えられない影響関係があることは、村山修一が述べているところである。[42] このように道教から影響を受けた陰陽道祭祀においても、ヒトガタが用いられていったことは、個人宅の遺跡発掘から「ひとがた」が出土することで明らかとなっている。

さて先にも紹介した永田衡吉は、ヒトガタについて次のように述べている。ヒトガタは裸形、着衣がないのが本来であること。人体の正しい形として、頭・胴・四肢の三部分が左右均斉・正面直立の姿態であること。本格的ヒトガタは、等身大であること。しかし「一方、呪法が普遍化し、秘密性が必要になると共に、すでに奈良時代からヒトガタの小型化が行なわれた。これならば人知れず呪詛することもできるし、容易に水に流れてゆく」としている。

ヒトガタは、鉄、土、草、木、そして紙によっても作られていく。草は、中が空洞の禾木植物（たとえば茅、稲藁、麦藁）や小竹などが用いられている。中が空洞ということは、霊魂が潜みやすいと考えられたことによるものとされる。

ところで、先に『九暦』逸文から、誕生したばかりの赤ん坊の沐浴におけるヒトガタを見てきたが、この世に到来したばかりで浮遊しやすい霊魂を定着させるものとして、また邪悪なものを祓うために用いられていることが推測できた。はたして、その時のヒトガタは、どのような素材で作られたものであったろうか。一人の女官が、御釵と人形を手に持っているので、金属製の人形とも推測できる。これからの研究が待たれるところである。

次に、平安時代において、この世からあの世に赴く死の場面で、ヒトガタがどのように用いられているのかを見ていってみよう。

(1) 鎮めの「ひとがた」

陰陽道祭祀の中心儀礼は、祓と鎮めにあるとされる。葬送においても「ひとがた」が用いられているが、鎮めとしての「ひとがた」と考えられよう。棺に形代を入れる記載、そして、その形代について、「ひとがた」、「あまがつ」、さらには「ひひな」と表記されていることに気づかされる。まさに誕生時と同じような形代が登場している。それでは、それらの語の使い方を確認していこう。

寛弘八年(一〇一一)六月二十五日の一条天皇の葬儀の記録は、『権記』(藤原行成の日記)によると次のようである。[43]

「亥四刻御入棺、后宮儲君、又他之宮御形代、各有縁人々、密々入レ之例也。」

宮廷文化が開花した時代の一条天皇の崩御にあたり、后宮である彰子も定子も、そして儲君である皇太子・敦成親王、他の宮々(敦康親王、敦良親王、脩子内親王など)が形代を入れたと記している。有縁の人々とあるので、藤原道長も入れたことであろう。死を悼み、あの世までも共にあってお守りしますという意を込めて形代を棺に入れたと思われる。形代は、かつての埴輪であり、我が身の形代を自己供犠として捧げたのであろう。形代には、各人の霊魂が宿されていると考えられたことであろう。なお、当時、死穢を怖れていたため、近親者は遺体の傍には近づくことがなかったとされる。

後一条天皇の葬儀は、『類聚雑例』によると長元九年(一〇三六)四月二十二日であった。[44] この後一条天皇は、藤原道長の娘・彰子が一条天皇の皇子として産んだ帝である。その皇子誕生において、道長は隋喜したと伝えられている。さて入棺は次のように記されている。

「次御入棺云々、……中宮幷一品宮、斎院等御阿末加津等同加入、先例兄弟御阿末加津入レ之、而新帝御阿末加津依レ有二事憚一不レ入云々。」

ここで興味深いのは、ヒトガタ（人形）という語ではなく、アマガツ（阿末加津）という語で表記されていることである。そして「あまがつ」を棺に入れるのは近親者だが、新帝つまり後一条天皇の弟で、新帝となる予定の後朱雀天皇は「あまがつ」を入れないということが記されている。

「あまがつ」さえも入れないのは、死穢が新帝に及ばないことが神経過敏に配慮されているからであろう。先に紹介した一条天皇の葬儀に際しては、儲君である皇太子の敦成親王は形代を入れていたが、それは次の天皇は、伯父であった冷泉天皇の子、つまり一条天皇からすれば甥に皇位が移ったからである。その方が三条天皇であり、三条天皇の後に、敦成親王が後一条天皇となっている。このように新帝が穢れることを、憚れていることが理解できるのである。

次に、天喜元年（一〇五三）六月十五日条、『平定家朝臣記』（『康平記』）に記載された、藤原頼通が母の棺に「ひひな」を入れたことは、すでに述べた。紙で長さ七尺、自分の衣を用いて、衣冠束帯の人形を作ったのである。

藤原頼通の子が師実、その子が師通、そしてその後継者が忠実である。師実の妻は、源麗子（一〇四〇―一一一四）である。歿年は、永久二年四月三日であるが、葬儀の模様は、『中右記』（藤原宗忠の日記）によって知ることができる[45]。永久二年（一一一四）の藤原家の当主は、三十六歳の忠実であり、祖父の師実も没しており、父の師通も三十八歳の若さで亡くなっているので、忠実が藤原氏長者として祖母を送っている。

忠実は、陰陽師の秦仲朝臣を呼び、葬儀の日程など仔細を尋ねている。触穢を避けるため、場所替えをしたりしているが、棺に、自らが作った人形を託して入れさせている。忠実は、七十四歳の祖母の死を、深く嘆き悲しんでいるが、それは忠実が父を失い二十二歳の若さで当主となった時、祖母が庇護後見してくれたことにあったかもしれない。また忠実が惚れ込んだ師子（白河院の寵愛を受けていた）との結婚において、祖母が尽力してくれたことなどもあったろう。祖母への思慕が強かったことを窺わせる人形作りである。

「殿下独作人形、令入給也。件人形以黄皮作云々、他人々ハ不被入云々。」

黄皮（きはだ）の木とは、黄檗（おうばく）であり、染料や薬用になる。その木を用いて、一人で人形を作ったというのである。後の時代になるが、康和三年（一三八一）の頃、奈良の元興寺極楽坊で、黄皮を用いた人形についての史料が発見されている。その史料「夫婦和合祭文」には、陰陽師が黄皮の人形を用いて祭文を唱えるということが記されている。[46]

ところで、源麗子の葬儀は、秦仲朝臣が取り仕切っているので、孫である忠実は作った人形を秦仲に預けたものと思われる。おそらく魂が寄り添うことを祈る呪法であったかと想像される。

棺に入れる形代をさらに見ていこう。大治四年（一一二九）七月の『中右記』（藤原宗忠の日記）には、白河法皇の死と葬送が記録されている。「法皇御年七十七、七月七日崩給」とあり、詳細な葬儀の次第が記されている。さて、棺に入れる形代については、七月十五日の条に次のように書かれている。

「宮々人形被入御棺云々、新院不被入……、是子幷兄弟ハ必入也、孫者不入之由。」

新院とは、鳥羽上皇であり、白河法皇の孫にあたる。孫は、「ひとがた」を入れないとしている。しかし、子と兄弟は必ず入れるとしている。子どもの内、堀河天皇はすでに此の世にいない。親王や内親王の宮々が入れたことであろう。なお、法皇は荼毘に付されている。

このように近親者は、「ひとがた」を棺に入れるが、帝や院政期における上皇の継承者は、入れていない。継承することこそが大事であると考えられ、死の穢れが及ばないように遠ざけられていたのであろう。「ひとがた」は、霊魂を宿していると考えられ、その人の分身の意味があったと考えられる。

以上、日記史料から見てきたように、「形代」、「人形（ひとがた）」だけでなく、「あまがつ」や衣冠束帯姿の「ひひな」が入棺されていることが確認できる。

⑵ 祓の「ひとがた」

三月の上巳に、禊をすることが、古く中国の漢代に行なわれていたという。魏の時代（三世紀前半）以降からは、上巳の日ではなく、三日に定まり、三月三日という奇数の重日に禊をするようになったと伝えられている。三月三日に限らず、五月五日、七月七日、九月九日の奇数の重日は、悪の極まる日と考えられて邪を祓う行事が行なわれたが、それが節供行事である。ところで、年中行事の由来を尋ねる書物が江戸時代に多く出板されているが、たとえば『歳時故実』（迪齊道允、寛文四年・一六六四出板）、『年中風俗考』（作者不詳、貞享二年・一六八五稿、二年後出板）、そして『日本歳時記』（貝原好古、貞享四年・一六八七）では、中国の古典等を多く引用して三月三日に流水で祓禊をすることが紹介されている。しかし、日本において上巳の節供に水辺で禊をすることには、言及されていない。未だ民俗的な習俗は書き留められることはなく、ましてや調査がなされることがなかったのであるから、引用したくとも書物がないのである。

このように江戸時代以前の史料はなかなか見つけ出せない。そこで人形史では、『源氏物語』須磨の巻が引用されることが多い。源氏が右大臣派の画策によって謀反人とされて、官位が剥奪され須磨へ遠流の身となる。三月上巳の日、人から勧められるままに、浜辺において、心労を取り除き、開運を祈っての祓いを受けることにする。その箇所を引用してみたい。

弥生の朔日に出て来たる巳の日、「けふなむ、かく思すことある人は、禊し給ふべき」と、なまさかしき人の聞こゆれば、海面もゆかしうて出で給ふ。いとおろそかに、軟障ばかりを引きめぐらして、この国にかよひける陰陽師召して、祓へさせ給ふ。船にことごとしきひとがたのせて流すをみ給ふにも、よそへられて、「知らざりし大海の原に流れ来てひとかたにやはものは悲しき」とて居給へる御さま、さる晴にいでて、いふよしなく見え給ふ。

祓が、通って来る陰陽師によってなされ、ひとがたを船にのせて海に流している。そのひとがたに我が身をなぞって、「ひとがた」と「ひとかたならず」をかけて歌を詠んでいる。歌の意は、「ひとがたのように、知らない大海原に流れて来て、ひとかたならない悲しい思いをしている」というものである。海辺の祓の「ひとがた」は、海の住吉神や海の竜王と繋がりをもって、明石の入道の娘と契ることが文学的な文脈で導かれている。

ところで、在地の神職や僧侶が代行することなく、祓は専ら陰陽師の役であったことが知られている。岡田荘司は、「九世紀中葉から穢意識は盛んになり、十世紀に入ると貴族社会のなかで肥大化し、ますます複雑となり、増長しつづける」としている。[47] 陰陽師は穢れを除去する術を得ていたので、活躍の場が広がっていったのだ。

宮廷のなかでの祓にも陰陽師が関与して七瀬祓が、応和三年（九六三）から始まっていることが認められると岡田荘司が述べている。この七瀬祓は、毎月事だが、日は不定であり、吉日を選んで行なわれたという。『禁秘抄』は、順徳天皇が内裏の旧例を残すため、有職故実を詳細に記録した書であり、成立は健保元年（一二一三）である。そのなかに、人形を用いた七瀬祓が次のように書かれている。[48]

「一日、内侍為二御使一参二七瀬御祓一、陰陽師進二人形一、女房令レ著二色々衣一……次主上懸二御気一撫レ身返二入折櫃一、置二台盤所西御簾下一、侍臣各取レ之向二河原一、代厄祭具レ之、帰参之後主上著二御衣一。」

七ヶ所の霊所で御祓いが行なわれているが、陰陽師が帝に折櫃（おりびつ）に入れた人形を奉って、女房が人形に衣を着せている。その人形に、帝が息を吹きかけ、身を撫でている。その人形を折櫃に戻すと、使いが七瀬の川原に持っていく。そして、七瀬での人形による厄祓いが終わったことを確かめてから、帝は御衣を召している。

それでは、三月三日の祓に関わる宮廷儀礼は、何だろうか。たとえば平安時代末期に後白河法皇の命によって記録された『年中行事絵巻』には、三月三日の御燈御祓の様子が描かれている。天皇が北辰（北極星）を祭って燈明を奉じて国家泰平を祈る儀式である。神祇官の宮主が奉仕している。しかし、平安時代後期になるとこの儀式は廃れていったとされる。後醍醐天皇の編纂とされる『建武年中行事』、その書物に対する『略解』によると、御燈御祓は、散米、人形、解縄が用いられたとある。

時代が下るが、宮廷女官による公的日記『お湯殿の上の日記』が残されており、そこに上巳の祓が記されている。なお日記は、清涼殿御湯殿の上の間を控室にして、帝の側近に仕えた女官（典侍・内侍）たちの勤務日記である。文明九年（一四七七）から文政九年（一八二六）の約三五〇年分が残されているが、そのうち文明九年から貞享四年（一六八七）までの二一〇年分が翻刻されて続群書類従刊行会から刊行されている。

涌井美夏は『お湯殿の上の日記』二一〇年間に表記されている「人形」の記事を詳細に調査している。(49) それによると、上巳の日に人形が用いられている記事が最も多いが、節分、厄年、庚申、日食・月食の時、そして新年の太元帥法においても、祓の人形が用いられていることを明らかにしている。なお、太元帥法とは、宇治の法琳寺の常暁律師が承和七年（八四〇）に始めた修法であり、応仁の乱以来、絶えていたが、日記には大永七年（一五二七）から「御いのりはじめ」、「御きたうの御ねんふつ御経いつものことくめてたし」と記録されている。

上巳の祓の手順は、次のようである。天皇のもとに巳の日の前日、陰陽頭から人形が届けられ、衣を着せ、枕辺に一夜置く。翌日、撫物をつけて返す。撫物は後日、祈祷を経てお守りといっしょに返却される。撫物には、単衣や鏡が用いられているとのことである。節分、厄年、太元帥の護摩においても、陰陽師が祓の人形を奉っている。

このように、天皇や貴族は、実際に水辺に行くことはなく、陰陽師が代わりに祓っていると思われる。

⑶「ニンギャウ」による祓

さきほど紹介した『お湯殿の上の日記』に登場した人形を何と呼んでいたかを、涌井美夏が調べており、興味深いことを明らかにしている。日記に登場している祓いの人形は、「にんきゃう」と呼んでおり、「ヒトガタ」とは呼んでいないことが明らかとなったのである。平安時代の辞書『色葉字類抄』の三巻本は、治承（一一七七〜一一八一）頃に増補されたと考えられているが、その三巻本において、「人形」は「ニンギャウ」と表記されており、「ヒトガタ」から呼び方が変化していることがわかっている。この辞書の存在によって、十二世紀後半頃から人形を「ひとがた」ではなく、「にんぎゃう」と呼ぶようになっていることが確認できるのである。

ところが、『お湯殿の上の日記』の調査から祓に用いる「御にんきやう」が、慶長十二年（一六〇七）の巳日の祓の記事から呼称が変わっていることが判明した。単に「御はらい」または「御はらへ」と表記されるようになっているのである。涌井美夏は、祓に用いるのではない愛玩物としての人形、祝儀としての人形が登場してくることにより、今までの祓のにんぎょうは、ただ単に「おはらい」と称するようになったのではないかと提言している。正月の祝儀、五月の節供の祝儀、疱瘡の病気見舞いなどとして、多くの「御人形」が贈答されており、「人形」という言葉は、専ら贈答品としての愛らしい人形を意味するように変化しているというのである。

陰陽師によって祓で用いられてきた「ひとがた」は、やがて「にんぎょう」と呼ばれ、さらには「おはらい」と言われるようになっていることが確かめられた。このように時代によって呼称が変化しているが、「ひとがた」は、祓の呪具であり続けている。(50)

四 「ひひな」と「ひとがた」をつなぐ「あまがつ」

日本人形史のなかには「ひひな」の流れと「ひとがた」の流れの、大きな二つの流れがあることは前に述べた。その二つの流れの両方に関わっている人形がある。それが「あまがつ」である。「あまがつ」は、時代とともに呼称も用途も大きく変化しており、実態が何であったのか、実に複雑な人形である。

『九暦』逸文を先に紹介したが、そこでも触れたように、「人形(ひょうがた)」の語とともに「阿末加津」または「阿米加津」と表記した「あまがつ」の語が初出している。

天暦四年七月二十三日、憲平親王(後の冷泉天皇)は生後八十八日目であるが、立太子の儀式が行なわれている。皇太子となった儀礼において、初御膳が調えられ、「あまがつ」に土器で御膳が供えられている。このように儀礼の食事場面で、「あまがつ」が登場していた。佐藤全敏の研究も紹介しておいたが、天皇の食事においても天皇の形代である「あまがつ」に、内膳司が準備した「内膳御膳」の御飯ひとつまみが取り分けられていた（「三把」）。このように「あまがつ」は、幼稚皇子だからではなく、天皇においても、旧来の律令的食事を儀礼的に召し上がる代行人形なのである。

大江匡房（一〇四一—一一一一）は、後三条天皇に重用された知識人だが、貞仁親王（後の白河天皇）の東宮学士も務めた。関白藤原師通の求めにより朝廷儀礼などの有職故実書『江家次第』を著している。そのなかに、「立太子事」があり、『九暦』を参照したと推測される次のような記述がある。

「或幼宮時以女房為陪膳、上一本髪、女蔵人四人以上傳供之、蔵人一人居土器二口於御盤持参、即受御三把、奉帳中阿末加津云々、但有常阿末加津土器撤、其後供比々奈。」

読み下し文は、石沢誠司によると以下のようになる。[51]「或る幼宮の時、女房を以て陪膳（飲食の給仕）を為す。一本髪を上る。女蔵人（下級女官）四人以上之を傳供す。蔵人一人、土器二口を御盤に居き持参す。即ち御三把を受け帳中に阿末加津を奉る云々。但し常に阿末加津土器有り撤す。其の後、比々奈を供す。」

この記事は、天暦四年七月二十三日の幼宮である憲平親王、立太子儀の折の陪膳記録を写したものと考えられている。帳中の阿末加津に三把が奉られているが、その後、「比々奈」を供すとある。しかし、今日残されている『九暦』からは、東宮御殿祭に初めて「比々奈」の記述があり、『江家次第』とは異なっている。もし「比々奈」がこの時に登場するなら、生後一〇四日目でなく、八十八日目のことであり、立太子事の食事儀礼場面に初登場したということになる。後の考察を待ちたい重要記事であると思われる。

ともあれこのように、食事場面で登場した「あまがつ」だが、後の時代において大きく変貌している。「あまがつ」には「ひひな」に近い豪華な衣装に包まれたもの、災難から子どもを守護するもの、大人になっても護身として大切にするもの、我身の代理として棺に入れるもの、などがある。

(1)「ひひな」に近い「あまがつ」

斎宮女御徽子（九二九―九八五）については、村上天皇との贈答歌に「ひひなあそび」が歌われていたことをすでに取り上げている。徽子は、村上天皇との間に規子内親王を儲けている。『九暦』で師輔の娘・安子が憲平親王（後の冷泉天皇）を出産した様子を紹介したが、その前年のことである。ところで天皇は、四十二歳で崩御される。その八年後、二十七歳となった規子内親王が伊勢斎宮に卜定されるということが起きている。この伊勢への規子群行が、先例の無い母を伴っての母子群行となっている。徽子は、四十九歳の年齢であり、二度目の伊勢行である。貞元二年（九七七）九月十六日の野宮からの出発であったとされる。

さて、旅立ち前にあって、親しく交流していた人々と、別れを惜しむ贈答歌を交わしているが、そのなかに円融天皇の皇后媓子（てるこ）という方がいる。関白藤原兼通の長女であり、二十七歳の時に十五歳の天皇と結婚している。十二歳も年上であり子どもはなく、寂しい境遇にあったといわれている。なお、媓子についても、『蜻蛉日記』の「ひゝな衣」を紹介した折、伏見稲荷参詣に触れて、すでに言及してある。

徽子とは贈答歌の数（十六首）からみると、最も親しい関係にあったと考えられている。その皇后媓子から別離に際して「あまがつを、これをかたみに見給へとて、たてまつり給ひけるを」とあり、あまがつが贈られてきている。それに対して徽子が「かへし給ふとて、も（裳）など着せ給ひて、そのも（裳）にあしで（葦手）にて」四首の歌を書き入れて返している。[52]

どういう事かと言うと、あまがつを、皇后より我が身の代理であり分身として渡されているのである。徽子は、そのあまがつに裳を着せて、さらにその裳に四首の歌を書き入れて、あまがつごと返しているのである。なお葦手とは、すでに説明した通り、文字絵のことで、文字を水辺の風景のなかに装飾的に配する当時流行の風雅な趣向の書である。

ところで、徽子は、皇后から借りていた御所参内に必要な正装用の髪飾り「するびたひ」も返却している。山中智恵子は「徽子は身辺の整理をつけて発とうとしていた」としている。[53]

皇后は、はるばる伊勢の斎宮寮へまでも歌を贈っている。遠く離れても贈答歌が行き交っているが、歌に付けられている品々には趣向が凝らされており興味深い。たとえば徽子から浜木綿、香木の丁子で作った蓑虫。中宮からは「鏡餅の形に白い薫物を丸めて、やはり香木作りの男人形の腰にさして、近江献上の餅の使いのように仕立て」ている。この返礼に徽子は、凝った香木人形をそのまま用いて、それは小さな稚貝の蛤を銀の籠に入れて、担わせて返している。なお、徽子が伊勢に滞在中、十八歳下の皇后は、三十三歳で没している。その死の前に徽子へと贈った歌の文は、銀の鶯にくわえさせられていたという。

ところで伊勢出立前に賜わった「あまがつ」に戻ってみよう。あまがつは、皇后が大切に所持されていたものと推測される。その大切なあまがつを贈られているのである。しかし、徽子はそのまま受け取るのではなく、正装用の裳に流麗な書体で歌を認めて、あまがつに着せている。あまがつは、二人から心を込めて大切に扱われていることであり、二人に思われる共有のあまがつに変身していると捉えられるのではないだろうか。

あまがつは、二人を繋ぐことになっており、衣装が着せられているのは、雛に近い性格にもなっていると思われるのである。このようにして繋がっている二人は、京都と伊勢に遠く別れても歌を贈答しあっている。歌には、人形や作り物の鳥など小さなミニアチュールの品々が歌を運んでいるのが特に注目される。近世になって「雛の使い」が登場するが、遠く響き合う女性たちの交際の文化であるようにも思われるのである。

皇后が「あまがつ」を持っていたということ、この「あまがつ」の歌は貞元二年（九七七）と考えられているので、食事の代行をした人形であったことが推量されよう。そうであるなら、皇后も天皇と同じように「あまがつ」によって、「内膳御膳」を召し上がったということであろうか。そうなると、いつも身近で食事を供えていた「あまがつ」を、二人で大切に慈しんでいることを、二人の贈答歌のエピソードから窺い知ることとなる。

『栄花物語』十六巻、治安元年（一〇二一）の法成寺落成法要の模様も、すでに「ひひな」のところで紹介してある。五位以上の貴族の子どもである小法師を招集して、豪華絢爛の衣装を着せての念仏法要であった。その時の小法師の「あはれにうつくしう尊き様」を「あまがつなどのもの言ひて動くとも見ゆ」と表現していた。あまがつが、幼い子どもの形態であることを示しているように思われるが、いかがであろうか。

(2)「ひとがた」に近い「あまがつ」

賀茂保憲（九一七―九七七）は陰陽頭天文博士として名高い陰陽師であり、阿部晴明の師であったとされている人物である。さて保憲の娘は、九五七年から九六〇年の間に生まれたと考えられているが、歌人として『賀茂保憲女集』がまとめられている。[54] 長徳四年（九九八）に流行した赤疱瘡（麻疹）を病んだことから容貌に憂えて家居がちな女性となり、宮仕えをすることがなかったといわれている。その歌集のなかで「あまがつ」が歌われている。

　大幣にかきなで流すあまがつは　いくその人のふちをみるらむ

父親が陰陽師であり、祓えに関わっていたことから、賀茂家を背景にした歌であろう。大串に付けた御幣で撫でられて流された「あまがつ」は、いくつその人に代わって淵を見ることだろうかという意であろう。「あまがつ」は七瀬祓のヒトガタのように流されるものという意味を含んでいる。しかし、その人の穢れである災厄を移されて流されているというより、その人個人の身代わりとしてのアマガツが、川の流れのなかで、七瀬の淵を巡りながら、人生の浮き沈みを体験していることが示されているように思える。つまりは、賀茂家のなかにあって、己自身の運命を歌っていると推量できよう。

同時代の著名な歌人、和泉式部も「あまがつ」を題材にして歌っている。(55)

　なき事負ひてなげくと聞きて、われをあまがつにせよといひたるに

　あまがつに　つくとも尽きじ憂き事は　しなどの風ぞ吹きもはらはむ

詞書は、あまりの悲しみを負っていることから、私をあまがつにしてくださいと言ったところ、とある。歌の内容は、あまがつになったなら、憂きことがたくさん付いても、風の神様（級長戸辺神）が吹き払ってくれることでしょうという意味であろう。人間は憂き事を祓うのは難しいが、あまがつなら神様が力を貸して祓ってくれるというのであろうか。

和泉式部には、「思ふこと　みなつきねとて麻の葉を　きりにきりても祓へぬるかな」という名高い歌がある、その歌と比較すると、あまがつには、風の神様が味方しているので祓うことが可能ということになる。

和泉式部の歌は、賀茂保憲女の歌のように、川の水による祓えではなく、風による祓いとなっている。「あまがつ」には、その人の悲しみや辛いことが付くものであるという考えがあり、その人の代理となって受け留めてくれるものという想いが、生まれていることを窺わせる。

このように女流歌人の歌から理解できることは、徽子と皇后媓子によって大切に想われるあまがつがある一方で、悲哀や苦難が付けられる陰陽道の祓えとしての「ひとがた」に近いあまがつもあるということである。

ところで、ヒトガタの歴史において、すでに述べてあるが、十一世紀に入ると、後一条天皇の葬儀（長元九年・一〇三六）において、死の穢れを怖れたことから、近親者は棺に近寄ることをせずに、自身の代理として「あまがつ」を棺に入れていることは、すでに『類聚雑例』の記事から紹介してある。

(3) 護身の「あまがつ」

平安宮廷文学の最高峰『源氏物語』は、平安中期十一世紀初頭に成立したとされる。作者の紫式部は、一条天皇の中宮・彰子（藤原道長の娘）に仕えた女官である。『紫式部日記』には、寛弘五年（一〇〇八）の彰子がのちの一条天皇を出産する場面が書き留められている。この頃から、安産祈願において従来の僧侶による加持祈祷に加えて陰陽師が参加してきたことが指摘されている。このように陰陽師が加わると、登場してくるのが「ひとがた」であり、出産と同時に作るとされた「あまがつ」が登場することになる。

『源氏物語』の「薄雲」と「若菜上」の巻のなかに「天児」が登場しているので紹介しておきたい。

「薄雲」の巻において、源氏が明石の君との間で儲けた三歳となった女児・明石の姫君を引き取る場面に天児が登場する。明石の姫君は、子どものいない紫の上の養女になるのだが、実の母の許を去る時に、姫君は守刀と天児を携えている。なお、守刀は、姫君が誕生した折に源氏が贈ったものである。そしておそらくは、天児は、姫君の祖母である尼君が手作りされたものであろう。

「乳母、少将とてあてやかなる人ばかり、御佩刀（みはかし）、天児やうの物とりて乗る。」

こうして源氏の許で健やかに成長した明石の姫君は、やがて東宮妃となって明石の女御となり、皇子を出産する。そしてその皇子は天皇となっていくので、源氏は天皇の外戚として権力を手に入れることになる。さて「若菜上」の巻では、明石の女御が出産して、養母である立場の紫の上が、赤ん坊の祖母の立場として皇子を抱く場面がある。そして赤ん坊のために、天児を作るのである。

「ちごうつくしみし給ふ御心にて、あまかつなど御手づからつくりそそぐりおはするも、いと若々し。」

紫の上は、子どもを産むこともなく、いつまでも若々しい姿なのだが、祖母という立場に置かれた。それも国母に近い立場なのだが、やがて病気や死の影が忍び寄ってくる。ところで天児は、江戸時代中期の有職故実家・伊勢貞丈によると「老女の月水見ざる女に精進潔斎させて縫する也[56]」とあり、老女の手によって生み出され、新しい生命へと贈り手渡されるのである。紫の上が、代理の母となり、代理の祖母となるが、やがて皇子に対して、「天児」という代理役となる形代を生み出すという構図が鮮やかに見えてくるのである。源氏物語の注釈書『仙源抄』（弘和初年頃、一三八二年頃）には、「あまがつ。天児。松風二。御ミハカシ　アマガツ三歳迄用レ之。諸事凶事ヲ是ニヲホス[57]」と説明されており、三歳までと幼児の年齢を限定している。そして、「諸事凶事を負わす」とあることから、身代わりという祓いの意味と守護の意味が共存していることが窺われる。祓いの具として流し去るものではなく、幼児の傍らに置かれ大切にされている。[58]

なお、「あまがつ」が御釼と共になって赤ん坊を守護するものとされていることは、『九暦』で紹介した憲平親王の湯殿始の折の「御釼と人形（ひとがた）」の系譜にあるものと考えられよう。

中世において、アマガツは、さらにもっと大きく変容している。安産祈祷において、験力のある僧侶・修験に加わって陰陽師が参加してくることは述べたが、平安後期になると、神職、神祇官人さえもが関わってくるという。そのような状況のなかで、アマガツは、赤ん坊に代わって産湯に入るという用いられ方をしている。承元三年（一二〇九）五月二十五日条の九条道家の日記『玉蘂』(ぎょくずい)(59)に「あまがつ」が記録されていることから知ることができる。

九条兼実（一一四九—一二〇七）は、天台座主・慈円の兄であり、有職故実に通暁した公家として平安末期から鎌倉時代の源平内乱期を生き抜いている。日記『玉葉』は、この時代を伝えていることで夙に有名だが、孫の道家（一一九三—一二五二）には『玉蘂』という日記が残されている。兼実は、長男・良通、次男・良経を若いうちに亡くし、次男の子、つまり兼実の孫・道家を引き取って養育し、九条家の継続を図っている。

さて道家は、十一歳で元服すると、十四歳で父を、十五歳で祖父を亡くしている。こうして若年で九条家の当主となっていくが、十七歳の承元三年から日記が伝存している。日記によると、承元三年（一二〇九）五月二十二日に若君が誕生している。その産湯の記載が詳細に残っており貴重に思えるのである。「小児湯殿始之事」は、有職故実をもって生き抜いている九条家にとって大事な知識として記録されたのであろう。この時、誕生したのは、土御門天皇と夫人（美作掌侍・高階仲資の娘）の間の親王で、後に道仁法親王となられ三井寺園城寺の長吏（いわゆる管長）となっている。

若君誕生後の湯殿始において、虎頭、犀角、七宝袋（薬袋）、尼勝（あまがつ）、釼（つるぎ）、散米などの呪物が記載されている。特に、尼勝（あまがつ）の用い方が記されているのが注目される。なお、この時、男宮だが、読書は行なわれてはいない。陰陽師によって種々の儀式の日時が占われており、湯殿始の儀式は、生後四日目の五月二十五日に始まっている。弓の弦を打ち鳴らす鳴弦が行なわれるなか、僧侶によって加持祈祷された湯を用いて産湯が開始される。

尼勝は、「今日造始」とあり、湯殿始の五月二十五日に作られていることが確認できる。次に、産湯においてアマガツを扱う手順を紹介してみたい。

「御迎湯人、著西床子、取虎頭指入第一盆、入湯如本置了、又取御薬少分、入御湯了返置。次御浴殿人、著東床子取膝覆、結付腰於自袴前野、出二足遣右左袴於床子南北、以膝覆引掩之、踏含槽内小板、次取尼勝向東持タリ。次御迎湯、汲盆中湯懸尼勝了、返置尼勝。……」

ここから理解されることとは、赤ん坊に産湯をつかわせる前に、介添え役の御迎湯人が、虎頭、御薬を湯に入れ、次に御浴殿人が、実際の赤ん坊に先立って尼勝を東に向けて持って、湯をかけていることである。それから赤ん坊の産湯を開始している。つまり尼勝は、産湯に入れる時の新生児の代理として機能していることが確認できるのである。なお日記では御役の人名、動作の様子等、詳述されている。女房たちは皆、白装束であることも記されている。

現存する資料のなかで湯殿始についての最も古く詳細な記事は『九暦』である。先に紹介をしたが、『九暦』においては、虎頭は湯に入れてはいない。また湯殿に登場したのは「人形(ひとがた)」であり、「アマガツ」ではなかった。そして「人形(ひとがた)」も湯に入れるという記述はなかった。九五〇年から一二〇九年と一五九年の長き歳月を経ると、「人形(ひとがた)」と「あまがつ」が混じり合って、湯殿における新生児の代理が「あまがつ」となって湯を浴びるということが行なわれていることを知ることができるのである。

時代は大きく飛ぶが、室町期になると、足利幕府の幕臣で殿中の礼儀作法に通じていた伊勢貞陸(いせさだみち)（一四六三一五二二）が、産所の礼法について種々書き記している。『産所之記』[60]には、守刀とあまがつについての次のような記載がある。守刀については「刀の銘は、ほうしゅ（寶壽）と打たるを用事にて候。ふくろに入候て御そばに置申候。是もてんだい宗にてかぢ（加持）あるべし」とある。次に「御とぎの犬箱有べし」と、産所に張子の犬箱が置かれて守護の品となっていることが判明する。そして、産所に置くアマガツについては、次のように書かれている。

「あまがつ一ツ、ほうこの事也。大さ二つ三つの子ほどに有べし。」

伊勢流は江戸時代まで続いていくが、末裔の伊勢貞丈（一七一七―一七八四）は、伝承されてきた「あまがつ」の形状や作り方を図とともに書物に書き記している。そこから知ることができる「あまがつ」の形状は、這い這いする幼い子どもの姿なのである。

まとめ

日本人形史のなかの「ひひな」の流れと「ひとがた」の流れの大きな二つの流れの、両方に関わっているのが「あまがつ」である。「あまがつ」が、複雑に用いられてきた歴史があるが、これまで明らかにしてきたことを、ここでまとめておきたい。

「あまがつ」の初見が、食事の代行の人形であった。「代行」という観点から、さらに眺めていくと、伊勢に赴く徽子に託された皇后媓子のあまがつは、皇后の代行として旅に同行することが願われている。賀茂保憲女のあまがつの歌も、作者の身代わりとして河を流れ下って七瀬の淵を浮き沈みしながら漂う運命を意味していよう。和泉式部の歌も、風の神様に憂き事を祓ってほしいと祈り、そのために自分は、苦難が附いている「あまがつ」になりたいと願う歌であった。

幼児を守護するためのあまがつも、幼児の身代わり人形と言える。安産祈梼が陰陽師によって盛んに行なわれるようになると、祓うための人形(ひとがた)から、幼い生命を守護するお守りとなったり、身代わりとなるあまがつが生み出されていったことと思われる。

幼稚皇子のところで言及したが、西郷信綱によって提言された『古事記』の天孫降臨が、本来なら父であるタカミムスヒが降りるところ、新生児のニニギノミコトを降ろすことになったという「代行」の神話的消息の重要性について紹介した。アマガツは天児と書かれることから、「あまくだりたる児」の意味が含まれていることが、江戸時代に至って伊勢貞丈も書き留めている。平安時代から鎌倉・室町時代においてさまざまな用い方がなされてきた「あまがつ」だが、「代行する人形」ということでは共通してはいないであろうか。

「あまがつ」本来は、父神を代行する幼児神の深意が潜んでいるように思えてならない。そこで新生児に根深く結びついていることが、産所においての儀礼に登場してきたと思われるのである。このような有為転変をたどった「あまがつ」は、近世を迎えるとさらに多様に変貌していくが、そのことは第三章で扱っていきたいと思う。

第三章
雛の誕生

一　徳川時代以前の動向

徳川時代を迎えて、上巳の節供において男女一対の雛が登場してくるが、そこに至るまでの中世の動向はなかなか知りえない。しかし、残されている文書から散見できる「ひいな」に関連した事柄を取り上げながら、見ていくことにしたい。それらの事柄を近世と結びつけていくと、はたして何が浮かび上がってくるのだろうか。

(1) ひいな屋

櫻井秀は「雛祭史考」のなかで、十二世紀半ば以降の資料二点を、提示している。一つは、藤原頼長（一一二〇―一一五六）の日記『台記別記』で、久安六年（一一五〇）一月二十三日条である。[1]頼長は、養女・多子（十一歳）を入内させて、近衛天皇（十二歳）の皇后にしている。その婚儀のあとの記述で、女御の廬に天皇の渡御（とぎょ）があり、「比々奈遊事有り」と記されている。この結婚は、兄である藤原忠通を激怒させ、忠通は、自分の養女・呈子を入内させて中宮としている。この入内競争は、藤原氏の氏長者の争いとなり、やがて保元の乱へと繋がっていった。

さて、もう一つの資料は、藤原忠親（一一三一―一一九五）の日記『山槐記』である。[2]治承三年（一一七九）四月二十一日、「今日祭也」と始まり賀茂祭の様子が記述されている。その日の末尾に「女房新造比為奈屋」と記されている。

鎌倉時代後期頃には遅くとも成立したと推定される王朝風物語『恋路ゆかしき大将』は、作者が飛鳥井雅有（一二四一―一三〇一）と目されてもいるが確証までには至っていない。[3] さて、この物語に「ひいな屋」が描かれているのが注目される。

恋路ゆかしき大将は、光源氏のように恋愛を探し歩くのではなく、真実の恋・固い契りによる生涯の伴侶を求めている。なかなか出会えないでいるが、心騒ぐ恋心を帝の姫君である女二宮に対して抱くことになる。帝からの応援もあり、婚儀にまで進んでいくが、大将が女二宮に対する好意を表わすのに「ひいな屋」が大事な題材となっている。まず、秋の庭で十二歳頃と思われる姫君が「あはれ、ひいな屋に虫のゐよかし。一つにあらば、いかに嬉しからん」と呟くと、弟の二宮が「あらわろや。苔や露も入れさせ給はば、雛のため、いかにうつくしからむ」と言っている。

大将が女二宮に対して恋心を感じるのは、この場面である。大将は、奈良から細工師を呼び寄せて特別小さなひいな屋を作り、そこに虫と多くの雛を入れ、小さなひいな屋をかたどった虫籠を贈物として届けている。添えられた歌は「松虫の千年の例しあらはれて玉の台（うてな）の家居をぞする」という歌である。虫籠には松虫が入れられていたことになる。

さらには、姫君をより喜ばすために自邸の寝殿西面の九間ばかりの所に大がかりなひいな屋を次々に作り上げている。そしてそれを見せるために、帝、中宮、女二宮を招待している。その折のひいな屋御覧は、次のように描かれている。「この写されたる雲の上は、八省・豊楽院などはもの遠く憚りもありぬべければにや、ただ十六殿・五の舎・中門どもばかりにて、さては京中の名ある所々、北山には雪ふらせ、東山・白川のわたりには春の花を尽くし、鳥羽殿の景気、中島の夏木立涼しくて、淀野のあやめ・真菰草しげく、西には嵯峨野の秋の花、小倉山の鹿の立ち処、紅葉吹き下ろす嵐の山に、名に流れたる大井川、筏の上の落葉、むら濃に見ゆる滝の白糸まで、目もあやなるなかにも、戸無瀬の院を写して、世に超えたる泉水・木立、御堂の飾り、目もあやなるをさながら写されたる。」

九間四方とは、約十六メートル四方である。そこに内裏と京都の四季や名所の景物をミニアチュールのように作り出しているわけである。物語が書かれたのは鎌倉時代、花園天皇の時代と思われるが、京都の御所はかなり荒れていたことであろう。やがて後醍醐天皇の時代になると、天皇は御所からの脱出を図っている。

物語世界において、荒れ果てる前の美しい御所の佇まいを作り上げて、姫宮に提示するという趣向の意味は、平安文学の王城楽土のノスタルジアが込められているのであろうか。姫宮へ贈る歌に「ひいな屋の人の中より申す」と「ひいなに端者(はしもの)を作りて、山吹に挿して持たせ給へれば、」と、小さな端女の人形にして、山吹の花枝を持たせて歌を届けている。

内裏が理想の家であること、男女の揺るぎない結婚が理想の家でこそ営まれるというユートピアが、「ひいな屋」に込められているとは言えないであろうか。松虫を入れた虫籠も、京都の御殿を模したひいな屋も、共にミニアチュールの理想の家屋となっている。江戸時代になってから御殿雛が創出されるが、その基盤はすでに物語世界において展開されている。(4)

『お湯殿の上の日記』文明十一年（一四七九）閏九月九日の条に「御ひいなや」の記載がある。応仁の乱後の後土御門天皇の時代であり、将軍は足利義尚である。朝廷は衰微しているが、日記には重陽の節供で土産品が届いている様子が記されている。「むろまち殿（将軍義尚）よりこもし（鯉）。まつ（松茸）の大折まいる。みな〳〵御くはり。御たい（御台・日野富子）より宮の御かたへひしくひ（鴨）まいる。二の宮御かたの御ひいなやいてきて、御やわたりとて御さか月まいる。二てう殿（二条尚基）御てうし。ひさけまいらせらる、。御かわらけの物もまいらせらる、。」

内裏は困窮しているが、室町将軍家から贈答品が届けられている。財力があった将軍の母である御台・日野富子から二の宮の御かたへ「ひいな屋」が届けられている。この二の宮とは誰なのであろうか。後土御門天皇の第二皇子だとするなら尊敦親王（一四七二年生まれ八歳）である。この親王は、後に青蓮院に入っている。男児の宮にひいな屋が贈答されているのが大いに注目される。

戦国時代の貴族・正二位権大納言・山科言継（一五〇七―一五七九）の日記には、政治的権力を失墜させた朝廷の様子、伝統的な政務や儀礼が遂行されない当時の貴族社会が記録されている。[5] そのような時代状況にあっても「ひな」の記述があるので紹介してみたい。『山科言継卿記』大永七年（一五二七）六月十日の条に「武者小路へ罷候、ひなの輿のかな物可仕之由被申候間、仕候、暮々迄仕候」とある。後奈良天皇の時代であり、天皇は父帝の大葬と践祚式の費用が捻出できずに苦労したことが知られている。このような時代にあって、「ひなの輿」に金物をつけることについて相談したり、相談されていることは不思議でもあり、どういうことかが気にかかる。

(2)「ひいな」と犬張子

『お湯殿の上の日記』には、「ひいな」、「はりこ」についての興味深い記録があるので紹介してみたい。敬虔な仏教徒であり、貧窮は己の罪障と考えていた後土御門天皇の時、御所の持仏堂で涅槃会が行なわれている。涅槃会とは、『仏教辞典』[6] によると、釈迦入滅の日とされる陰暦二月十五日に、釈迦の徳をたたえて行なう法会である。涅槃図をかかげ、遺教経を読誦したとされる。御所で行なわれた涅槃会は、持仏堂で涅槃図を掲げ、さまざまな品々が捧げられている。それらの品々は後で籤（くじ）によって配られている。また芸能や宴会がにぎにぎしく行なわれてもおり、さながら春の祭礼のような和やかな集いとなっている様子が窺われる。

　文明九年（一四七七）二月十四日

「あんせん寺とのの、あすの御ほうもつ、御をひ三すちまいる。女はうたちよりも、いぬはりこふせいまいる。」

安禅寺殿とは、後土御門天皇の姉の観心女王（一四三四―一四九〇）のことである。捧物として帯が届けられている。女房たちからも犬張子のようなものが届けられたと記されている。さらに後の年でも、次のように涅槃会の模様が記されている。

　文明十年（一四七八）二月十四日

「御ほうもつ［捧物］、女はうたち。……仏の御まへにやなき［柳］をたてられて色〳〵つけらる、。」

同年　二月十五日

「あんせん寺との昨日御とく日にて、けさいつものことく御をひ御ほうもつにまいる。」

文明十四年（一四八二）二月十四日

「あんせん寺とのの御ほう物に、をひ三すち枝につけてまいる。」

文明十五年（一四八三）二月十五日

「ねはんなといし〳〵にて御とき御さたあり。くろと御ちふつたう［持仏堂］の御ほとけへ、女はうたち、いぬはりこの御ほう物まいる。」

文明十六年（一四八四）二月十五日

「御ちふつたう［持仏堂］のしやか［釈迦］へも御ほうもつ御所よりもまいらせらる、。……こよひ御くし［籤］にてみなく〳〵まいらせられたふ。」
文明十八年（一四八六）二月一五日
「くろとのしやかへ御ほうもつ御ふた所。ねうはうたち、この御所にしこうの二人、すへの物とも、まいらする。……梅やなきの枝にかけらる、。……しやとすくろく［浄土双六］みなく〳〵うたせらる、。……御ほうもつこよひくしにてとらせらる、。」

捧げものは、柳と梅の枝に括りつけられ、籤によって配られているが、「御けつり御くし」と称されている。安禅寺の芳苑恵春（観心女王）からは、いつも帯が捧げられている。女房たちから「いぬはりこ」が捧げられている記述があるが、おそらく手作りの品であろう。香箱や花袋（匂い袋）といった品も捧物となっている。御経の後は、酒や草餅、美物の御馳走も届けられており、神楽、手猿楽、謡い、能、曲舞、連歌、そして御伽とにぎにぎしい芸能大会のような宴会が繰り広げられている。なお、涅槃会にふさわしい浄土双六も遊ばれている。(7)

さて、「いぬはりこ」とは、どのようなものであろうか。犬をかたどった張子細工であろうか。それとも犬の形状の張子の箱であろうか。
応永二十三年（一四一六）二月二十六日の『看聞御記』の条には、回茶つまり闘茶（とうちゃ）の様子が記されている。(8)日記の記主である伏見宮貞成親王（一三七二―一四五六）が懸物としての景品を準備しているが、風雅な趣きの品の一つに「花笠　本結犬張子等笠ニ付以花餝之」とある。また沙彌行光の準備した景品も「花枝　犬箱張子等付之」とある。この時代、犬張子の箱が作られており、春の花と結びつけられた縁起の良い目出度い品であることが窺われる。

　後の時代のことになるが、『お湯殿の上の日記』慶長三年（一五九八）十月七日の条には、後陽成天皇が病気になった時、六歳の内親王が父親に病気見舞の品を贈っている。「女三の宮の御かたより花の枝にあいらしきいぬを御かけ候て、御なくさみにとて参らせらる丶。」このように花の枝と犬に、病気快復が祈られる祝儀性が込められている。

　室町時代、十一代将軍足利義澄に仕えた伊勢貞陸（いせさだみち）（一四六三―一五二一）は、『産所之記』において、「御とぎの犬箱」を出産する所に準備するようにと記している。江戸時代の『女用訓蒙図彙（じょようくんもうずい）』（一六八七）には、嫁入り道具として「雛（男女一対の立雛）二対」、「犬張子一対」、「御伽（髪の長い這子）」、「雛道具（屏風、輿、銚子、行器）」が図に描かれている（一五五頁の図版④－1参照）。江戸時代以前、すでに犬張子が目出度いものであること、女性たちが帯や犬張子に特別な思いを抱いて仏に捧げていることに、後の時代へ繋がる女性たちの信仰が窺われよう。その信仰とは、安産の祈りだと考えられないであろうか。

　伊勢貞陸の『簾中旧記』には、室町幕府では、正月十五日、「さぎちょう」が終わってから御杖で女房衆の右肩を三度軽く叩くことが行なわれたという。[9]その杖には「ちとはくをかれ候て、春の野のいぬなど、ろくしょうゑにか丶れ候」とある。春の季節の到来のなか、犬が描かれた杖で女性を軽く叩くということだが、犬と女性の出産の関連性が示されていよう。

　先にも紹介した山科言継は、家業である有職故実のみならず、和歌、蹴鞠、製薬などの特技を活かして戦乱の世を生き抜いている。日記には、製薬の金龍丹が出てくるが、その時に「ひいな」についても書かれているので紹介してみたい。

『山科言継卿記』弘治二年（一五五六）十月二十三日には、「中御門娘御料人へ、ヒイナ、ハリコ以下、数十五包。」

同年十一月二十三日「五郎殿女中江、ヒイナ・ハリコ以下数十五、金龍丹貝五送之。」

山田徳兵衛は『新編　日本人形史』において、ハリコは、犬張子のことに違いないとしている。また年頃の娘に送っていることから、結婚祝いの贈り物とも推測できるのではないかとしている。さらに十五包と十五の数にこだわっていることに意味があるのではないかとも示唆している。[10]

西洞院時慶（にしのとういんときよし）（一五五二―一六三九）は、豊臣時代から徳川初期に生きた公家だが、『時慶記』という日記を残している。[11] 飛鳥井家の血脈がある歌人のみならず医師としても著名であった。日記には医薬、薬酒、針治療などの記述も多く見られる。慶長十年（一六〇五）一月二十八日の条には、息子の金丸が北政所（ねね）に年頭の御礼挨拶に行った時、「折箱一、犬張子十五進上也」とある。十五という数が記されているが、同じく意味があってのことであろう。

医者が、女性の健康、さらには雛と張子に関わっていることは、大いに注目されることである。女性の幸福な人生に通じる、産む力を増強するものとして、雛や犬張子が信じられており、医者が仲介していたと考えられるのである。

『お湯殿の上の日記』には、十七世紀に入ってからの記録であるが、「ひいな」が男の宮様に贈られている。慶長九年（一六〇四）十二月十八日の節分の日に、「三の宮の御かたへひいなはり二つ、みまいる」とある。三の宮とは、後陽成天皇の第七皇子だが、政仁親王（のちの後水尾天皇）の同母弟三宮である好仁親王（後の高松宮）である。二歳の三宮は、祖母新上東門院の御所で養育されており、聖護院を継ぐ予定であったといわれている（なお、後に継承は解消されている）。

さらに、慶長十三年（一六〇八）正月二日、六歳となった三の宮への正月の贈答として「三の宮の御かたへ十てふ。ひいな一つ、み。きぬ一疋まいらる、」とある。大高（鷹）檀紙十帖、絹一疋と共に、「ひいな」が一包み贈られている。「ひいな」は、包まれる平たいものであったのだろう。

このように節分の祝や年玉として、「ひいな」や「はり〔はりこの意と思われる〕」が、男児に贈られていることが注目される。「ひいな」は、女児に贈られるというような考え方が無かったということであろう。

(3) 傀儡

人形を操り、舞わす芸能者が、平安時代からさまざまな資料に登場している。永田衡吉は『日本の人形芝居』のなかの「人形戯考」において、傀儡について詳細に考察を展開しているので、それらを参考としながら、次に、「ひいな」との関連を探ってみたい。

『和名類聚鈔』（九三〇年頃）には、漢字で「傀儡」と書き「かいらい」と発音し、和名が「久々豆（くくつ・くぐつ）」、楽人が弄ぶ所であるという説明がなされている。永田は、「傀儡」は弄ばれる芸具であり、祭祀具ではないことから、日本の「くぐつ」が嘉会に用いられた動作する人形であるとしている。(12)

ところで、先に闘茶の様子を紹介した『看聞御記』は、伏見宮貞成親王による日記だが、貞成親王の父親・栄仁親王は、琵琶、笙、和歌などの芸能に堪能であり、伏見宮家が楽道を家業とする起源を作ったとされる。伏見宮家を継承した貞成親王は、芸能に対する強い関心を抱き、日記には当時の諸芸能が殊に記録されることとなる。そこで、「ヒヒナ舞し」や「アヤツリ」という語句が見られるので、それら記録されている人形戯を紹介してみたい。

応永三十二年（一四二五）二月四日の条には次のように記されている。

「放歌一人参、手鞠リウコ舞、又品玉ヒイナヲ舞ス、有其興賜酒。」

京都郊外伏見庄に住んでいた頃の記録である。一人の男が、手鞠、品玉の曲芸、うこ舞（つまり、おどけた烏滸舞）を舞い、ヒイナ舞わしを行なっているという記述である。「ヒイナヲ舞ス」とは人形まわしのことである。『日本舞踊辞典』[13]によると「放歌」は元は「放下」であり、「禅宗において、物事を放擲して無我の境に入るのを〈放下す〉といったところから、品玉や輪鼓などの散楽系の、空中へ玉、刀、または鼓、マリなどを投げ上げてあそぶ技芸」のことを言い、室町中期から現れた僧形の芸能者であると説明している。またコキリコを鳴らして歌も歌うことがあるとしている。『看聞御記』には「放歌」と表記されているので、歌を歌いながら一人で曲芸を行なっているのであろう。ところでヒイナも舞わしているが、どのようなものか興味が湧く。「ヒイナ」と表記しているので、正装した姿の人形を舞わしているのだろう。人形の首に手指を差し込んだのだろうか、裾突っ込みの手くぐつだろうか。その人形を空中に投げることもあったのだろうか。

永享四年（一四三二）八月七日の条には、内裏から「アヤツリ燈爐」を頂いたという記録がある。「一谷合戦鵯越馬下風情也。殊勝アヤツリ言語道断驚目了」とあり、源平合戦の一谷の鵯越えをしている義経の姿を描いており、言葉にできない見事な燈籠で驚かされたという。なおこの時の内裏とは後花園天皇で、伏見宮貞成親王の子・彦仁王である。我が子から立派な燈籠が贈られたということである。それは奈良細工であり、「奇得不可思儀」な品であると書かれている。また、燈籠といえども花台の如しと記されており、人形などによる作物也とある。将軍・足利義教から献上された品を、天皇は父親に贈ったのであった。

永享七年（一四三五）七月二十日の盂蘭盆の時にも、アヤツリ燈籠の記述がある。同じく将軍から贈られた品を、貞成親王のもとに届けられている。その見事なアヤツリ燈籠は、「文王渭水ニ幸して大公望釣垂所也」という意匠である。アヤツリ燈籠とは、燈籠のなかに灯した蝋燭の熱によって動く仕掛けであったと推測される。

『お湯殿の上の日記』に見られる人形舞わし

『お湯殿の上の日記』には傀儡に関連した記述が多く見られる。永田衡吉は、明応~天文~永禄年間に、傀儡・てくぐつ・えびす・えびすかき等の禁裏参入記録は十指にあまるとしている。御所において、いかに人形舞わしが愛好されているか、日記にあらわれた記録を年代順に見ていくことにしよう。

明応二年（一四九三）九月二日「よるより雨ふる。てくくつさせらるゝ。」

手傀儡（てくぐつ）は『梁塵秘抄』にも登場している「よくよくめでたく舞うもの」である。人形の遣い手が手で握って動かす直接操法の人形戯である。朝廷の経済が逼迫している時代の天皇、土御門天皇が自ら手くぐつをなさったということであろうか。周囲の者に繰らせたということであろうか。後の時代のことになるが、後水尾天皇は気楽坊と命名した指人形（三指の差し込み式）を身辺に置かれた。近臣に文や和歌を遣わす時、女官に操らせ用いられたと言われている。

天文二十四年（一五五五）一月二十二日「ゑひすまいりて、くるまよせにて色色の事申。」

この「ゑひす」は、人形戯ではなく、人間が演じる夷舞（えびすまい）と解されている。夷舞は、鯛を釣る模倣であり、豊穣を表わす祝儀の呪術性を秘めている。後奈良天皇の時代である。

永禄四年（一五六一）二月十七日「なかはしまで、さかゑびすまいりて、御たちいづる。」

このゑびすも人間の夷舞であり、坂えびすとは、五条坂に住む者であろうと考えられている。正親町天皇の時代である。

永禄十一年（一五六八）二月十八日「ゑびすかきまいりて、くるまよせにてまはせらるる。」

夷昇（えびすかき）とは人形を肩にかつぐという意味であり、人形戯である。人間が舞っていた夷舞にならって、傀儡戯に移されたと考えられている。

天正八年（一五八〇）五月十七日「上らうにおほせられて、九条所のひいなさるかく御らんせらるる。」

猿楽とは滑稽味のあるという意味なので、滑稽な人形舞わしということであろう。人形舞わしに対して「ひいな」の語が用いられていることが注目される。正装した人形による滑稽な人形舞わしなのだろうか。「ひいな猿楽」は、京の町の九条所で演じられたということであろうか。そこへ帝（正親町天皇）が出かけられて御覧になったということであろうか。

天正十七年（一五八九）四月五日「ゑひすかきのめいしん［名人］御かゝりへまいりてまう。御たち、二百疋下さるゝ。一たんとみ事也。」

名人の夷昇が禁裏（後陽成天皇の時代）にやってきて、人形を舞わしたということである。太刀と金銭が下されている。

天正十七年（一五八九）四月十七日「雨ふる。ゑひすかきまいる。」

天正十七年（一五八九）四月十八日「しやうす［上手］のゑひすかきまいりにて、しゆこう御まはせありて御めにかけまいらせらるゝ。」

後陽成天皇の生母は勧修寺晴子であり、天皇が即位すると准后となった。「しゅこう」とは准后の意である。准后・晴子が息子である後陽成天皇に、上手な人形舞わしを御目にかけたということである。

文禄四年（一五九五）二月九日「ゑひすかきまいり候て、こ御所にてまわさせらる。までのこうち［万里小路］より申されてめいしん［名人］まいる。雨ふりて、三はんしまいらせ候てかへる。」

慶長三年（一五九八）二月四日「ゑひすかきまいりて、くろ戸のみなみの御にはにてまふ。」

慶長三年（一五九八） 四月十八日「大かう［太閤］、ひでより［秀頼］、御さんたい［参内］あり。……（秀頼は）中納言にさたまり候。……しゅこうよりめつらしきこつゝみまいらせらるゝ。女御よりはうか［放下］のあやつり物まいらせらるゝ。なかはしよりあふぎ。」

　豊臣秀頼（六歳）を大納言にするように計画していたが、本人が固く辞退するので中納言に定めることになったという内容である。その時の祝儀品として准后から小鼓、女御からは「ほうかのあやつり物」が贈られたという。女御とは、後陽成天皇の女御（近衛前子）であり、秀吉の猶子となっているので秀頼とは姉弟関係にあったことになる。あやつりの人形が祝儀の品として贈られていることが注目される。

慶長三年八月二十六日「ほうか［放下］まいり候て、みなみの御には［庭］にてまわさせらるゝ。雨ふりて、くしゃく［孔雀］の間にて、しなたま［品玉］とる。ゆかし三すゝたふ。」

慶長四年（一五九九）九月六日「くろとの御庭にて、ゑひすかきまいらせ候。」

慶長六年（一六〇一）九月三日「ほうかまいりて、くろとの御にわにてあり。おてほんともあそはす。」

同年九月四日「けふも御てほんあそはす。」

同年九月五日「けふも御てほんともあそはす。」

同年九月六日「けふも御てほんあそはす。」

「ゑひすかき」と書かれたり「ほうか」と書かれている芸人が禁裏に出入りしている。慶長三年の八月二十六日には「ほうか」がきて品玉を取ったり、人形を舞わせている。先にも豊臣秀頼への祝儀品として「ほうかのあやつり」を祝儀品として贈ったということがある。

さて、慶長六年九月三日から六日の記述に、「ほうか」による連日の「御手本」が続いている。これはどういうことだろうか。宮廷の女官がアヤツリの人形戯を習うための模範演技ということだろうか。興味深い記述である。

慶長六年（一六〇一）十月十五日「御はやし、おとりなとにて御あそひ也。」

御手本として倣った人形アヤツリがどこかで演じられていないかと日記を読み進めると、この記述にぶつかる。しかし、はっきりとアヤツリを行なったという内容ではないが、「踊りなど」のなどに含まれている可能性も推量できなくもない。

慶長十三年（一六〇八）一月二十一日「女御の御かたにてゑへすかきあり。御ふるまいもあり。」

女御（近衛前子）の住まいで、人形舞わしが演じられている。御振舞いとしての御馳走もあったということであろう。

以上のように『お湯殿の上の日記』を見てみると、十五世紀は「手くぐつ」の記述がある。十六世紀になると「ゑびすかき」という人形戯の芸能者が禁裏に出入りしていることがわかる。また「ほうか」というアヤツリを行なう芸能者の記述も見られる。特に、後陽成天皇の時代は、夷舁が禁裏にやってきて人形を舞わせている記事が多いことに気づかせられる。実は人形戯だけではなく、狂言、能、神楽、曲舞、ややこ踊りなど、多くの芸能者が禁裏に出入りをしていることが、日記から知ることができる。天皇の母は、慶長五年、院号宣下で女院となって新上東門院となっている。後陽成天皇の兄にあたる八条宮智仁親王（桂離宮の造営者）、そして後陽成天皇の女御の近衛前子は、殊に芸能好きであることが日記から読み取ることができる。

こうした宮廷での芸能文化状況から、次に紹介するような人形芝居絵が描かれることになっていく。

杉戸に描かれた人形芝居絵

後陽成天皇の生母・勧修寺晴子（一五五三―一六二〇）は、わが子が天皇に即位したことにより国母として遇され准后となる。慶長五年（一六〇〇）十二月二十九日には、院号宣下により女院となり新上東門院と号している。日記には、それまでは「准后（しゅこう）」であったが、慶長六年以降、「女院」と表記されている。女院の御所は、慶長六年（一六〇一）十一月十日に、良仁親王の御座所を用いることになり転居している。なお良仁親王は、後陽成天皇の第一皇子だが、女御（近衛前子）の産んだ第一皇子・政仁親王（のちの後水尾天皇）が即位することが決まり、慶長六年三月五日に仁和寺に入室している。

女院の新御所が造営される動きが出るのは、慶長十五年（一六一〇）六月頃とされている。しかしながら『お湯殿の上の日記』は、慶長十五年（一六一〇）から寛永元年（一六二四）までの日記が欠如しているため、その間の様子を知りえない。

女院が薨去（こうきょ）したのは、元和六年（一六二〇）二月十八日である。新造された女院の御所はその後、取り壊されて近親者に分与されている。女院の孫にあたる（後陽成天皇の第九皇子）一条昭良（後に出家して法名恵観）は、その時、杉戸を含めた建築物をもらい受け、山荘に用いている。出家後は茶室として、茶屋の北の口の庇の出口の南面に用いた。なおこの茶室は、現在京都から鎌倉に移築されて宗偏流の茶室となっている。昭和三十五年神奈川県指定、昭和三十九年国指定の有形文化財となっている。

ところで、その杉戸には人形芝居の絵が描かれていることで有名である。永田衡吉は、女院に所縁の禁裏に出入りをしていた人形戯が描かれていたであろうと考察している。永田の説明を紹介すると次のようになる。絵の図様は、庭に幔幕がかかり、六体の人形が描かれている。五体は、舞女で、一体は歌を歌っている小柄な人形が描かれている。人形の操法は「裾突っ込みカゲ遣い」で、人形の裾から両手または片手を入れて、遣い手の姿が幕によって見えない一人遣いの様式だという。

五人の舞女は、右向き、右袒して、右手に末広を持ち舞っている。「衣装は、唐織らしい小袿（こうちぎ）の下に桃山風の波・松・菊・芭蕉などの模様ある美しい小袖。五人ともみな模様が異なっている。豪奢の感じがする。頭部には、表に模様のある、裏無地の頭巾を眉深くかぶって、その端を折りまげて髪を被うているようにみえる。」

顔は、「能の小面に近く、細い目と慎しい口元は、五人とも同じだが、能面のような眉墨はなく、豊頬で、人間味ゆたかである。」

右端の人形については、「被衣の女性は小柄で、左向きに舞女たちに対している。被衣は亀甲模様で、顔面はほとんど隠れている」と説明している。そして、幕内で歌を唱う者を意識して、小柄な人形で描いたのではないかとしている。

永田衡吉は、演じられている舞いについて、『時慶卿記』の慶長十九年九月二十一日に、禁裏で夷昇が人形を舞わして能を演じている記述から、女能ではないかと推論を試みている。しかしながら、女院が元気な頃に楽しまれたのは、『お湯殿の上の日記』から窺い知ることができるように女踊りの「ややこ踊り」である。女院ならびに女御（前子）の愛好した芸能「ややこ踊り」は、今日まで残る「綾子舞」のように、頭巾の端が背中まで長く垂れる風体によって踊られたことから、「ややこ踊り」を人形舞わしにしたものと推測できるのではないだろうか。[14]

杉戸の絵は、夷昇によって「ややこ踊り」が踊られている人形芝居の様態を描いているものと考えられよう。先にも述べたが、『お湯殿の上の日記』には、慶長十五年以降から寛永元年までが欠本のために、残念ながら杉戸製作の詳細は知ることができない。

まとめ

徳川時代に至るまでの中世から近世の、雛や人形に関連した事柄を、日記類などから概観してきた。戦乱の時代にあって、御所が経済的に疲弊して、天皇や公家たちの生活が困窮しているなか、雛遊びに関わる記述は、微(かす)かに「ひなの輿」(『言継卿記』)のみであった。そして贈答品として「ひいな・はりこ」が見られた。「ひいな・はりこ」は、女児にのみ贈られているのではなく男児にも贈られている。「ひいな」は、平たい状態と思われ、紙包みに収められている。犬張子は、花の枝に付けられており、大人の女性に贈られて喜ばれる品であったことが推察される。しかし、病気の天皇(後陽成天皇)にも見舞い品として贈られていることも見られた。このように『お湯殿の上の日記』では、「ひいな」に関する記録が少ないことが明瞭である。それに対して、人形戯の記述が多々見られた。

十六世紀半ばから人形を舞わす人形戯が数多く記述されている。その他の芸能、踊り、能、狂言なども禁裏で演じられている。やがて人形が、踊りや芝居を演じている様子も窺い知ることができる。近江や出雲など遠い地方からもやってきた芸能者は、禁裏に参内して天皇をはじめ貴族たちを喜ばしている。そして芸能の後には酒宴となっている。慶長八年五月六日の女御(前子)主催の女院(晴子)を喜ばすための「ややこおどり」の様子は、『時慶記』にも詳しく記述されている。西洞院時慶の泥酔ぶりからもわかるように、酒宴の賑々しさが伝わってくる。武士たちは、天下分け目の戦乱に向かっているが、公家たちは、御所においてさまざまな芸能を楽しんでいる。慶長年間に著しい芸能の隆盛に連動するかのように、若い公家衆の風紀の乱れが増長されていった。そしてやがて、女官密通事件として名高い猪熊事件が起こっていく。

慶長十二年（一六〇七）、猪熊教利（一五八三―一六〇九）が密通事件を起こしている。美男子であり、洒落男としても知られ、女癖も悪く「公家衆乱行随一」と悪い評判をとっていた人物である。慶長十四年七月に露見した密通事件は、猪熊が関わった複数の公家衆と女官たちによる深刻な乱交事件であった。この事件の処分の方法をめぐって、後陽成天皇と女院・女御、摂家衆との意見が対立してしまう。厳罰（死罪）によって御所の風紀を粛清したいと考える帝に対して、女院側は寛大な処置を望んだとされる。事件は徳川家康の裁量で決着をみるが、天皇はこれを契機として孤立していき、譲位の気持ちを深めたとされる。天皇家の母子・夫婦の不和がわだかまり、解決をみないなか、十五歳となった政仁親王が元服して、やがて後水尾天皇として即位する。

後水尾天皇と徳川和子（二代将軍秀忠の娘）との結婚は、このような背景のなかで進んでいった。大坂落城による豊臣氏の滅亡、徳川家康の死、後陽成上皇の死などをはさみ、和子が入内したのは、元和六年（一六二〇）六月十八日であった。後水尾天皇二十五歳、和子十四歳である。御所には、新上東門院（晴子）は、二月十八日にすでに没しておらず、近衛前子が女院・中和門院として待ち受けていた。

二　徳川時代の雛を伴う節供

第一章の「雛節供の登場」において、三月三日の上巳の節供が、江戸の地において雛を伴った雛節供として、人々の生活に浸透していったことを年中行事等から述べておいた。京大坂の地よりも江戸で雛節供が盛んなことが窺われたが、それは雛節供が武士社会と強く結びついていたからであると思われる。この章では、徳川時代に入ってからの、「ひいな」を伴う節供について詳細に辿っていってみたい。そこから、なぜ雛節供が武士の社会で誕生してきたのかを探ってみることにする。

(1)『時慶記』に見られる雛を伴う節供の初出

西洞院時慶（一五五二―一六三九）は、先にも紹介しておいたが、豊臣時代から徳川初期の激動の時代を生きた公家であり、歌人そして医師として著名であった。時慶は、筆まめに世相を日記に記しており、伝存している天正十五年（一五八七）から寛永十六年（一六三七）の約十七年分の日記『時慶記』は、現在翻刻が進められている。その『時慶記』の三月三日の記述を注目していくと、雛節供の出現を確認することができる。そこで、年代を追いながら見ていってみたい。

天正十五年（一五八七）三月三日は、「鶏　禁中へ参候」とある。このように御所での闘鶏の記載である。日記は天正十六年から十八年は欠本であるので、天正十九年（一五九一）を調べると、「雛　禁中へ如例奉」とある。しかし、この雛は、慶長年間の記載から考えて闘鶏に関連すると考えられるので、雛鶏を奉ったと解釈できるだろう。またこの頃の時代は、人形の雛に対して「雛」という表記はない。平仮名で「ひひな」と表記されている。このことからも「雛」は「雛鶏」と考えられる。

ところが、元和四年（一六一八）三月三日の条には「女御殿へ御礼以使者申入……アテ宮御方へ御礼、御盃給」とあり、翌日の条には「姫宮御方ヒイナ遊ニ被召　酒ヲ給」と記されている。この明瞭な「ヒイナ遊び」の記述が、三月三日に関連した「ひいな」を伴う節供の初出と考えられている。このように近世十七世紀に入ってから、三月三日の節供に姫宮たちによって「ひいな遊び」が特別に始められており、宴の場で酒を飲むことが行なわれていることを認めることができる。平安時代においては「曲水の宴」において、盃を流れに浮かべ酒を飲むことが行なわれていた。上巳の節供の酒は、桃酒などの薬酒であり長寿の薬効があると考えられていた。

ところで『時慶記』のなかの、あての宮だが、後陽成天皇と掌侍・西洞院時子（時慶の娘）との間で、慶長十四年（一六〇九）五月二日に生まれた皇女である。元和四年の時は、十歳となっている。女後・近衛前子を中心とした後宮で、上巳の節供において姫宮たちがヒイナ遊びを行ない、集い合って互いにお酒を振舞っていることを知ることができる。

それでは、宮廷女官による公的な日記記録『お湯殿の上の日記』に雛節供はいつごろから記録されているのだろうか。日記は、慶長十五年から寛永元年の十五年分が、残念ながら存在しておらず、寛永二年（一六二五）からしか窺い知ることができない。寛永二年は、徳川和子がすでに入内して五年が経過しており、十九歳となっている。前々年には女一宮を出生している。寛永二年（一六二五）三月三日の条に、「中宮の御方［東福門院・和子］より、御たる・三色・三かまいる」、翌四日の「中宮の御かたよりひいなのたい［臺］の物、御たる（樽）まいる」とあり、『お湯殿の上の日記』での「ひいな」の初出である。

日記には、この後、「ひいな」の記録が増えている。祝宴のための酒や肴、祝儀の品々、さらには人形が贈答されるようになっているのが確かめられる。しかし、徳川和子について語る前に、徳川家康に関わる「ひひな」から述べていってみたい。

(2) 徳川家康に所縁の立雛

「日本人形玩具学会会報十二号（一九九二年六月）」に『「家康の雛」拝見記』として、当時の学会代表・北村哲郎、ならびに小林すみ江が名古屋市立博物館に赴き、家康が六歳から八歳の頃に遊んだとされる二対の雛を見学して、その様子を小林すみ江が報告している。立雛を所蔵しているのは、織田家家臣の古い家柄である加藤家である。二対の雛とともに由緒書が残されており、そこには、次のように書かれていたという。（判読は小林すみ江）

「雛人形二対　右者東照宮様御幼年之時今川駿河守江〇入候節　三州塩見坂より加藤図書助加藤隼人佐両人居〇は要害堅固ニ付　御養育内府信長公の仰付　則ち図書助宅に而御歳六歳より八歳迄〇〇止御座加藤隼人佐妻よめ（図書助娘なり）日夜御側に而御伽仕り御徒然を慰め奉る為御前ニ而造り御弄に奉〇上候雛人形ニ御座候　其御（後？）所持仕来リ候　加藤〇〇（花押）」

（皆川註　当時の織田家は、信長ではなく、父にあたる信秀の時代である。『三河物語』では、竹千代（家康の幼名）を熱田の加藤図書助に預け、養育を任せたのは、信秀と記載している。『張州雑志』には、加藤図書助の娘・与女「よめ」が、実際の養育にあたり、御伽をして、その時に紙雛を作ったとある。）

二対は同型の紙雛で、男雛は十六cm、女雛は十一cmとごく小さいという。服装については次のように報告している。「男雛の服装は武家の平常着を思わせる簡素な筒袖風、切袴の紐は前で大きく結んでいる。重ねた襟からは小さく銀欄の下襟が覗く。女雛はやや裾開きの筒形で、帯は失われていた。」男雛は藍がかった無地の和紙で、直垂上下が共に作られており、女雛は衣装部分に辻ヶ花文様が細かく描かれている。「頭部は、男女とも和紙を丸めて胡粉をかけ、頭髪と面相を描いたものと思われるが、描彩は髪の一部と女雛の目鼻立ちとか幽かに残るのみであった」という［口絵①］。

報告には、男雛の髪型が特に珍しかったと書かれている。「今まで見た紙雛は、たとえ古品でも髪全体を束ねた冠下風だったが、この雛は月代（さかやき）を大きく剃り上げ、髪は棒状のものを立てて茶筅に結った、武家風だったからである。」武家が月代を剃り始めるのは戦国時代からということ、辻ヶ花文様が行なわれたのは、室町時代から桃山時代にかけてであることから、戦国時代にまで遡ることができるようであるとしている。

このように雛は、おそらく天文十六年（一五四七）頃と推定されるが、現存する最古の雛と思われる。この「家康の雛」の紙雛からわかることをまとめると、次のようになる。

①武家の成人した男女を模した、男雛と女雛の対による立雛であるということ
②武家の妻女が和紙を用いて手作りしているということ
③同じ雛が二対作られているということ
④女児にではなく男児に対して、つれづれを慰めるために作られているということ

以上、「家康の雛」として伝存する立雛から、男雛女雛の一対による雛の出現を確認することができるのである。つまり、それまでの「ひいな」は、男女一対であることが明らかではなかった。また単に紙で作られたヒトガタと考えられたが、この雛から明らかなように頭部は胡粉がかけられ、衣装も当時の武家風俗の衣装であった。

ところで、家康は娘や孫娘を、政略結婚させることで政治的統治を行なっている。その時に用いられた嫁

入り道具の品々が、わずかに残されているが、「ひひな」に関連した品があるので紹介してみたい。
家康の孫にあたる徳川珠子（二代将軍秀忠の二女）は、慶長六年（一六〇一）、三歳で加賀前田家に輿入れをしている。結婚は、十四歳になってからであるが、勿論、徳川家と前田家との絆を強めるための結婚であった。珠子は、三男五女をもうけて元和八年（一六二二）に二十四歳で没している。さて、加賀藩三代当主の利常へ嫁入りした時の雛道具と伝えられている品が、石川県菅生石部神社に所蔵されている。珠姫が没する前の元和五年（一六一九）に寄進されたと言われている品である。黒漆地に三葉葵が金蒔絵で散らされた黒塗葵紋散蒔絵雛道具一揃である。鏡台一基、その小箪笥のなかには化粧香合、附子箱、油桶、杓子、櫛が納められている。そして、角盥（つのだらい）、楾（はんぞう）、耳盥（みみだらい）、手箱、衣桁、行器一対である。婚礼道具そのものは伝存していないが、雛形のように精巧に作られている雛道具である(15)。

このように徳川珠子の嫁入り道具のなかに、嫁入り道具をそっくり小さくしたミニアチュールとしての雛道具があったことは、大いに注目される。しかし残念ながら雛は残されてはいない。ところが、前田家の家臣石黒家には、珠姫様御手作りの紙雛が今日まで家宝として伝えられており、現在、前田家の菩提寺天徳院に収蔵されている。手作りされたという雛は、立雛である。そしてこの立雛は、実に、「家康の雛」と言われている紙の立雛と大いに似通っている［図版③］。

珠姫様御手作りの紙雛は、男雛の切袴は金色の紙である。男雛の小袖と女雛のやや裾開きの筒形の衣装は、辻ヶ花文様で、小袖の方には徳川家の葵の紋様と前田家の梅花の文様が描かれている。内衣の襟は、裂（きれ）のようである。なお、珠姫には、多くの子どもたちがいたが、手作りをした紙雛がどのように用いられたかについての伝承はない。

「家康の雛」の男雛は、筒袖風であったが、珠姫の雛は、袖がやや長く小袖の形態であり、金の袴、金の帯と華やかになっている。なお、家康、珠姫ともに女雛には帯がないので、失われたか、はじめから帯が付けられなかったか不明である。貞享四年（一六八七）『女用訓蒙図彙』という絵入りの結婚心得書が出板されているが、そこに描かれている嫁入りに持参する「雛（ひいな）」の絵には、女雛に帯がある。そのため、帯が失われていると考えられるが、戦国時代や寛永時代以前の古雛が、どういう形態かは明瞭になってはいない。

家康の五女・市姫（一六〇七・慶長十二年一月一日―一六一〇・慶長十五年二月十二日）は、家康六十六歳の時の側室・お梶の方との間で儲けた最後の子どもである。生後一ヶ月で、伊達政宗の嫡男・虎菊丸（忠宗）と婚約するが、四歳で夭折している。その市姫の所用と伝えられている雛屏風半隻が、市姫の墓がある静岡県華陽院に伝えられている。おそらくは、雛屏風（三九・八×

図版③　珠姫の雛（天徳院蔵）

二〇・〇）が残されているので、雛もあったことだろうと推量される。この小さく華麗な屏風を描いたのは、狩野永徳の長男・狩野光信（一五六五―一六〇八）である。市姫のために描いたとするなら、市姫誕生の一六〇七年以降であり、光信の最晩年と考えられる。『源氏物語』「胡蝶」の巻に取材しており、金地に胡蝶の舞と迦陵頻（かりょうびん）の舞、池には楽人を乗せた龍頭鷁首（りゅうとうげきしゅ）の船が鮮やかに描かれており、極楽浄土のような楽園の風情である。(16) この屏風を立てたなかに、どのような立雛が据えられたのだろうか。

(3) 徳川和子の入内

家康によって前々から縁組が計画されていた後水尾天皇と徳川和子（二代将軍秀忠の五女）との結婚が、元和六年（一六二〇）六月十八日、豪華絢爛たる演出がなされた入内行列によって行なわれている。この京都の町を二条城から御所へと牛車で行く入内行列は、嫁入り道具をはじめ、多くの供の者たちが盛装した姿が続く華麗なものであり、多くの絵巻などに描かれている。そのなかでも三井記念美術館に所蔵されている屏風が殊に有名である。この屏風には、行列に参加している人物の名前が書かれており、「女御様御入内之時御道具次第」として嫁入り道具の目録も書き入れられている。右隻にも御道具の追加の書入れがあり、桶や盥、火鉢などにまじって「四番　御ひゐな立箱　壱対」と書かれている。但書きには「御まきゑなしちに松竹鶴亀くろぬりのわくに入て」とある。

「ひいな」が平安時代においては、手で持って操作するものであったこと、したがって立てるものであったことは述べてある。ここで注目されることは、嫁入り道具として「ひいな」が加えられているという事実である。さらには「ひゐな立箱」という蒔絵の箱が付けられていたということである。壱対ということから、男雛と女雛をそれぞれ箱に納めて一対としたか、男雛と女雛をいっしょにしたものを二組にして一対と

したかのどちらかだと推量される。(17)

すでに紹介してあるが、和子の姉にあたる珠子が、加賀前田家に輿入れをした慶長六年（一六〇一）の時、雛道具があったこと、その一部分が伝存していることは前述した。和子の嫁入り道具のなかに「ひゐな立箱」があるが、雛道具があったかについては判明しない。京都御所は何度も火災にあっており、道具類は焼失しているから伝存はしていないことも考えられる。

寛永三年（一六二六）、和子は二十歳であり、女一宮（一六二三年十一月十九日生まれ四歳）と女二宮（一六二五年九月十三日生まれ二歳）の母となっており、中宮に冊立されている。和子の父・秀忠は大御所となっており、兄・家光が三代将軍である。

『徳川禮典録』のなかには、和子の父・秀忠や兄の家光が、上洛して参内している様子が記録されている。ならびに九月六日、二条城への天皇行幸、中宮和子の行啓、女院（後水尾天皇の実母）御幸、二人の姫宮の渡御が記録されている。なおこの有様は、二条城行幸図、寛永行幸図等として描かれており、京都の町を天皇家族が、徳川将軍家光と大御所秀忠の待つ完成した二条城に赴く様子が捉えられている。(18) 徳川の覇権を誇示する二条城に、天皇家族は五日間滞在している。そしてその時、徳川家よりさまざまな贈答がなされているが、幼い姫宮たちへの進物品のなかに「雛之御道具」があるのが注目される。

九月七日の将軍家光からの進物

女一宮へ……白銀三千両　御服三十領　金襴十巻　黄金・白銀各五百斤（是は黄金・白銀をもって雛遊の料に新造せられしなり）

女二宮へ……白銀二千両　御服二十領　金襴十巻　金銀各五百斤（上に同じ　雛遊びの具なり）

九月八日の大御所秀忠からの進物　但　御内々

女一宮へ……白銀三千両　御服二十領　雛之御道具　傀儡之御翫

女二宮へ……白銀二千両　御服二十領　雛之御道具　傀儡之御翫

九月十日の御台所（家光の妻）からの進物

女一宮へ……御小袖二十領　雛之御道具（金銀調製）

女二宮へ……御小袖二十領　雛之御道具（金銀調製）

このように、四歳と二歳の幼い姫宮たちへの進物として、雛遊びとして用いるための金銀が贈られている。また雛そのものではなく、雛遊びに関連した道具（そのなかには何と金銀調製の道具もある）が贈答されている。このように、雛遊びに小さく精巧に作られた雛道具が、作られていたことを知ることができる。珠姫の雛道具から想像しても、漆塗り蒔絵による精巧な工芸品であったことだろう。

銀製の雛道具は、今日まで近衛家陽明文庫、徳川将軍家徳川記念財団、佐賀藩鍋島家徴古館、久留米藩有馬家有馬記念館等に伝存しており、それらの品々から当時においてどのようなものであったかを推量することができる。なお、将軍家光の御台所（みだいどころ）は、前関白鷹司信房の娘・孝子である。寛永二年八月九日に婚礼を行なっている。翌年九月十日には、和子にとっては兄嫁の立場として、二人の姫宮に対しては伯母の立場から贈答を行なっている。銀製の食器は、第二章において『九暦』を紹介した時に、宮廷においての儀礼の食事は、銀器を用いていたことに触れておいた。鷹司家という藤原家の流れを継承した五摂家出身の孝子からの進物として、金銀製の雛道具はふさわしいと思われる。

大御所秀忠からは、孫娘にあたる二人の姫宮たちに、雛道具だけではなく「傀儡之御翫（おんもてあそび）」があることは大いに注目される。この傀儡の持ち遊び物とは、どのような品であっただろうか。『お湯殿の上の日記』は欠本のために詳しくは知りえない。

かつて豊臣秀頼（六歳）が中納言になった時、後陽成天皇の女御から「放下のあやつり物」が祝儀品として贈られていた。このように、雛道具の他に、操り人形が含まれていたことは大事であり、見過ごすことができない。これも第二章の平安時代の「ひいなあそび」で述べたように、「ひいな」とは、本来、手で持って動かして遊ぶものであったように、動かすということが重要なのであろう。そのような面影が反映されている「傀儡之御翫」であろう。


寛永六年（一六二九）三月三日、女一宮七歳の時、御所において「ひいなの宴」が行なわれたことが『時慶記』に次のように記されている。

三月三日　姫宮御方出御座、ヒイナヲ各へ給候テ退出候
　四日　昨日中宮ニテ、ヒイナノ樽、臺等ニテ有酒

櫻井秀は、中宮和子によって姫宮たちの招集がなされ、女一宮のために「ひいなの宴」が催されたとしている。「ヒイナヲ各へ給候」とは、集まった多くの姫宮たちにヒイナを配り与えたということだろう。

実は、前年の六月十一日、中宮和子が生んだ皇子・高仁親王が三歳で没している。この頃、後水尾天皇は譲位を考えており、高仁親王に皇位を譲ることにしていた。しかし、死去したことにより、七月頃、天皇は次に女一宮への譲位を考えている。ところが、和子は四人目の子を懐妊中であり、九月二十七日に皇子を出

産している。しかし、十月六日に生後十日足らずで亡くなっている。この時になって和子は、皇子ではなく、女一宮が皇位に就くしかないことがはっきりした。翌年三月三日の七歳において、「ひいな遊び」が、女一宮の最後のひいな遊びになることを考え、盛大な祝宴を開き、雛を周囲の者たちに配ったと考えられる。普通は、十三歳が「ひいな満（みて）」だが、女一宮は七歳で雛遊びを切り上げることとなったのである。女一宮は、寛永六年十月二十九日に興子内親王の宣下があり、十一月八日に受禅、翌年の寛永七年九月十二日に即位して明正天皇となっている。

ところで譲位問題が取り沙汰されている頃、寛永六年（一六二九）九月、将軍家光の乳母ふくが上洛している。八月二十七日に和子が、女三宮を出産しており、その見舞いという名目だとされている。しかし、後水尾天皇が譲位の意向があるため、和子の真意を確かめることや、次の天皇を女一宮にする徳川方の意向が伝えられたと考えられている。この時、ふくは、「春日局」という名称が与えられて策を弄して天皇と対面している。

寛永九年（一六三二）八月にも春日局は、上洛している。この時、女一宮は明正天皇となっており十歳である。和子は東福門院となっている。女二宮は八歳、女三宮は四歳、女五宮は生後二ヶ月である。この折の献上品は、「御ひなの御膳道具」であったことが伝えられている。

久保田米所は、関東大震災で焼失したと思われる後藤縫殿助（呉服後藤の家）の古記録を抄録した手控えの資料から、春日局の献上品が後藤縫殿助に注文されたことを明らかにする、大事な書き付けを紹介している。[19] その内容を、次に引用してみたい。

一　御ひなの御ぜん道具　壱とをり

御かけばん一二三　　壱人まへ
御はち
御はし
御ごき
御さら
しゃくし　御さかづき　ほかゐ
かんなべ　御ゆつぎ
一　同　ちやうあし一二　拾人まへ
御ごき　御さら　御めしづき　御はし
此ぶん十人前
同　　一　ぢうばこ　壱人　三
同　　一　さしだる　二荷
右のぶんを小判十両にいたし候へ
御このみ有候
いづれもなし地　使　道仁

次に呉服類が多数に註してある末に

山田徳兵衛も『日本人形史』のなかで、この記録を引用しているが、「御ひなの御ぜん道具　壱とをり」という記述から、雛節供の宴において姫宮が用いる、特に立派な膳部の意味だと解釈している。脚のある懸盤膳（本膳・二の膳・三の膳）に、鉢・箸・御器（蓋つきの椀）・皿・杓子・酒盃をのせる。行器、燗鍋、湯注ぎも並べている。なお、雛遊びは、二・三歳の色直し前後から始められるので、おそらくは四歳となっている女三宮への進物品であったと推量されよう。晴れの日の本格的な膳が、幼い姫宮のために用意されて、雛節供の宴で用いるように調えられている。

蝶足膳は二つで一人前であり、これを侍女たちの膳として十人前を注文している。懸盤膳も蝶足膳もすべてを梨子地で作るようにと注文している。梨子地とは、蒔絵の技法の一つであり、漆の上に金粉を蒔き、その上に透明な漆をかけて平らに研ぎ出し、漆を通して梨子地粉が見えるようにしたもので、梨の果実の肌のように見えることから名付けられたと言われる。

このように雛の宴の膳は、常の日とは違って、各別小さくする趣向があったらしい。つまり幼い女児を中心とした「おままごと」のような晴れやかな遊び心に溢れた祭礼であった。やがて後の時代には雛段の男雛・女雛の前にも小さな膳がそれぞれ供えられることが始まっていったと思われる。しかし、このような華麗な梨子地の漆器による膳道具から理解できるように、雛の宴は食事が重要であると言えよう。酒を入れる指樽があることから酒も飲まれたと思われる。燗鍋まであるので温めた酒が飲まれたのであろう。また台子があることから茶の湯も楽しんだのであろう。

後には雛段に、婚礼道具のミニアチュールとして三棚（厨子棚、黒棚、書棚）や化粧道具など女性の暮らしに関わるさまざまな雛道具が飾られていくが、基本は食膳であったということである。寛永三年九月の、秀忠や家光からの「雛之御道具」がどのような品々であったか判明しないが、春日局からの詳細な献上品を見ると、雛遊びの宴に用いる食膳の品々であったことが十分に推測できよう。

また、この資料から、小さな雛の調度品は、呉服屋であり、また小間物屋でもあった呉服後藤のところに注文されたということが明らかとなっている。[20] なお、久保田米所は、春日局が京都から江戸に帰着してから、大奥でも御所に倣って雛節供を催したのではないかとしている。

(4) 次郎左衛門雛の登場

江戸時代初期の雛は、頭（かしら）が丸い形が特徴である。今では、丸顔の頭を「次郎左衛門頭」と呼び、その頭をつけた雛を「次郎左衛門雛」と通称している。

山田徳兵衛は『京洛人形づくし』[21] において、雛屋次郎左衛門について記している。そして雛屋とは初めは「雛を扱う店」という意味であり、「菱屋次郎左衛門」が、いつしか「雛屋次郎左衛門」となったらしいこと。当家は丹波亀岡出身の岡田家であり、系譜までも紹介している。それによると、元祖次郎左衛門藤原豊辰は、次のように伝わっているということである。

「永禄七年甲子年生る、元和六庚申年後水尾天皇中宮東福門院御入内に付御用仰せ付けられ御細工所へ召出さる、正保三戌年七月十八日死去、法名松巌浄雪、京都黒谷紫雲山金戒光明寺に葬る。」

元祖・次郎左衛門は、永禄七年（一五六四）から正保三年（一六四六）の生涯であったことが記されている。和子が入内すると御用を仰せつかっている。このことから、上巳の節供が元和四年（一六一八）の『西洞院時慶卿記』にあるように、女御前子（後水尾天皇生母）を中心に酒宴が開かれていたところに、「ひいな」を伴う祝宴になっていったのには、和子が契機であることが考えられるのである。そして「御所のひいな」とは、次郎左衛門雛であったことが判明する。

ところで山田徳兵衛は、昭和十四年五月、京都在住の十三代岡田次郎左衛門を訪ねている。当主から『京洛人形づくし』を執筆するのにあたり、岡田家の系譜資料の提供を受けたので、対面して礼を述べるのが目的であったという。吉川観方と人形問屋の中山香橘、田中彌三郎の四名で訪ねており、その訪問記「雛屋翁をたずねて」が『人形玩具評論』創刊号（昭和十四年九月号）に掲載されている。内容は『京洛人形づくし』と一部、重複している。そこで山田徳兵衛が紹介している雛屋次郎左衛門の家をまとめると次のようになる。

徳川和子入内から御用を勤め、「幕府御用」と伝承されており、五十石を賜わって屋敷も京都（三条通り寺町西入南側）と江戸（本石町一丁目）に賜わっていた。将軍家斉の時代には、加増となり百石を賜わった。十三代当主（明治二年生まれ）が言うには、雛屋の家は、石川丈山、本阿弥光悦、森田許六とともに、徳川家の京都における隠密の役を仰せつかっていたという伝承があった。

徳川家の雛の外はほとんど作ることがなかった。「御定式の雛として、黒の袍に、葵に雲鶴の模様のものを、例年二十対づゝ将軍家に納めてゐた。それは元和の昔からだと伝へられる。この二十対の雛に対して下される代金は、時の相場を論ぜず、後世まで納め始めの頃の額であった。」その他の雛や人形にも言及している。「黒衣装に丁子・唐草・立脇などの柄物」の雛も納めたが、これも次郎左衛門雛だが、時の相場で御買い上げになっていた。例年十四棹の長持に入れて東下した。江戸城大奥での雛の飾り付けにも関わっていたことが述べられている。節供がすむと、人形は諸大名に下渡しされたという。能人形も能衣装通りに作り上げて、高価なものとなったが雛屋から納められていた。

大政奉還後は、雛人形製作をやめて唐物屋を営んだ。武鑑や京都の案内書に見える人形店、柏屋四郎兵衛、橘屋信濃、唐木屋七兵衛、別所勘兵衛などは、みな岡田家の親戚であって、いわゆる次郎左衛門風の雛を作っていた。なお、岡田家の系譜を見ると、十代が野間氏より入り、十一代が人形屋・柏屋四郎兵衛より入り、十二代が人形屋・橘屋信濃から入っている。

これらのことから、雛屋次郎左衛門の家が、幕府御用のため、京都と江戸を往還していたこと。江戸大奥に納めた雛は、諸大名へと下されていたこと。幕府からの注文のみ受けており、親戚や分家にあたる人形店が、同じく次郎左衛門雛風の雛を製作していたことなどを知ることができる。

前述したように、春日局が寛永六年、寛永九年と東福門院和子に会うために上洛しており、特に寛永九年の折の進物品には「御雛の御膳道具」があることから、久保田米所は、御所での姫宮たちの雛の節供を大奥に持ち込んだのは春日局であろうと推測している。実際に雛屋次郎左衛門が江戸城での幕府御用を受けているので、江戸の地に雛を伴う上巳の節供が伝わっていることが明らかである。その伝達者が、春日局であることも信頼性が高いことであろう。[22]

(5) 御所の「ひいな」

入内した和子の御用によって、御細工所に召し出された雛屋次郎左衛門は、どのような雛を製作したのだろうか。姫宮たちによって御所で遊ばれていた「ひいな」とは、どのようなものであったのだろうか。雛屋次郎左衛門が作り出したとされる雛のことを、次郎左衛門雛と呼ばれている。今日まで残されている次郎左衛門雛には、立雛や坐雛が残されている。北村哲郎編の『日本の美術　人形』[23]には、それらの図版が数多く紹介されている。

次郎左衛門雛というと、団子に目鼻という表現がなされる単純な丸顔の雛である。大和絵を思わせる引目かぎ鼻であり、糸を引いたような眉と目、小さなおちょぼ口である。まずは、立雛が製作されたと考えられている。和子の嫁入り道具には「ひいな立箱」があった。箱のなかに入れて立てたり、雛屏風に立てかけたりしたのだろう。

民間での雛の飾り方だが、寛文頃（一六六一～一六七二）の雛が『日本雛祭考』（有坂與太郎）に紹介されている。この図版資料（口絵③）は第一章で前述した通り、今のところ最も古い雛遊びの図である。そこには、雛屏風が円やかに立てられ、そこに二対の立雛が立てかけられている。一六五六年（明暦二年）の北村季吟の句には「御づしには　ひなやはりこの並びゐて」（『埋木』）があり、厨子に雛が張子と共に納まっている風情である。一六七六年（延宝四年）見石の句「七寸の屏風やけふの内裏雛」（『俳諧当世男』）がある。一六八〇年（延宝八年）友而の句「京ひなにいさ言とはん箱伝授」（『江戸弁慶』）がある。立箱や厨子や雛屏風によって雛の置かれる特別の場が作られていたと思われる。

立雛は、やがて坐雛へとなっていく。日常の雛を用いた遊びに用いられていた時は、加賀前田家に嫁いだ珠姫の手製の立雛からもわかるように、幼い子どもへ向けて女性たちが紙雛を手作りしていた。そして、平安時代の昔のように、手で動かしながら遊んだことと思われる。しかし、上巳の節供において雛を中心とした祝宴が華やかに催されるようになると、御所においてはなおさら専門的な技術者、たとえば雛屋次郎左衛門が登場してくる。雛節供は、雛を中心に据えて飾ることとなり、飾ることにふさわしい安定した姿の坐雛が求められ、登場してきたことであろう。

よって坐雛、これも御所から始まったと考えられている。宍戸忠男は、古式次郎左衛門雛の現存する最古の雛は、京都の尼門跡・曇華院に所蔵されている「次郎左衛門雛」（口絵②）だと考えられるとしている。[24]それは、後西天皇の皇女大成宮（寛文八年・一六六八年誕生）所用の雛であり、延宝二年（一六七四）に御所から拝領したという由緒をもつ。

この一対の雛に対して宍戸は、次のように述べている。「男雛は狩衣―薄萌木紗、指貫―薄色・タテヌキ紫白・藤丸文固織物を着用。女雛は小袖―白地草花丸紋繻珍、長袴―紅精好を着ており、髪は共に昭和になっての後補。女雛の方の着衣は余りに綺麗な故に、取り替えられたかのようにも見られるが、もしそうだとしても、元に近い状態に為された物であろう。」なお、この雛は、両袖を胸前にもってきているが、手はつけられていない。

宍戸は、次に古いのは、京都の尼門跡・宝鏡寺に所蔵されている中御門天皇の皇女・嘉久宮（享保十年・一七二五年誕生）所用の次郎左衛門雛としている。

同じく中御門天皇の皇女・亀宮（享保十五年・一七三〇年誕生）所用の次郎左衛門雛が京都の尼門跡・光照院に残されていると紹介しており、この雛に対しては、次のように述べている。「当初の姿をその侭（まま）に伝えていると考えられ、男雛の黒袍・白浮織物表袴が、首紙の内に見える紅単と下襲表裏の襟と共に故実に全き忠実である。女雛の紺地藤花文金襴の表着と白地金襴の唐衣は、故実とは相異するが古様に格別である。享保年間までは、斯様のものが御所・公家に於いて所用されていた一例となろう。」この雛も両袖を胸前にもってきており、まだ手はつけられていない。

以上の尼門跡に所蔵されている次郎左衛門雛のカラー写真は、『門跡尼寺秘蔵人形』に収録されている。[25]

尼寺に入った皇女たちによって残された雛から判明することは、次郎左衛門雛であるということである。つまり、御所において雛節供に用いられたのは、次郎左衛門雛であったということになる。徳川の三代将軍家光から十五代将軍慶喜まで、正室は京都の公家から迎えている。公家の姫宮たちは、十三歳までの雛節供に親しんだ雛と共に輿入れをしたと考えられている。やがて、有力な藩の大名たちも将軍に倣って、京都の公家から正室を迎えるようになっていく。そこで御所ならびに江戸の大奥、大名家の奥には、雛の文化が広がっていったとされる。

まとめ

徳川和子が入内するまでの御所の三月三日の節供は、中和門院（近衛前子）を中心とした姫宮たちを集めてのささやかな酒宴であったことが、元和四年（一六一八）三月四日の『時慶記』から知ることができた。『時慶記』には「ヒイナ遊び」と記述されていたことから、ヒイナの人形を伴っていたと思われる。

猪熊事件で御所内の風紀の乱れが露見したように、大人の男女が集い合っての酒宴は、慎む風潮になっている。元和元年（一六一五）に「禁中並公家諸法度」が定められており、徳川幕府の監視下にあった。しかしながら、成人前の女児である姫宮たちを中心とした雛節供は、幕府によっても容認される宴であったことだろう。

やがて、徳川和子が御所に入り、姫宮たちを出産していくと、雛節供は御馳走も調えられた華麗な酒宴となっていったと思われる。そして雛人形が作られていき、女児たちにふさわしい小振りな、しかし精巧な細工がほどこされた食膳によって、十三歳までの女児たちが雛の宴を繰り広げた。

寛永二年（一六二五）三月三日の雛節供は、女一宮が三歳であり、『お湯殿の上の日記』には、翌四日の条に「ひいなのたい（臺）の物、御たるまいる」とある。翌寛永三年、徳川秀忠や家光の上洛の折、女一宮（四歳）と女二宮（二歳）へのみやげとして、雛遊びのための費用としての金銀、また雛の道具が贈られていた。そこでさらなる豪勢な雛の宴が開かれていったと推測できる。寛永九年（一六三二）には、女三宮（四歳）に春日局から雛遊びの御膳道具が贈られていた。雛遊びの道具とは、雛節供に用いる小ぶりな膳の道具類であることから、雛の宴とは共に御馳走をいただく祝宴であったことが推量される。それらは、晴れの日にふさわしい漆器や銀器による見事な細工の品々からなる本格的な食膳の道具であったことであろう。

ところで、徳川和子は、雛屋次郎左衛門を召し出していることから、御所における雛とは、次郎左衛門雛と考えられている。徳川和子は。第一章で後水尾天皇の皇女・品宮の日記を紹介したが、延宝四年（一六七六）品宮の娘・近衛熙子に東福門院・和子から雛節供の祝儀の品々が届いている。見事な「雛の御使い人形」によって届けられていることも紹介した。

なお、雛屋次郎左衛門は幕府御用で人形を江戸にも送っていることから、江戸城ならびに各藩の大名家においても雛節供が伝わっていることが理解できるのである。

三　徳川和子による雛節供

徳川和子が元和六年（一六二〇）入内してから、御所において雛を伴う節供が華麗に催されていく。女児の成長を祝う雛を伴う節供が、どのようなものかを詳細に見て行きたい。まずは、大名家にも及びつつあることが尾張徳川家の事例からも知ることができるので、そこから紹介してみよう。

⑴ 尾張徳川家における雛の初出

御所における女児をめぐる雛節供の文化が、大名家に及んでいることが尾張徳川家の史料から判明している。四辻秀紀は、『源敬様御代御記録』（徳川林政史研究所蔵）の寛永十四年（一六三七）三月六日の条には、次のように記されていると紹介している。[26]

「大姫君様江為上巳御祝儀御雛十對被進之」

尾張徳川家初代・義直の娘・京姫が、大姫である。寛永三年（一六二六）六月十六日、名古屋城で誕生している。寛永十四年（一六三七）十二歳の時の節供祝として、父親から雛十對が贈られている。京姫は足が不自由であったが容貌が優れ、和歌・管弦・書画も巧みで、父親から溺愛されたという。八条宮智仁親王（後陽成天皇の弟、晴子の子）の孫となる忠幸を名古屋に迎えて結婚をしている。そして五人の女子に恵まれたという。なお、夫は寛文三年（一六六三）清華に列して広幡忠幸となったことから京都に戻り、名古屋には帰って来なかった。

十二歳の娘に贈った雛十對は、娘の健康、そして何よりも結婚を祈る父親の思いが込められていたことであろう。二十三歳となった娘の婚約を調え、父親は翌年に没している。父の遺志によって次の年、京姫は、二十五歳で結婚したのだった。ところで雛は、結婚を祈念する意味合いがあったと思われる。その雛が、十對という表現から男雛・女雛の対の雛であり、さらには紙雛であったと想像される。伝存している徳川家康の雛、珠姫手作りの雛に近い紙雛と推量される。これらは未だ御所の雛、次郎左衛門雛ではない。

尾張家には、二代藩主・光友のもとに、将軍家光の娘・千代姫が嫁入りしている。千代姫は寛永十四年閏三月五日に生まれ、数え年三歳（満二歳六ヶ月）で嫁いだが、その時に持参した婚礼調度は、幸阿弥長重による蒔絵であり、今日、国宝に指定されている。『源氏物語』の「初音」ならびに「胡蝶」に題材した蒔絵意匠の豪華な調度は、千代姫誕生時から早くも注文されたとされる。山本泰一は、蒔絵による調度の他に純金道具一式も揃えられており、寛永十年（一六三三）三月十二日に出生している皇子素鵞宮（後水尾天皇と京極局との間の皇子、後の後光明天皇）との結婚を目論んでの準備であったとしている。しかし、寛永十一年七月、明正天皇即位後の御代替挨拶の上洛を最後に、将軍上洛はなくなっている。天皇の権威を借りることがないほどに、将軍権力が確立したことにより、入内計画は放棄されたと考えられるとしている。(27)

ところで、『徳川実紀』のなかの「大猷院殿御實紀」正保元年（一六四四）三月昨日の条に、八歳になっている千代姫に幕府の諸老臣から、雛人形をささぐという記述がある。千代姫は、尾張家の江戸屋敷である鼠穴屋敷に住んでいた。「公儀御付人」として、用人、医者、女中など、大勢が幕府から出向しており、千代姫が六十二歳で亡くなると、多くの者は幕府に召し返されたという。なお、正保元年のこの日、同じく諸大名は若君（家光の長子、竹千代・後の将軍家綱）に対しては、鶏を献じている。

雛人形は、上巳の節供祝儀品と考えられるが、嫁入りをした後で諸老臣が贈答していることが興味深い。この時、江戸城に春日局は健在であるが、尾張家側に出向いた老臣から贈られている。雛人形は、次郎左衛門雛であったことだろう。なお、千代姫の生母であるお振方は、出産後に没している。雛人形は、八歳の千代姫の健やかな成長を祈る意味が込められていたことであろう。

このようなことから窺い知ることができるのは、嫁入りにおいては雛を持参していないということである。見事な婚礼道具は二揃いも持参していながら、雛人形は持参していない。小振りな「お雛の御膳道具」も残されてはいない。おそらくは、未だ江戸城においては、姫宮たちが雛節供の宴を楽しむということが行なわれていなかったと推量できる。各大名家においても同じような状況であったことと思われる。正保元年（一六四四）において、八歳となった千代姫へ次郎左衛門雛が贈られ、この頃あたりから京都の御所から伝えられてきた雛節供の宴が、次第に開始されていったと推量できるのである。

⑵ 近衛熙子の雛節供

五摂家のひとつである近衛家の姫君、近衛熙子（一六六六―一七一四）と徳川綱豊（一六六二―一七一二　後の六代将軍家宣）との結婚については、すでに第一章で触れておいた。熙子の母が書き記した日記『無上法院殿御日記』から、熙子の雛節供が二歳から内々に催され、五歳から東福門院和子からの祝儀が届くなど公的に盛大に祝われ、やがて十三歳になるとそれを最後に「雛満（ひいなみて）」として雛遊びが終了することが判明している。公家の姫宮たちは、成女となる前の子ども時代に限って雛遊びに興じていたのであった。

ここでは、前述したことと重複する部分もあるが、近衛熙子の雛節供をめぐって、今一度、詳細に二歳から十三歳までの様子を見ていくこととしたい。母親である品宮常子内親王が日記を書き残してくれた御蔭で、宮廷の周囲での雛の有様が明らかになるのである。『無上法院殿御日記』原本は、京都の陽明文庫に所蔵されており、写本は、東京大学史料編纂所に所蔵されている。大滝昌世は、写本から雛遊びの部分を読み下して、『日本人形玩具学会』第八号（一九九六年）に資料紹介をしている。ここでは、その資料紹介を拠り所として、引用しながら進めていく。なお仮名遣い表記を、読みやすさを重視して漢字表記に替えた。

近衛熙子は、寛文六年（一六六六）三月二十六日、近衛基熙（権大納言・十九歳）を父に、後水尾天皇の皇女・品宮（二十三歳）を母として誕生している。翌寛文七年（一六六七）の三月三日は、数えで二歳だが次のように記されている。「内府（基熙）同道にて、姫君御かたへ行。ひいな事のあそひにて、ひしひしの［事脱カ］也。」夫と共に子ども部屋を訪ねている。内々で、子どもの世話をする者たちが寄り集っており、姫君の成長を祝っている様子がわかる。

三歳の寛文八年（一六六八）三月三日は「けふの祝い、いつもの如く也。」

四歳の寛文九年（一六六九）三月三日は、「姫君ひいな遊びにて、ひしひし也。めでたし。」

五歳になると様子が大きく変わって、祝儀の贈り物が周囲から届けられている。

寛文十年（一六七〇）三月一日「本院（明正上皇）よりまき（ちまき）拝領す。姫君へもきのふ取らせせられ候とて、蓮花小さき筒に立てられたぶ。又女三宮の御方（顕子内親王）より、ひいなの輿、内にひいなを乗せられ、樽・肴なと姫君へ給る。したしき御心さしとよろこふ。法皇（後水尾）より桜花・御菓子いろいろ拝領す。」

同年三月三日「けふは、姫君ひいなの遊びにて、ひしひしの事とも也。本院、女院（東福門院）よりも、ひいなの酒盃の台、樽、肴など姫君へたぶ。筑紫女房ゐいうん（家司・進藤筑後守の女房・ゐいうん）、礼に参る。酒盃つかわす。方々より、しほらししき物とも姫君へつかわす。機嫌の事也。節供の祝、いつものごとく。」

このように熙子が五歳になると、後水尾法皇（七十五歳）、女院（東福門院和子・六十四歳）、本院（女院和子の娘・明正上皇、四十七歳）、女三宮（女院和子の娘・四十一歳）からの贈答が始まる。女院和子と本院・女三宮の二人の娘は、共に行動しており、連携しながら贈答をしている。注目されるのは、人形劇のような「雛の御使い」による五歳の女児への贈答である。そして「酒盃・酒樽・肴」が届けられており、祝いの中心が盃事であることが判明する。幼い子どもに向けた小振りの道具で、小さな御使い人形が贈り物を届けているのである。

蓮花、桜花といった季節の植物、ちまきやお菓子といった食べ物も届けられている。近衛家では、節供の礼に来た女性にも酒を振舞っている。

六歳の寛文十一年（一六七一）は次の通りである。

三月三日「けふの祝い、いつもの如し。姫君のひいな事にてひしひしの事なり。家中の者どもも参り、見物す。女院、女三宮、女御（霊元天皇の女御・鷹司房子）などよりも色々しほらしき物ともたぶ。其外方々よりも同じ。姫君機嫌いふばかりなし。めでたしめでたし。縫の女房（家司・桜井縫之介の女房）、修理女房（家司・進藤修理亮の女房）、筑後女房（進藤筑後守の女房・ゐいうん）礼に参る。一乗院宮（品宮の同母弟）、大聖寺殿（品宮の同母妹）にも成る。めでたしめでたし。内府今朝参内、法皇へも参りたまふ。」

三月五日「節供の御礼に法皇へ参る。姫君、増君（品宮の二番目の子で五歳、熙子の弟）をも同道す。（中略）我身は女三宮の御方へも行く。姫君、増君も同じ。女院、女三宮より、うつくしき人形・張子など給はる。（中略）何もめでたしめでたし。」

この年の贈り物は、女院、女三宮、そして品宮の弟である霊元天皇の女御からも届けられている。このように女性たちから贈られていることが明らかである。見物客も増えており、客は女性たちである。しかし、品宮の同母弟・一条院宮（二十三歳）のみが男性客として顔を見せている。三月五日は、御礼を伝えるために二人の子どもと共に御所に参内して、女院、女三宮から人形や張子をもらっている。

七歳の寛文十二年（一六七二）は次の通りである。

三月三日「姫君ひいな遊びにてひしひしの事なり。方々より、いろいろのしほらしき物どもたぶ。（中略）禁中より御肴拝領す。女院よりもたぶ。」

三月四日「法皇へ御礼に参る。女院、女三宮へも同じ。」

八歳の寛文十三年（一六七三）は次の通りである。

三月一日「女院よりいつもの如く、ひいな色々の物ども姫へたぶ。」

三月二日「女三宮の御方より、ひいな色々しほらしき物ども姫君へたまはる。」

三月三日「けふの祝い、いつもの如し。（中略）姫君ひいな遊びにて、ひしひしの事、めでたさ幾久しくと祝う。筑紫女房、修理女房、礼に参り、対面し、酒盃つかわす。其外、出入りの者どもみなみな、ひいな見物す。召し使うおもての者どもも参り、にぎにぎしさ言ふはかりなし。めでたしめでたし。」

三月四日「節供の御礼に法皇へ参る。（中略）女院へも参る。女三宮の御方へも見参に入る。」

九歳の延宝二年（一六七四）は次の通りである。

三月一日「法皇より御かちん（餅）拝領す。女院よりうつくしきひいなども、酒盃の台、杉の折、御樽、肴、姫君へたぶ。いづれもいづれも、しほらしくうつくしき事、なかなか言うはかりなし。満足がり、おろかならず。」

三月二日「女院より姫君へ、ひいなの樽、肴、台の物、杉折、人形など、いろいろ取り揃え、しほらしくうつくしきものどもたぶ。女三宮の御方、その外、方々よりも給わる。にぎにぎしさ満足がりは、なかなかおろそかならず。」

三月三日「節供の祝い、いつもの如し。けふは姫君ひいな事にて、にきにきの事也。妙法院宮（品宮の同母兄）、新中納言殿（品宮の実母）、見物に御出なり。日厳院（母の叔父、品宮の大叔父）も御伴也。しほらしく何も何もそろひたるよし、とりどり褒め眺めたまふ。（中略）出入りの者どもいづれも見物し、ひしひし也。めでたしめでたし。」

三月四日「節供の御礼に法皇へ参る。」

九歳の節供は、再び注目される画期的なことが起こっている。東福門院より「うつくしいひいなども」が贈られているのである。酒盃台、酒樽、肴、料理の入った杉折など、今までにない御馳走までもが届けられている。五歳から数年の歳月をかけて東福門院の配慮によって雛人形が調整されたと考えられる。この雛が雛屋次郎左衛門による雛と考えられることは、すでに述べた通りである。

近衛熙子は、寛文六年（一六六六）生まれである。その二年後の寛文八年に誕生している後西天皇（後水尾天皇の皇子）の皇女・大成宮（幼名館宮、大成聖安）は、寛文十一年八月十九日に四歳で曇華院に入寺している。得度（延宝六年）前の延宝二年（一六七四）、七歳の時に拝領したと伝えられる古式次郎左衛門雛が、尼門跡曇華院に所蔵されている。伝存する最古の雛の装束については、宍戸忠男の解説をすでに紹介してある。宍戸は、当時の御所の服飾を忠実に模してあるとしている。さて、尼寺に入った皇女に対しても雛人形が贈られていることに、雛人形に託されている意味合いがどのようなものであったかが推量できるであろう。男雛・女雛が並ぶ雛は、得度前とはいえ尼寺に入った皇女にまでも贈られていることから、結婚の予祝とは考えにくい。健やかな女児の成長を祈る祝意が込められていると考える方が、素直であろう。(28)

熙子が賜わった雛も、二歳下の聖安女王の雛と似通っていたと推量される〔口絵②〕。なにしろ同じ延宝二年（一六七四）の三月に東福門院から贈られているのであるから。「うつくしいひいな」が飾られた近衛家には、品宮の母をはじめとした多くの縁者が見物に訪れており、賑やかな宴の様子を窺い知ることができる。

十歳の延宝三年（一六七五）は次の通りである。

三月一日「女院より姫君へ、ひいなの酒盃の台、御樽、肴、いろいろしほらしきものどもたまわる。うつくしき裸人形、いつもいつも覚し召しよりし、にぎにぎの事也。禁中よりもうつくしき人形、さまざましほらしき物ども拝領す。其外、方々より、いろいろの物どもたぶ。青蓮院宮（品宮の同母弟）、大聖寺殿（品の宮の同母妹）なども成らしまし、ひいな事、御見物也。出入りの者ども参り見物し、ひしひしの事也。」

三月三日「姫君ひいな事にて、にぎにぎの事也。御心ばせよろこぶ。」

「うつくしき人形」が、この年、禁中（霊元天皇）から贈られてきている。「うつくしき裸人形」も東福門院から届いていることが記されている。裸人形は、胡粉を塗って磨き出して白い肌にした人形である。木彫の上に胡粉を盛り上げたものを「嵯峨手人形」と呼んでいる。仏像のような製作の仕方から仏師の手に依ったものと考えられている。また、今日、「御所人形」と呼ばれている子どもの裸人形は、粘土製の人形に胡粉を塗って磨き出している。嵯峨手の裸人形、御所人形の裸人形がともに今日まで尼門跡に伝存している。[29] なお、近衛家の陽明文庫には、品宮所用の人形玩具箪笥に納められた人形一式が伝えられている。その人形箪笥のなかの人形は、御所から拝領した裸人形に、衣装を着せたものと思われる。

十一歳の延宝四年（一六七六）は次の通りである。
三月一日「女院より姫君かたへ、ひいな遊び近々のよし仰せにて、酒盃の台、御樽、肴いろいろたぶ。すなわち御使いとて、うつくしき公家、輿に乗り、其の供の侍、輿かきに至るまでも、成る程、美事に作り、人に似せたる様子、なかなか言うもおろかなり。とりどり、しほらしき事ども、姫君満足がり、おろかならず。誠に最もの事也。其外、方々より、さまざまの物どもまいらす。機嫌の事也。」
三月二日「禁中より、うつくしきひいな、御樽、肴、いろいろ姫君へ拝領也。誠にかたじけなき事、姫君満足がり、言うはかりなし。」
三月三日「節供の祝い、いつもの如し。姫君ひいな遊びにて、にぎにぎの事也。」

この年、東福門院からの祝儀が、御使い人形によって届けられている。五歳の時も雛の輿に乗った「御使い人形」が贈り物を届けたが、十一歳のこの時も、さらに精巧に作られた「御使い人形」が登場している。使者である公家のほかに、なんと供侍を従え、輿かきまでも美事な人形で作られているとある。

十二歳の延宝五年（一六七七）は次の通りである。
三月三日「節供の祝い、いつもの如く、けふは姫君ひな遊びにて、さまざましほらしき物ども取り並べ給。ひしひしの事也。出入りの者ども参り、見物す。（中略）禁中より、いろいろうつくしき物ども姫君へ拝領にて、かたじけなかりの事也。其外、あなたこなたより給。にぎにぎの事、言ふはかりなし。法皇よりも、よそより上がりたる由にて、しほらしき物どもたぶ。」

十三歳の延宝六年（一六七八）は次の通りである。

二月二十九日「禁中より姫君へ、ひいなの道具さまざま、しほらしき物ども拝領也。かたじけなき事、満足がり、言うはかりなし。」

三月二日「けふは、姫君ひいな取り出し飾る。しほらしき事ども満足がり、最も也。方々より、さまざまの物どもまいらせ、よろこび給ふ。大聖寺殿、慶寿院（品宮の母の妹）なども見物に御出也。」

三月三日「けふ、ひいな事にて、ひしひしの事也。御ふくろ（夫・基熙の実母）御出也。其外、出入りの者ども、勿論、家中の者参り、見物す。しほらしき事どもと、いずれも眺め入り、にぎにぎ也。めでたしめでたし。」

熙子十三歳の年が、雛を飾り立てて遊ぶ最後の節供の祝いである。十三歳の「雛満（ひいなみて）」をもって成長が達成されて、子どもの時間が終了する。熙子は、今までに贈られてきた「ひいな」を自ら取り出して飾っている。十三歳最後の雛節供、その様子を家中の者が見物にきており、熙子の父方の祖母も初めて訪れている。

十四歳の延宝七年（一六七九）

三月三日「節供の祝い、例年の如し。（中略）参内す。女一宮（霊元天皇の皇女・憲子内親王十一歳）御ひいな事有りて、姫君も同道す。御ちよくろへ遣わす。我身も参る。しほらしき物ども飾り給い、御にぎにぎの事、幼き上臈たち集まり、ひしひしと遊び給ふ。暮れ前に帰る。姫君は今少し遊びたき由、御中すゆへ、後に残し置く。」

熙子の雛を飾っての祝いは、近衛家では行なわれていない。御所へ参内して皇女である十一歳の憲子内親王のひいな遊びを見物している。暮れてきても帰りたがらず、そのまま残してきたと母親は日記に記している。熙子の名残り惜しそうな気配が窺える。

以上のように近衛熙子の雛節供からわかることは、徳川和子が御所で繰り広げた上巳の節供の祝いは、雛人形を伴うものであったことである。

ところで、後水尾天皇は、十九人の皇子と十七人の皇女を儲けている。十九人の皇子のうち天皇に即位したのは、霊元天皇、後西天皇、後光明天皇の三人で、残りの皇子たちは、門跡寺院へ出家している。そして十七人の皇女のうち、一人は女帝の明正天皇となったが、残る十六人は、どのような人生を送ったのだろうか。品宮のように結婚をしたのは、他に二人（徳川和子出生の女二宮と女五宮）であり、十三人の皇女は尼門跡に入っている。

徳川和子は、幼い皇女たち、そしてまた品宮の姫君（熙子）から明らかなように、義母のみならず義理の祖母となる関係の孫娘に対しても雛人形を贈り届けている。このように、五歳から十三歳まで酒・肴・菓子など、また雛人形やその他の人形を贈り、成長を祝っていることが判明する。徳川和子は、御所において、皇族の幼い女児たちの健やかな成育を見守り祝うという、雛節供の文化を築きあげているのである。

(3) 近衛熙子の結婚

近衛熙子は、東福門院、明正上皇という徳川に縁のある女性たちをはじめとした、多くの親類から見守られて成長し、十三歳までは心ゆくまでに雛遊びを楽しんでいる。十三歳の最後の雛節供、「雛満（ひいなみて）」が終わって、同年六月十五日には東福門院（徳川和子）が七十二歳で逝去している。翌年となる十四歳になった延宝七年（一六七九）六月十九日、四代将軍家綱の仰せによる徳川綱豊との縁組が発せられている。このことは、すでに第一章で触れておいたが、将軍の命ということで受け容れ、江戸に向かい婚礼を挙げている。

さて、徳川綱豊とは、将軍家綱の弟で甲府宰相・綱重の長子である。綱重は、延宝六年（一六七八）九月十四日に三十五歳で没したことにより、その長子・綱豊が家督を継いでいる。将軍家綱は、甥の結婚を指揮したことになる。この結婚の背景を山本博文は『徳川将軍家の結婚』(30)のなかで、おおよそ次のように述べている。

将軍家綱の正室は、当時の世襲親王家である宮家三家のなかの、伏見宮家・定清親王の姫君・浅宮（顕子）であった。弟の綱吉（家光四男）の正室は、五摂家のひとつである鷹司家の鷹司教平の姫君・信子を迎えている。綱吉の兄の子である綱豊の正室には、鷹司家より家格の高い摂家である近衛家から迎えることが考えられたのではないかとしている。

明正上皇（五十七歳）は、雛節供の贈答などから明らかなように、品宮・煕子の母娘と親しく交流していたことから、縁組にあたっては明正上皇の介在も推量することができるかと思われる。

瀬川淑子は『皇女品宮の日常生活』(31)において、この縁談に対して近衛基煕が憂慮していることを、基煕の日記『基煕公記』を引用しながら述べている。「当家の姫君、武家に嫁するの事、先祖より遺戒の旨之有り巨細は秘事一巻に在り」とあるが、先祖の遺戒の旨の詳細は、巻物が伝存していないこともあり判明していない。しかしながら遺戒を守るために、内密に、煕子を武家の平松時量の形式的な養女にして嫁に出すことを図っている。

こうして結婚が決まると、各方面からの祝儀品が届けられている。山本博文は前掲書において、『基煕公記』から引用しながら祝儀品を記している。甲府徳川家からは、以下の通りである。

熙子へ　小袖六重　帯二筋　白銀二百枚　御肴三種と御樽三荷
基熙へ　小袖五重　太刀　馬代黄金五枚　御肴三種と御樽三荷
品宮へ　小袖三重　白銀五十枚　御肴三種御樽三荷
家熙（基熙の長男）へ　小袖三重　太刀　馬代三枚　御肴二種御樽二荷
次郎（基熙の次男・直君）へ　小袖二重　太刀　金一枚　御肴二種御樽一荷

御水尾法皇からは、源氏物語一部、三十六人歌集一部、黄金三十両
後西上皇からは、うつほ物語　白銀
霊元天皇からは、御机一、三代集一箱、白銀五十枚　御樽肴

熙子の婚礼道具の詳細は知りえないが、萩原昌世は、十五年前になる寛文四年（一六六四）の当時館林城主・徳川綱吉（後の五代将軍）と鷹司家の姫君・信子との婚礼における道具に類似していたのではないかと推論している。その時の婚礼道具は、「幸阿弥家伝書」の資料から、東福門院の仰せで幸阿弥長房（一六二八―一六八三）が製作を担当したと記録されている。しかしながら、熙子の場合も、幸阿弥長房の時代だが、幸阿弥家が関わったかどうかは、「幸阿弥家伝書」に記録がなく、不明であるという。(32)

結婚支度金白銀二百枚を用いて、品宮と基熙は、娘のために準備にとりかかっている。そして、再び会うことがかなわないことから、親子三人でひっそりと思い出作りの奈良旅行に出かけている。こうして、延宝七年（一六七九）十一月二十六日、十四歳の熙子は、随従の上臈（じょうろう）、中臈（ちゅうろう）を抱え、徳川綱豊から差し向けられ

た家臣数百人に供奉(ぐぶ)されて江戸へと旅立っていく。江戸での祝言は、十二月十八日であった。なおこれ以降、母娘は、京都と江戸を往来する所司代の飛脚便によって手紙や物品を頻繁に交換している。

延宝八年(一六八〇)一月二十六日、品宮の日記には、徳川綱豊から遣わされた祝言の使者が訪れて、祝儀品の贈答が届けられていることが記されている。夫の基熙は面談しているが、品宮は中務卿という乳人を出して応対させせている。さて、その経済的に豊かな武家からの贈答品に対して、驚きとともに詳細に記録している。内容を示すと次のようになる。

基熙へ　金作りの太刀　小袖十重　銀子三百枚
品宮へ　小袖十重　いろいろ縫ひ染め物五つ　白五つ　白銀二百枚
家熙へ　金作りの太刀　小袖三重　黄金百両
直君へ　金馬代　縮緬・赤白十巻
基熙の母へ　紗綾二十巻

その他、奥女中をはじめとした家中の家来、使用人に至るまで銀子が贈られている。

ところで、熙子は、結婚を契機に常子と名を改めている。この常子は、母と同じ名前である。江戸から常子は、実家にさまざまな品々を贈っているが、雛節供に向けて贈っている記録をみると、興味深いことが判明してくる。

貞享四年(一六八七)、常子は結婚から七年、二十二歳となっている。一歳下の弟・家熙は、霊元天皇の女一宮と結婚しており、女児・徳君が誕生している。その二歳となった姫君へ、常子は江戸から「ひいなの道具」をいろいろと贈っている。また、尼寺・三時知恩寺に入っている入江殿(近衛家の猶子(ゆうし)となった貞宮)へも贈っているのだ。入江殿には、得度を受けていても、雛の祝儀を贈っていることが判明する。十三歳の入江殿に「ひいなの道具いろいろしほらしき物ども、御輿にてつたえ」とあり、十三歳まで贈り続けている。弟（家熙）の姫君である徳君に対しても、十三歳になるまで贈っている。「江戸姫君よりも、さまざまのしほらしき物ども上り、うれしがり給ふ」、「江戸よりも、いつものごとく、ひいなどもたくさんに給る」と、品宮は日記に記している。

江戸からは、雛節供の祝の他にも、何かと祝事を口実に贈答が届けられている。それは家族のみならず、親類、家の使用人にまで及んでいる。瀬川淑子は、主な祝儀を次のようにあげている。「歳暮から年頭の祝儀、父母兄弟姪甥の誕生日、姪甥の通過儀礼、有卦無卦、雛祭、菖蒲節句、嘉通、七夕、盆、生身玉、重陽、亥の子、位階昇進、親類の冠婚葬祭、後になると家熙の新宅建造、結婚、左大将への昇級、女一宮の鬢そぎ、帯祝い、初児姫君の誕生、お七夜、家熙内大臣拝命」などなどである。近衛家は摂家のなかで最高位の家格だが、それにふさわしい儀礼や生活が可能であったのは、武家と結婚した常子の貢献によるものだったと言えよう。

六代将軍の正室の立場となった熙子

品宮は六十一歳で没するが、その七年後、宝永六年（一七〇九）、綱豊は、五代将軍綱吉に男子がいなかったことにより養子になっていたが、六代将軍家宣となる。近衛家では思いもかけなかったことである。常子四十四歳で御台所となったのである。近衛基熙は、娘の常子の武家との結婚によって経済的に多大な恩恵を受けていたが、さらには将軍の岳父にまでなったのであった。霊元天皇は、品宮の十二歳下の同母の弟である。天皇の女一宮を、品宮と基熙の息子・家熙へ降嫁してもいる。近衛家の富裕な家運など、諸々のことにねたましい怨念などがあったのであろう。基熙を左大臣から関白への順当な昇進を阻んだとされている。霊元天皇と近衛基熙との確執については、いろいろと議論がなされているが、瀬川淑子が述べているように、「二人の強い性格同士がぶつかり、両方から〈邪佞〉呼ばわりの水かけ論になっていたようである」が、当を得ているように思える。しかし、その背景には、常子が徳川家と婚姻を結んだことにより、近衛家が経済的に裕福となり、近衛家が貴族のみならず芸能者や芸術家が集う社交場となっていたり、将軍との強い結びつきを持ったことなどへの不信感や嫉妬心があったと考えられよう。

基熙は、妻の品宮がなくなった翌年の元禄十六年（一七〇三）、政界を引退する。その翌年、綱吉の嗣子に綱豊が決定したことを知る。その時の懸案は、東山天皇の継体を打診するためだったとされている。宝永三年（一七〇六）三月には、江戸へ下向、三週間滞在して、将軍綱吉や家宣夫妻と会見している。この時、妻を亡くしている基熙（五十九歳）は、こうして常子は、父親と実に二十七年ぶりの再会を果たしたことになる。この年、家女房（西洞院）との間に、次女・八十君を儲けている。なお、この姫君は九歳になると、霊元法皇（六十一歳）が姫君を儲けて八十宮と命名したことにより、八百君と名前を変更せざるをえなかったことで、基熙は法皇への心無い仕打ちに憤慨している。

宝永六年（一七〇九）一月綱吉が没して、五月に娘聟である綱豊（家宣）が六代将軍になる。そして将軍の要請により、江戸へ招聘されて再び下向することになる。その目的は、将軍の代替わりに朝鮮通信使が慶賀のために来朝するが、その時の、儀礼上の助言を近衛基熙に求めるため、新井白石が将軍家宣に進言したからだと考えられている。

こうして家宣が将軍に就任してからも、娘の常子と再会を果たしている。常子のその時の、やや異常なまでの歓びぶりを、瀬川淑子は『基熙公記』から細かく紹介している。その一部を紹介してみると、「この期間の彼女は少し異常なまでに父に執着し独占欲を発揮している。ほとんど毎日会っているのに、一日に三、四度の手紙は普通で、激しい時には八度、九度と父に手紙を送るので、父親はたびたび〈迷惑迷惑〉〈老人迷惑〉を連発している」とある。この時、常子にとっては、五歳になる妹がいることにより、父を自分に引き付けようとする想いが強く働いたのではなかったろうか。

なお、基熙の江戸での役目は、「幕府の典礼や服装の検討、書籍の目録調査、古典校合など」のさまざまな用事が付け加えられ、江戸滞在は宝永七年（一七一〇）四月から正徳二年（一七一二）四月までの二年間にまで延長された。こうして、逗留中に宝永八年の雛節供を迎えた。

『基熙公記』宝永八年（一七一一）三月一日の条には、次のような興味深い記述がなされている。「御台（常子）のヒイナヲ見。三十年余以前、御台十三歳見之後、今日再拝見……」

熙子十三歳の時（一六七八年）に見てから、実に三十三年ぶりに娘の「ひいな」と江戸城で対面したと記しているのである。

萩原昌世は、この記述を引用しながら次のように述べている。

「この文章は、三つの重要なことを表している。一つは、熙子が婚礼の際に雛を持ち越していたこと。二つ目は、江戸に於ける熙子の雛遊びが明らかになったことである。そして……公家は十三歳で雛遊びを終了するが、武家に嫁いだことにより熙子の雛遊びが再開されたことである。」

近衛家という上流貴族においては、女児の五歳から公的に祝義の贈答品が届けられており、十三歳まで雛遊びが行なわれていた。十三歳をもって「雛満（ひいなみて）」となり、雛を取り出して飾ることはない。しかし、父親である基熙の日記から、武家に嫁ぐ時、雛道具が嫁入り道具として持ち越されており、十三歳を超えても、それこそ四十五歳になってまでも江戸城では女性たちによって雛遊びがなされているということが明らかになっているのである。

享保三年(一七一八)には、将軍であった夫に先立たれ、「一位御方」となっている常子(五十三歳)に頼まれて、基熙は、京都から江戸へ雛道具を送っている。京都の製品が江戸のものより優れていたからだと推量される。その時の日記には「東武風俗、雛七旬□、女年々、有此事故也」とある。女性の最盛期を過ぎても、東武風俗では雛事が行なわれていることに驚いている様子である。

さらには、享保七年(一七二二)の『基熙公記』には、次のような記載がある。「八百君自りヒヰナノの樽・肴・盃台等之れを送らる、……女子色直後此の遊び有り、近代の風俗。」

基熙の次女の八百君が閑院宮直仁親王と結婚をして、享保五年(一七二〇)に女児(治子女王)を出生しているが、その孫娘が数えの三歳で色直し(乳児の白い着物から色模様つきの着物に替える儀式)を過ぎると、内々にではなく正式に、雛事を始めていることに驚愕を隠せないでいる。長女の熙子の場合は、五歳になってから酒樽や肴、盃台などの贈答が開始されていた。五十年を経て、雛遊びが大きく様変わりをしているということになる。つまり、五歳から十三歳までの女児の健やかな成長を見守り、祝うという雛遊びが、低年齢化して始まり、高年齢化してまでも遊ばれるということに変化しているのである。[33]

四　婚礼調度としての雛と雛道具

近衛基熙が、日記のなかで「東武風俗」と書き記していたように、江戸では成人女性によっても雛節供が祝われている。少女期の人生儀礼という意味よりは、女性たちによる春の訪れを祝う年中行事のような様相に様変わりをしている。第一章で、五代将軍徳川綱吉の生母・桂昌院が『江戸繁昌絵巻』（別名『武門繁昌絵巻』）を残していることを紹介したが、一六九二年から一七〇五年の間に描かれたとされる絵巻のなかの、三月三日の絵画場面から江戸での武家や町人の雛節供の様子を知ることができる。近衛熙子つまり常子が、江戸で生活をしていた、まさにその頃の風景である。武家の女性たちが賑々しく雛を飾り立てており、雛の使いによって祝儀の贈答品が届けられている。

同じく近衛基熙の日記から、もう一つ重要なことを知ることができた。近衛熙子が徳川綱豊との結婚において、自身の雛を京都から江戸まで運んで、嫁入り道具として加えていたことである。日記記録により、延宝七年（一六七九）、雛と雛調度が近衛熙子の婚礼道具であったことが、明らかとなっているのである。近衛熙子の持ち越した雛と雛道具は、京都の御所に出入りしていた職人たちの手による優れた品々であったことだろう。雛によって、熙子の高貴な出自が明らかになるのである。

母親ゆずりの社交家であったと思われる熙子は、徳川家と京都の公家を仲介する役割を果たしていく。名だたる武家の男子と公家の子女との縁談に、熙子は尽力することで、自身の存在を確認していった。六代将軍の正室という立場になってからは、さらに手腕が奮われることになる。

(1)『女用訓蒙図彙』のなかの雛と雛道具

延宝八年(一六八〇)に出板されている『年中行事之図』(『月次のあそび』)の図(図版②参照)から、三月三日、江戸では、雛の使いによって女性たちが節供の贈答を行なっていることがわかっている。そこには「御姫君方、かしゆ(嫁娶)の結び初めの御祝」を表わすなりという文章があった。つまり、嫁入りの予祝として、雛節供が考えられていたと思われるのである。

ところで、嫁入りの道具として雛道具が、いつ頃から組み入れられたのだろうか。近衛熙子は、延宝七年(一六七九)の結婚において、雛と雛道具を持参していることが判明した。書物としては、貞享四年(一六八七)に出板されている『女用訓蒙図彙』において、雛と雛道具が、婚礼道具に含まれていることを見つけ出すことができる。この書物は、婚礼祝言の作法についての心得書であり、婦人生涯の儀礼教養にまで及んでいる。結婚においての所要道具は、絵で示されており、どのような品々であったかがわかる。静嘉堂文庫本を紹介して解説している田中ちた子・田中初夫によると、京都の画家と思しい奥田松柏軒の序文があり、絵は京都の絵師で、西鶴本の挿絵を手がけた吉田半兵衛が描いているという。京都、大坂、江戸の本屋が版元だが、作者からもわかるように出板企画は京坂と思われる、それが需要のある江戸において売られたということかと思われる。つまりは、京都の伝統的な婚礼作法が、江戸の新興勢力である武家に向けて紹介されているということになる。[34]

序において次のように述べられている。「それ祝言のこしらえかずかずの道具は其人により、とりどりの物好き、今様の珍かなるをも集め用ゆる事、心にまかすれば其品限りなし。然れども大むね式法定まりたるを、図に表わし侍るものなり。聟の方へ道具持せ行く奉行人は、其家の中老の役なり。聟の方に請け取り役人は、家の年老又は若人にても家に筋目有る者ら出、受け取りおさむるなり。日限日取は、道中遠く、国境をへだてたるには聟の方へ道具入るる日を定むるなり。しからば、こなたの家出るには、あながち撰ぶべからず。もとより出るも入るも、吉日にあたり侍るは、ひとしほめでたき幸なり。」

婚礼道具が武門の家に到着して引き渡す場面が、まず絵として描かれている。それから女器財七十九図、衣服十九図、茶湯道具七図、化粧十九図、花車十五図、所作具二十三図、湯殿具七図、産所七図、宮参髪置七図、以上合わせて一八三図によって嫁入り道具の品々が図示されている。ところで、雛はどこに入っているかというと、女器財のなかである。

女器財のなかには、「御伽」、「雛(ひいな)」、「雛道具(ひいなどうぐ)」、「犬張子」の四品が、雛に関連した品として並べまとめられている［図版④－1］。

寛文頃（一六六一～一六七二）の時代の、武家の雛節供の模様が描かれた図（口絵③参照）を、すでに第一章の「雛節供の登場」で紹介してある。その飾り方は、『女用訓蒙図彙』に描かれている雛に関連した品々であった。立雛が二対というところまで同じである。

なお、それから百年も時代が下る明和・安永の頃（一七六四～一七八〇）だが、雛の振り売りの呼び声が、『宝暦現来集』に記録されている。(35)

「二月中旬より、〈乗物、ほかゐ、雛の道具〉と呼て、葛籠の両掛にして売来なり。」

また、雛菓子売りも来たという。雛菓子売りは「雛の菓子や、菓子袋」と呼んで、鯛や松竹梅の形の落雁を売り歩いていたと記されている。

『続飛鳥川』にも、天明の頃（一七八一～一七八八）までは、「乗物、行器(ほがい)、雛の道具ばかり売りに来る。寛政の頃より不来」と記している。(36) 寛政の改革が松平定信によって実施され、雛は厳しく取り締まれているの

図版④ -1 『女用訓蒙図彙』

で、その影響があろう。しかし、十七世紀、十八世紀、雛そのものよりも、雛の道具や菓子が売り歩かれていたことは興味深い。雛は、縁者の女性によって半ば手作りされて贈られるものであったのだろう。

雛売りの図は、十九世紀になって『盲文画話』（一八二七年刊）に掲載されている。「内裏雛　小人形」を売り歩く図である。一人が、葛籠（つづら）や組重を天秤棒で担ぎ、もう一人は紋服を着て改まった姿である。雛が特別な品であり、威儀を正さなければいけないという意識があったのであろう。(37)

それでは、『女用訓蒙図彙』［図版④－1］に描かれた図版を詳細に見ていってみたい。

第二章において、「ひひな」と「ひとがた」をつなぐ「あまがつ」について述べた時に、「護身のあまがつ」のことを説明した。『源氏物語』「薄雲」、「若菜上」で登場しているように、赤ん坊が生まれると身代わりとなって、ふりかかる災厄を引き受けさせる。このように「あまがつ」は、身を守るものとして、祖母の手で作られた。そして三歳まで幼児の傍らに置かれた。しかし、『女用訓蒙図彙』から判明するように、江戸期になると、嫁入りに際して、自分の身を守るものとして幼い時から持ち続けている「あまがつ」を持って行ったことがわかる。しかし、それは「あまがつ」ではなく「御伽」と称されている。

「御伽」の図を見ると、室町時代の伊勢貞陸が『産所之記』に記したように、中に綿を入れた裸状のものと、着物を着せたものとの二つの姿が示されている。しかし、髪が長くなっており、赤ん坊の姿ではなくなっている。なお、「御伽」（御伽這子）のことは、後で詳しく述べたいと思う。

『女用訓蒙図彙』には、雌雄一対の「犬張子」もある。伊勢貞陸の『産所之記』にも、産所には「お伽の犬箱有るべし」とある。徳川時代以前の動向で紹介しておいたが、犬張子は『お湯殿の上の日記』などにも登場していた。それは産所の品というより、目出度い祝儀品としての意味があったと思われる。ここでは、雛道具の近くに並べられていることから、雛飾りとして用いられる、目出度さが込められた品であることが理解できる。

そして、「雛」と「雛道具」が描かれており、自分の子ども時代の雛遊びの品を嫁入りにおいて持参することだと理解できよう。この時代は、髪置きや色直しの後に、すでに雛遊びが始まっているので、その時に用いた品々を嫁入りにおいて持ち越すということになる。そのことが、『女用訓蒙図彙』から明瞭にわかるのである。

さて、図では、立雛が二対描かれている。一対ではないことが興味深い。雛道具は、屏風、駕籠、行器（ほかい）、絵櫃（えびつ）、三方、銚子（柄を持って酒を盃に注ぐもの）、提子（ひさげ：弦のある酒器）が描かれている。雛屏風を立てて、雛を立て掛けながら飾り、盃で酒を飲む盃事が重要であったことがうかがえる。絵櫃とは絵が描かれた曲物の飯櫃であり、雛節供に供された飯が入っていた。なお、雛絵櫃については、山東京伝が『骨董集　下之巻』(38)において時代考証をしている。紀

図版④-2　『女用訓蒙図彙』

貫之の『土佐日記』において、山崎で売られていた絵櫃を見て、亡児を忍んでおり、古くからあった子どもが飯事遊びで用いた玩具であった。

『源氏物語』には、「あまがつ」とともに護身用の守刀が書かれていたが、守刀も嫁入り道具の女器財のなかに入っている。

さらに、産所、そして宮参り・髪置きに用いる品々が図示されているので見ていこう。産所の七品は、苧、海馬（熊手）、押桶（箆（へら））、御府（守札）、椅子、屏風（腰掛）、胞衣包である。そして興味深いのは宮参りと髪置きの道具である。筒守（守刀）、御伽婢（おとぎぼうこ）、魴鮄（かなかしら）、雛（ひいな）、松橘、末広（白髪綿）、熨斗（のし）が描かれている。

結婚して子どもを出産し、さらにその後の宮参り・髪置きに必要となる道具類までも、婚礼道具として持参するように描かれているのだろうか。将来、必要になる品々を示しているのだろうか。江戸においては、髪置の直後に雛遊びをするように早まっているが、嫁入りの時点で、将来、生まれるであろう女児のために雛を持参したということであろうか。雛は、生まれてから贈られるものではなかったかと思われるが、『女用訓蒙図彙』では婚礼道具のなかに組み入れられている。

描かれている赤ん坊のための雛は、一対の立雛である〔図版④-2〕。嫁入り時では二対となるのは、その後の贈答された雛が加わるということであろうか。そして、嫁が身代わりの護身用として持参する持ち越しの人形は、「御伽」と書かれていたが、生まれてくる赤ん坊の宮参りで準備するのは「御伽婢（おとぎぼうこ）」と書かれており、二体が描かれている。そしてその姿は、長い髪の女の姿であり、初外出を左右から守るようにも思われる。

ともあれ『女用訓蒙図彙』から、以上のように嫁入りに際して持参する雛に関連した道具が、どのような品々であるかを確認することができる。

(2) 禁令から推量される雛道具

先に紹介したように、寛永三年(一六二六)、大御所徳川秀忠が上洛した折、和子の娘たち、つまり孫娘となる女一宮と女二宮への土産は、御雛の道具であった。将軍家光の妻からも金銀製の雛の御道具が贈られていた。六年後、春日局が上洛した時には、女三宮へ御雛の御膳道具が贈られており、後藤縫殿助に注文をした梨地蒔絵製の品々の詳細も判明していた。

ところで、慶安二年(一六四九)二月に出された雛商や雛職人に向けた触書に、「ひゐなの道具に蒔絵ならびに金銀の箔付け、結構に仕間敷事。上り候雛の道具には各別のこと」という条文がある。町方においても、蒔絵や金銀を用いた豪華な雛道具が作られて売られていたということである。それらに対して禁じているが、幕府献上品の雛道具は特別のこととして認めている。明暦三年(一六五七)一月十九日、江戸は明暦の大火によって、江戸城の本丸や二の丸までもが焼失するという大災害を被っている。翌年の明暦四年にも触書が出されて、「ひゐなの道具に金銀ならびに巻物糸類にて結構に拵える」ことを禁じている。寛文八年(一六六八)の触書は「金銀の唐紙、破魔弓、羽子板、雛の道具、五月の甲、金銀の押箔、一円に無用の事」と出されている。このように寛文頃までは雛人形そのものを対象とする禁令はなく、雛道具に対して、豪華に金銀や蒔絵を用いて作ってはならないという禁令が出されている。つまり、町方において華麗な雛道具が作られて売られていたことが理解できよう。このような雛道具は、蒔絵などを用いた漆芸の婚礼調度と大きく関連していると思われる。

ところで、現在まで伝えられている最も古い雛道具について紹介してみたい。それは、貞享六年（一六八九）四月、庄内藩第六代藩主・酒井忠真（一六七一―一七三一）に嫁いだ熊本藩第三代藩主・細川綱利の娘・密姫が持参した品だと思われる。密姫は、細川綱利（一六四三―一七一四）と水戸初代藩主・徳川頼房の娘・大姫（一六三四―一六七五）との間で生まれている。つまり、密姫は、水戸光圀の姪にあたる。大姫が細川家へ嫁いだ折の婚礼道具は、残されてはいないが、おそらくは見事なものだったと思われる。密姫の持参した雛道具は、数奇な運命で現存している。

明和八年（一七七一）に密姫が逝去したことにより払われることになり、家臣に払い下げられた。この家臣が代々、伝存してきたのであった。『雛の庄内二都物語』には、藤田順子氏が山形県鶴岡市の致道博物館を訪れ、展示されていた密姫の雛道具を撮影して紹介されている。[39] 実家である細川家の九曜紋と、婚家である酒井家の丸に酢漿草（かたばみ）紋が配された小さな品々は、細密な金具の装飾が殊に見事である。雛道具は、二十六箱に及び、払い下げを受けた家臣は「得難き品故に例え女子が生まれても決してこれを与えてはならない。末々家に付け置くこと」という書き付けを添えた。こうして子孫代々にわたって大切に保管されてきたという。また「雛道具目録」もあり、貞享六年（一六八九）当時の雛道具の数多い豊富な品々を知ることができる。それらは、『女用訓蒙図彙』で紹介されているどころではない品数の多さであり、婚礼道具そのものをミニアチュール化している。貝桶は勿論、黒棚、厨子棚、鏡台、角赤手箱、十二手箱、香道具、洗面用の角盥・耳盥などがある。

そして興味深いことには、『女用訓蒙図彙』にあるような雛道具、つまり雛屏風、駕籠、そして行器、三方、銚子、提子などの食事に関わる雛道具が入っていない。密姫が嫁入りをしたのは、貞享六年（一六八九）であり、『女用訓蒙図彙』が出板されてから二年後のことである。この早い年代において、婚礼道具の手引書よりも、はるかに華麗で精緻な雛道具類が数多く調えられていたことは、驚くべきことである。また、それらの雛道具が、婚礼道具を忠実に小さくした品々であるということにも驚かされる。

東福門院の姫君たちが、御所において雛遊びで用いていた雛道具は、春日局の注文記録から知ることができる。それらの品は、雛の宴で用いる小振りな食事に関連した品であった。それらの品を彷彿とさせる蒔絵による作品も伝存している。それらは、仙台開府四百年記念特別展「大名家の婚礼」（平成十二年）に出品された雛調度である。仙台伊達藩の家臣で、家格一門筆頭の角田石川家に伝わった雛道具は、本膳、二の膳、三の膳、飯椀・汁椀・平椀・坪椀・盃・湯桶・長柄湯桶・飯櫃・杓子、そして指樽などからなる。金梨子地で、伊達家の家紋の一つである雪薄紋と蔦の模様の意匠である。伝承は、元和五年（一六一九）に石川宗敬に嫁入りした伊達政宗の娘・牟宇姫（一六〇八―一六八三）の調度と言われているが、図録では、作行きから推定して、四代藩主・伊達綱村の養女（妹の娘）・安姫（一六八五―一七〇六）が石川村弘に嫁した時の調度としている。

なお、図録には、本膳一組が流失して、蒔絵コレクターとして名高いカザールコレクションに入り、現在は大阪市立美術館に所蔵されていることを示している。これらの酒宴に用いる品こそが、雛節供の祝いで用いられた「雛の道具」であった。雛節供が女児の健やかな成長を見守る祝儀であった時代は、このような祝宴の食膳に関連した品々であった。しかし、婚礼道具のなかに組み込まれるようになっていくと、婚礼道具を小さくした雛道具が製作されていったと考えられる。伊達藩家臣であった石川家には、膳椀類と共に雛人形も伝来しているということであり、雛人形の詳細な調査も待たれる。そして、雛の御膳道具の精確な時代考証と関連付けての調査がなされることが願われる。

雛節供が、女児の成長を祝うものから、結婚と結びつけられていくようになると、雛道具が婚礼道具に関連した品々へと変貌していったと考えられる。有職故実に通じていた霊元院政期の公家、野宮定基（一六六九―一七一一）は、娘の雛遊びが三歳に早まっている風潮に対して、元禄七年（一六九四）三月三日の日記で次のようなことを述べている。陰陽の偶人を配して、桃花の季節に婚嫁の儀を学ぶということだが、わずか三歳の赤白さえわからない少女が、そのようなことを学べるのだろうかと（註33を参照）。江戸で出板された年中行事絵本『月次のあそび』（一六八〇）には「御姫君かた、嫁娶の結び初めの御祝」とあり、雛節供が結婚の予祝となっていることが、武家社会から始まっていることを窺わせるのである。

今まで紹介してきたように、禁令を見ると、十七世紀までは雛道具の蒔絵に関することであったが、十八世紀に入ると、雛道具の蒔絵のことに加えて、雛人形に関連したことが出てくる。雛人形については、大きさに制限がかかり、八寸（約二十四cm）を越えてはならないというものである。吉宗による享保の改革では、贅沢禁止、節約に連なる規制が触書となっているが、享保六年（一七二一）の触書を紹介すると、次のようになっている。

「一、雛
　八寸より上、無用たるべし。近来、結構なる雛有之候間、都て軽く可仕候事。
二、同諸道具
　梨子地は勿論、蒔絵無用に可仕候。上之道具たりとも、黒塗に可仕候。金銀、金物、可為無用事。」

このように触書からわかるように、御城に上る品でも蒔絵ではなく、黒塗りの漆にするようにという制限がなされるようになっている。それだけ雛道具に贅沢な蒔絵の品が製作されていたということであろう。密姫の雛調度は、梨子地ではなく黒塗地だが、平蒔絵がなされており、何といっても金色に輝く金具彫刻の美しさが際立っている。

(3) 漆工芸の美術品

日本においては、法隆寺に伝わる仏像安置のための玉虫厨子は、七世紀に作られたとされるが、玉虫厨子からもわかるように、輝く美しさを求めて大切なものを荘厳してゆきたいという願いが、玉虫の羽を思いつかせた。やがて中国から伝えられた漆工技法は、日本で独自に発展していく。金銀を漆によって加工して、まばゆいばかりの輝きを引き寄せていった。日本には、瑪瑙、水晶、玉などは産出したが、ダイヤモンド、ルビー、サファイアなどの輝きのある宝石が産出されなかったこともあり、貝や亀（鼈甲）、珊瑚などの海からの賜物も用いて、主としては漆芸という工芸によって高価で貴重な財宝を生み出していったと考えられよう。そのようにして男性用の印籠や根付の装飾品、櫛や簪（かんざし）、笄（こうがい）の女性の装飾品が作られていった。女性の婚礼道具は、こうした装飾品の行き着いたところにあり、漆工芸の技術が結集された珠玉のものである。幸阿弥家という優れた職人集団の家系も輩出したことにより、近世において、世界に類を見ない美術工芸品としての婚礼道具が生まれていった。

ところで、婚礼道具などの漆芸の歴史については、灰野昭郎、小池富雄、荒川浩和などの研究があり、歴史的技術の変遷、代表的な調度品の美術工芸についての解説がなされている。それらの研究を参照しながら、婚礼道具について概観してみたい。[40]

近世という時代を象徴する蒔絵として「高台寺蒔絵」があり、それは漆芸史において画期的なものであると荒川浩和は述べている。平安から鎌倉時代そして南北朝時代に至り、平蒔絵（ひらまきえ）・研出蒔絵（とぎだしまきえ）・高蒔絵（たかまきえ）・沃懸地（いかけじ）・梨子地（なしじ）といった蒔絵技法の大半が完成したと言われる。室町時代には技法が組み合わされて複雑になり、難度が高くなっていく。やがて桃山時代になると、簡明化の次元へ飛躍するという。そうして生み出されたのが「高台寺蒔絵」であった。この時代の漆芸品の愛好者は豊臣秀吉であった。秀吉は戦闘の論功行賞として領地の他に漆芸品を用いている。尾藤甚右衛門知宣に与えて、島津征伐で失敗したことにより取り上げた漆の什器は、やがて加藤清正に与えており、「桐桔梗折墨蒔絵調度」として今日まで伝えられている。また、秀吉と北政所のねねが用いたとされる、優美な膳椀道具「芦辺桐紋蒔絵調度」も伝来している。

　婚礼道具において、優れた漆工芸が用いられるようになるのは、徳川時代になってからのことである。それまでは皇族・貴族や、時の政治権力者によって愛用されており、文房具や化粧道具、什器などとして用いられてきた。姫君たちの晴れの日である婚礼に用いられたことは、女性の財宝・財産の面から考えても大きな転換であったと言えよう。

　先にも言及した漆芸職人集団の幸阿弥家については、灰野昭郎の「幸阿弥」（『日本美術史の巨匠たち　上』）に詳しい(41)。足利義政の時代から登場して、蒔絵師として足利将軍家、信長、秀吉にも愛され、やがて徳川家にも仕えている。幸阿弥家についての基盤的な資料は、「幸阿弥家伝書」であり、初代道長から幕末の十八代長賢までの系図を載せて、十一代長房までの伝記が記されたものである。この資料は、明治期に活躍した蒔絵師の柴田是真（一八〇七―一八九一）が書写したものが、是真の子孫筋にあたる梅沢家に所蔵されている。なお、「幸阿弥家伝書」の内容は、『美術研究　九十八号』に所収されている。今一つの文献資料として「幸阿弥家記」があり、初代道長より十二代長好までの略伝が収められている。これは明治期の飯島半十郎による草稿と考えられている。この草稿とともに作品目録は、鈴木則夫による「資料紹介　幸阿弥家記　幸阿弥家蒔絵品目」がある。(42)

これらの文献資料によると、七代・幸阿弥長晏（一六五九―一六一〇）が、徳川家に関連した調度を作製している。二代将軍秀忠の次女・珠姫が、慶長六年（一六〇一）加賀藩・前田利常に嫁入りする時の婚礼調度について、「濃梨子地に松橘蒔絵」の意匠で作ったと記録されている。しかし、残念ながら伝存してはいない。ところが、先にも述べたように、珠姫御用の雛道具（黒塗葵紋散蒔絵）は、一部が残されている。

将軍秀忠の五女・徳川和子入内の折の御用には、九代長法（?―一六一八）と十代長重（一五九九―一六五一）が担っている。和子の婚礼道具は、濃梨子地に枝菊蒔絵で仕上げられている。長重は、家光の娘・千代姫の名高い「初音の調度」や「胡蝶の調度」も手掛けている。そして、和子の次女・昭子内親王（濃梨子地に菊水岩有）や五女・賀子内親王（濃梨子地に靍菱地上紋粒菊散）の婚礼道具も作製している。江戸時代、御所や将軍家の御用は、幸阿弥家がこうして不動の位置を占めて、代々、仕えていくことになる。

さて、珠姫の婚礼道具は、どうやら雛道具と共に、調えられていると考えられる。しかしながら、婚礼道具は幸阿弥家が御用を受けているが、雛道具の製作が幸阿弥家であったかは明らかではない。しかし、当時の優れた技術を持つ職人によって手がけられたことであろう。三歳という幼い姫君を、九歳の前田利常へ入嫁させ、代わりに芳春院（利常の母、利家の妻のお松）を幕府の人質とした。幼いながらも尊く大切な姫君であることを証明するものが、婚礼道具ならびに雛道具であったことと思われる。徳川時代に入ってから、雛文化が起こってくるが、その魁（さきがけ）として雛そのものより、華麗であり絢爛な雛道具があったことの意味は大きく、重大である。徳川幕府によって、雛道具は婚礼道具と深く関わるものとなっていったと考えられる。雛道具は、婚礼への意味合いが強く裏打ちされたものとなり、婚礼道具のミニアチュールが作られていったと言えよう。

ところで、珠姫（一五九九―一六二二）の雛道具だが、たとえば鏡台は高さ二十五cmであり、今日からみると、雛道具としては大ぶりである。そのために、雛道具なのか、婚礼道具の雛型なのか、意見が分かれるところでもある。慶長六年（一六〇一）の数え三歳での嫁入り時、その寸法の鏡台は幼児用として十分に用いることができたであろう。いまだ徳川家には、京都の御所で遊ばれている雛節供を、武家で祝うという雛文化が広まっていない頃である。よって、年代からしても雛節供に用いた品とは考えにくい。

元禄二年（一六八九）、熊本藩の細川家から庄内藩へと嫁入りした密姫の雛道具が残されていることは、前述してある。たとえば厨子棚の高さは四十五cm、奥行き十六・三cmという。これも雛道具としては、やや大きな寸法である。

雛人形とともに雛道具を雛段に飾り立てるということは、二段となるのが十八世紀の半ばのことであり、五段飾りは江戸後期、十九世紀半ばのことである。江戸時代初期には、座敷の一隅に平たい台を設えたり、床の間の上に雛や雛道具をずらりと並べた。よって、雛道具は大ぶりで作られ、やがて時代が下るとともに小ぶりとなっていったと考えれる。幕末になると、江戸池之端の七澤屋の製品などは、高さ十cmあまりの厨子棚が作られており、方寸極小美の精緻な細工によって、職人の技量を示したとされる。そして小さなそれらの製品は、高価であったことが知られている。

このように雛道具は、婚礼道具を真似た、やや大きなものから、時代とともに小さくなっていることが確かめられる。

この柏原家に伝来するのは婚礼道具だが、雛道具においても、豪華で精巧な密姫の雛道具に匹敵するような品々が町方で作られていたことだろう。それだからこそ、禁令が出されたということであろう。

⑷ 雛道具の意匠

わずかに残されている江戸時代初期の婚礼道具を眺めると、そこに飾られている文様の特徴に気付かされる。珠姫の所用として残されている角赤手箱の文様は、菊・桐紋である。東福門院和子所用の鏡巣（鏡を収める蓋物容器）は、後に香合に転用されて伝存しているが、枝菊である。東福門院和子の女二宮と女五宮の婚礼道具にも菊が描かれている。中国で尊重された菊は、江戸時代初期まで意匠として描かれていることになる。

その後、日本における蒔絵の最高技術が駆使されたとされる家光の二人の娘たちの婚礼道具が生み出されるが、和歌や源氏物語を題材とした意匠となっている。家光養女・亀姫が前田光高に入嫁した折の道具は、新古今和歌集の賀歌「仙人の折る袖匂ふ菊の露　打ち払ふにも千代はへぬべし」を葦手文字で散らし、判じ絵も含んだ「菊の白露」の意匠である。そして家光の娘・千代姫の婚礼道具は、源氏物語による「初音」、「胡蝶」の意匠である。初音の調度も「年月を松にひかれてふる人に今日鶯の初音きかせよ」を葦手文字と絵（明石の姫君が住む御殿の庭の風景）で描かれている。胡蝶の調度は、池に船を浮かべて歌舞音曲を楽しむ情景の絵のみであり、文字はない。なお、ともに徳川家の三つ葉葵紋が描かれている。

秀忠の長女・千姫は、豊臣秀頼に嫁いだが、後には本多忠刻に嫁いで、勝姫を生んでいる。勝姫は秀忠の養女となって、寛永五年（一六二八）、岡山藩主・池田光政と結婚しているが、その折の婚礼道具が「綾杉地獅子牡丹葵紋蒔絵調度」として伝えられている。この地紋綾杉に獅子牡丹葵紋の調度と同じ意匠の道具は、慶安二年（一六四九）、輝姫（池田光正と勝姫との次女で、家光養女）が一条教輔と結婚する時にも用いられている。さらには、承応三年（一六五四）、近衛信尋の娘・秦姫と徳川光圀との婚礼道具にも用いられている。この同一意匠の婚礼道具は、幸阿弥長重の製作工房と考えられているが、工房の定番の婚礼道具意匠となっていたと考えられている。綾杉は、山や森を表徴しており、牡丹は婦人薬にもなる植物であり、獅子は神話的生命力をもつ想像上の神格である。獅子は時に、夫婦で描かれ、あるいは子ども獅子も共に描かれる。『聊斎志異』では、牡丹の花の滴が葉の上にたまり、その滴を飲むと甘露であり、菊の滴と同様に年齢を重ねることがない。獅子は病いになることもなく、永遠に生き続けるのだ。

「綾杉地獅子牡丹蒔絵調度」は、綾杉の地紋が全体にほどこされている。その上に獅子・牡丹が描かれているが、獅子はどれも異なる姿で表現されており、どれ一つの意匠を見ても同一な組み合わせがないという。なお、この婚礼道具において、地紋が登場していることが、大いに注目される。この後、これまでのような源氏物語や和歌に取材するという意匠が、超絶的技巧によって作られる固有な婚礼道具ではなくなっていく。地紋を描き、家紋を散らして文様化していく形式的な意匠となっている。将軍家のみならず多くの大名家においても、娘の婚礼道具を調えていくようになるが、このような形式的な意匠によって生み出される婚礼道具となっている。[44] そして地紋は、杉や竹による籠のような梱包を思わせるものから、やがて草花による唐草文様が占めてゆく。

綾杉、竹、竹菱、花菱の地紋から、牡丹唐草、桐唐草、蔦唐草、鉄線唐草、酢漿（かたばみ）唐草、桔梗唐草などなど、全面に絡まっていく唐草の地紋は、植物の持つ生命力が魔法のように写されているかのようである。婚礼道具、そしてまた雛道具に、それらの文様が意匠化されていることには、道具が大事なかけ替えのない宝物であることを示すのは勿論だが、それにもまして生命力や繁殖力、つまり女性の出産力を呪術的に補強する意味が込められていたと思われる。それらの婚礼道具を携えて嫁入りをし、婚家に道具を据え置くことは、嫁がその家に自己の存在を証明することになるのであった。

江戸時代後期になると、唐草文様は、牡丹唐草へと集約していく。牡丹の花がもつ呪術性が広く浸透したからであろう。町人の間でも専ら雛道具は牡丹唐草の文様となっていく。上野の池之端にあった七澤屋の小さな雛道具も、牡丹唐草の意匠であった。

後の時代のことだが、唐草文様の風呂敷は、中に大切なものが包まれていることを示すようになり、泥棒はお宝を奪うということから、唐草の風呂敷で盗み出した品物を運ぶというのが定番となっていったようだ。

ところで、婚礼道具として、どのような品物が調えられたのだろうか。聟入り婚から嫁入り婚へと変化した中で、婚礼道具が登場してくることになるが、それは室町時代頃からだと考えられている。武家による統治の室町時代には、武家の兵法をはじめとして各種儀礼が発達して整備されている。そして婚礼儀礼も生み出されていった。室町将軍家に仕えて、武家故実に精通していたのは伊勢氏だが、なかでも伊勢貞陸（一四六二―一五二一）は、婚礼儀礼に関しては「嫁入記」、「よめむかへの事」[45]の書物を伝えている。『嫁入記』には、一番・御貝桶、二番・御厨子棚、黒棚、三番・荷唐櫃、四番・長櫃、五番・長持、六番・御屏風箱、七番・行器の順番に輿入れの行列が示されている。そして櫃や長持といった収納運搬具のなかに、香箱、元結箱、白粉箱、櫛箱、御歯黒箱、油壷などの化粧道具、硯、筆、紙、文台などの文房具が納められていることも記されている。

『礼儀類典図会』は、朝廷の礼法・儀式についての資料集だが、徳川光圀の命によって天和二年（一六八二）

から元禄十四年（一七〇一）にかけて編纂されている。そこには、婚礼調度の厨子棚が寸法入りで描かれている。[46]

寛政五年（一七九三）『婚礼道具諸器形寸法書（三冊）』という婚礼道具三百種の品目の図と、詳細な寸法が記された書物が著されている。筆者は齊藤玉山である。昭和十二年、正宗敦夫の校訂編纂により、日本古典全集『婚礼道具図集　上巻・下巻』のなかに所収されている。[47] なお、この書物については、後で詳述する。なお、実際に姫君たちがどのような婚礼道具を持参したかは、姫君たちの婚礼道具目録が各藩に残されていることもあり、それらの資料から実態を知ることができる。

雛道具は、貞享六年（一六八九）の密姫の嫁入りからもわかるように、婚礼道具をミニアチュールにした雛道具が揃えられている。次に、今日まで残されている貴重な雛道具を二件ほど紹介してみたい。

享和元年（一八〇一）六月二十一日、十代阿波徳島藩主・蜂須賀重喜の七女・寿美（一七七八－一八二五）が、七代信濃松本藩主・松平光年（一七八一－一八三七）への継室として嫁いだ時の婚礼道具が残されている。結婚の年は、将軍家斉の時代（一七八七～一八三七）であり、雛文化が最も隆盛であった頃である。将軍家の姫君ではなく大名家においても、どれだけの雛道具が揃えられているかを目のあたりにすることができる。

桐紋唐草蒔絵雛道具は、赤塗り梨子地の唐草文様に、桐紋を散らしている。金具は銀製である。貝桶、三棚（厨子棚・黒棚・書棚）、棚に備わる各種の箱、つまり化粧道具、文房具、遊戯具、書物など。布団や枕、振袖・小袖など衣装、飲食器、行器、駕籠、また火消道具もある。駕籠に乗って贈答を届ける御使い人形、さらには男雛・女雛もともにある。雛屏風も河野栄寿筆の鶴が描かれた品がそなわっている。これらの雛道具は、戸田松平家に伝来したが、昭和五年五月十八日に大阪美術倶楽部で行なわれた入札にかかっている。

「信州松本藩主　戸田子爵家入札蔵品目録」の写真が残されているが、この時の雛道具を落札したのが、三井高棟であった。この優れた雛道具の揃いは、こうして散逸することなく、現在、三井記念美術館に収蔵されている。(48)

水戸徳川家（彰考館徳川博物館）には、八代齊脩（一七九七―一八二九）に嫁入りした、峯姫（一八〇〇―一八五三）の婚礼道具と雛道具がともに揃って伝来している。峯姫は、将軍家斉の娘である。家斉は多くの子どもを儲けた将軍として名高い。生まれた子ども、五十三人（男二十五人、女二十八人）のうち、生育したのは、二十五人（男十三人、女十二人）とされている。この十二人の姫君たちに見事な婚礼道具と雛道具を持たせて嫁にやった。峯姫のほか、加賀前田家に入嫁した溶姫の場合もさぞや豪華であったろう。

峯姫の嫁入りは、文化十一年（一八一四）十一月十一日であった。婚礼道具は、朱の梨子地に葵紋松竹唐草蒔絵である。この婚礼道具の細部までを模して、雛道具が製作されている。雛道具の方は、黒地となっており、約八十点、小物まで含めると二〇〇点にも及ぶ。対となって残されているこれらの道具は、拡大縮小関係であり、目の錯覚を覚えるような不思議な感覚に襲われる。姫君の婚礼そのものをミニアチュール化して、小さな雛人形世界での婚礼を、もうひとつ作り出しているかのようである。雛節供の贈答においては、雛の使いが、人形劇のように小さな世界で動いて、贈物を届けていた。婚礼そのものを、人形劇化するような仕掛けの気配すら感じられるのである。

第四章
結婚の時代

御所において、雛を飾り女児の成長を祝うという雛節供の祝儀が始まったが、やがて、雛と雛道具は、嫁入り道具となっていったことをみてきた。公家と武家との婚姻によって、御所での雛文化は、武家にもたらされることになった。そして、新しく開かれた江戸の地に広まり、雛の新たな展開が武家社会を中心にして起こっていった。長い戦乱が終わって、徳川幕府の時代になると、武家は互いに婚姻関係を結ぶことで、同じ武門としての絆、さらに姻戚としての信頼関係を高め合っていった。

農民たちに対しても、戦乱で失った人口を回復させて、生産力を増加させていく上から、国づくりの基として、結婚を奨励し、間引きなどを戒め、多くの子どもが生まれ育つことが期待された。江戸徳川時代とは、結婚の時代なのである。徳川の平和のなかで、結婚、出産こそが喜ばしいこと、目出度いことなのであった。一生で最も晴れやかなのは結婚という時代を迎えたのである。

徳川家康は、幕府の中心地を歴史的背景のある山城・難波の地ではなく、そして名古屋の地でもなく、江戸という新たな場所に定めて、都市づくりを行なっていった。見尽くすことができない程に広がった野原に、多くの人々を集めて、全てから新たに町を作り上げていったのである。そのため、江戸時代初期の人口は、開拓に従事する男性が多く、女性が極端に少ないバランスの悪い構成であったと言われている。江戸での結婚は、あらゆる階層、武門町人富裕を問わず、女性たちにとっては、引く手数多（あまた）の状況であったという。新しい人工的な城下町でいきいきと生活をする女性たち、そのなかにあって武家社会の女性たちが率先して年中行事化したのが、三月三日の雛節供であったのである。

一　結婚と出産

⑴京都事情

京都の御所、江戸大奥での雛節供を、近衛熙子の場合を例にしながら見てきた。京都の公家社会では、武家においての雛節供が、低年齢化して始まり、高年齢になるまで遊ばれていることに驚きをもって「東武風俗」、「近代風俗」と記していた。このように東国では雛節供が盛んだが、それでは京都の町衆は、雛節供をどのように捉えていたのだろうか。十七世紀の京都では、上巳の節供といえば鶏合であり、雛を伴う節供ではなかったことを、第一章「東武風俗としての雛節供」において、年中行事の絵本等から示しておいた。ここでは、さらに踏み込んで紹介してみたい。

京都の歳時記録からみた雛遊び

京都の年中歳時について、十七世紀に書かれた書物を見ていくことにしよう。一六六四年（『歳時故実』）～一七一二年（『和漢三才図会』）に至る、約五十年間の動向を概観することで、京都の町衆の受け止め方を探ってみたいと思う。そこから垣間見ることができるのは、いつ頃から、何のために始まったのか、雛の由来がわからずに、困惑している有様に思えるのである。

寛文四年（一六六四）に上梓されている古典籍に明るい迪齊道允の『歳時故実』[1]には、三月三日の上巳は、中国の故事を引用するのみである。桃の花の酒、草餅、曲水の宴の故実が説明されている。雛は、記されていない。

京都の儒者・医者として名高い黒川道祐（一六二二―一六九一）が著した『日次紀事』[2]は、延宝四年（一六七六）に脱稿、貞享二年（一六八五）に板行されたと推察されている。京都の年中行事を含めた総合百科事典の内容の本書には、「雛遊」が次のように記されている。

今日良賤児女、製紙偶人。是称雛。玩之者、元贖物之義、而乃祓具也。或名母子。蓋以斯物、撫母子身体、於水辺、解除之。或飲桃花酒、亦修禊事之微意者乎。

貞享二年（一六八五）に脱稿、貞享四年（一六八七）に板行した、作者不詳の『年中風俗考』[3]にも、雛が触れられているので紹介しておく。（なお、読みやすさのため、片仮名を平仮名表記に改めた。）

此日、雛をもて遊ぶこと、いずれの時よりの風俗とも確かならず。源氏物語などには、雛は常の慰み草としたり。案ずるに、雛をば井を掘り、屋根葺き柱立などにも立用て祝ものなれば、上巳の祓にも、たまたま用てより、習わしとなりたるか。水辺の祓には人形（ひとかた）などの類にも侍るか。……（中略）……桃の節句と云縁にて、此詩〔詩経　桃之夭夭〕の心を以て、雛を立飾り、夫婦和合の体に対の雛を並べ、品々の家財道具を揃へ婚礼の装ひをなし、男女和合の家繁昌の前瑞をして祝ふ。此の故に、専ら女の節句とは云云。

黒川道祐には、先に掲げた『日次紀事』と一双をなすとされる『雍州府志』[4]という山城国についての大部な地誌がある。全十巻五門に分類されているが、自序は天和二年（一六八二）であり、第十巻は貞享三年

（一六八六）の版である。さて、土産門のなかに、雛が記されている。

倭俗以紙作小偶人夫婦之形。是謂雛一対。

貝原好古・益軒の『日本歳時記』（貞享四年・一六八七）には、次のように記されている。

今日、女童の戯れ事に、ひゐな遊びとて、小さき人形をもてあそぶ事あり。……又這子とて、ふとき人形に衣服を縫ふて着せ、帯などさせて、これをもてあそぶ事あり。

元禄三年（一六九〇）に出板された『人倫訓蒙図彙』(5)には、「雛師」が雛を製作している図が描かれており、次のような説明文が付されている。

紙ひいな、装束ひいなあり。紙ひいなは、紙をもて頭を造る。又ほうこの頭、これを造りて、ひいな屋に売る也。雛屋これをもて品々仕立て商う也。

正徳二年（一七一二）の序がある百科事典『和漢三才図会』(6)は、著者が大坂の医者の寺島良安だが、次のように説明されている。

按ずるに、三月三日は児女雛遊び有り。衣冠束帯の小木偶夫婦、或は紙人形を作り、日用の調度尋常用いる所の器物欠くることなし。皆美小にして飲食配膳常の如し。未だ何れの時より肇るか知らざるなり。

以上、概観して気付くのは、延宝六年（一六八〇）の菱川師宣の『月次のあそび』では、「金銀をちりばめ、錦糸綾襴にて雛をつくり、十二単にて飾りたて……」と、女中方の節供として豪華な雛が贈答されていたことである。しかし、京都では、紙で小さな夫婦偶人を作るということであったり、女児の戯れ事であったりしている。大坂の事情としては、「衣冠束帯の小さな木偶夫婦」、小さく美しい雛道具のことも記録されている。なお、京都では、這子のことが登場している。また、雛が祓具などと解されていることも窺われる。

江戸では、貞享四年（一六八七）に出板された江戸の地誌『江戸鹿子』(7)において、雛市がすでに立っていることを伝えている。二月二十七日から三月二日まで、江戸中橋・尾張町一丁目・十間棚（十軒店）・糀（麹）町四丁目・人形町において、京都で作られた雛が売られていたということなのである。江戸での華やかな雛文化の浸透に比較して、京都の町人にあっては、雛は素朴な紙雛である。そして、「ひとがた」由来の祓いの人形、贖物（あがもの）の人形が、根深く残り、這子（母子）人形とも称されていることがわかる。

北村季吟が伝える雛遊び

季題の内容を詳しく解説し、連句の付け方の参考となるように編まれた俳諧の作法の手引書に目を向けてみたい。十七世紀に出板されている主な俳書から、三月三日で掲げられている詞を調べ、「ひいな遊び」の詞があるかどうかを見て行くと、次のようになる。

寛永十年（一六三三）『犬子集』	松江重頼	（無し）
寛永十三年（一六三六）『はなひ草』	野々口立圃	ひいなあそび
寛永十八年（一六四一）『俳諧初学抄』	齊藤徳元	ひいなあそび
正保二年（一六四五）『毛吹草』	松江重頼	（無し）

正保四年（一六四七）『山之井』　北村季吟　ひいな遊び
明暦二年（一六五六）『玉海集』　安原貞室　（無し）
寛文三年（一六六三）『増山井』　北村季吟　ひいな遊び
寛文五〜十年（一六六五〜七〇）『小町躍』野々口立圃　雛遊

京都の俳諧師・松江重頼（一六〇二—一六八〇）によって著された寛永十年『犬子集』や『毛吹草』には、「ひいなあそび」が記されていない。『毛吹草』は、序文から寛永十五年（一六三八）の成立と考えられており、その後、正保二年（一六四五）刊行され、二年後には増補、それからも改訂がなされて最も広く流布したとされる。三月三日は、「曲水の宴、桃の酒、蓬餅、草餅、鶏合、住吉塩干」が、上がっている。しかし、「雛遊び」は、取り上げられてはいない。[8]

齊藤徳元（一五五九—一六四七）は、齊藤道三の曾孫にあたる人物で、俳諧を松永貞徳に学び、江戸に出て浅草に居住して、江戸で俳諧や和歌を教授したとされる。『俳諧初学抄』は、江戸で出板された最初の俳書である。[9] 江戸に所縁のある齊藤徳元が、「ひいな遊び」を入れているのである。

野々口立圃（一五九五—一六六九）は、京都で雛屋であったとも言われ雛屋立圃とも称されることがある人物である。連歌から貞徳門の俳諧に転じている。江戸、大坂、九州と歩いて、門派を形成している。江戸の地を見知っていることから、「ひいなあそび」が、『はなひ草』に入れられているのではないかと推量される。[10]

このように、京都人にとっては、松江重頼の編集からも理解できるように、「雛」は避けられるものであったと考えられる。同じ京都人でありながらも安原貞室（一六一〇—一六七三）の『玉海集』には、「桃、蓬餅」の詞があるが、「ひいなあそび」はない。ところが、「ひゐなことする桃姫の節供かな」という句が掲載されている。[11]

俳書を見ていくと、点業を許された俳人が、どこの地域で活動していたかが反映してくると思われる。「ひいなあそび」の詞は、京都か、大坂か、そして江戸か、俳人の活動場所を明らかにする、一つの重要な季語であると推量できる。

さて、北村季吟による解説が、実に興味深いので、紹介してみよう。

俳人の北村季吟（一六二五―一七〇五）によって編まれた俳諧の手引書『山之井』が、正保四年（一六四七）に出板されている。[12]そこには、三月三日の季題に由縁のある詞として次のようなものが上がっている。

曲水の宴　柳　桃の花　姫桃　壁桃　桃の酒
蓬餅　くさもち　鶏合　ひいな遊び

ところで『山之井』には、北村季吟の興味深い次のような解説の文章が綴られている。

「ひいな遊びといふ事、正月のあいだは、つち（土）に三尺ほり（掘り）埋むなどいひて、あまがつやうの物には手をだにふれず。けふの節供をまち出て、大領のまなむすめ（愛娘）、長者のをとひめ（乙姫）も、ちいさやかなる屏風のうちに、おりひづだつ物、おつぼなどとりまかなひ、ひいなのとの（殿）とひめぎみ（姫君）に、柳のかづら（鬘）をかけさせ、桃色のべゝにうちさうぞかせつゝ、あなたこなたとし侍。」

（かっこ内の漢字表記は皆川）

北村季吟は、「あまがつ様の物」を正月に手にすることは、当時において禍々しい不吉なことと考えられていたことを伝えている。三尺の土を掘り埋めるとは、墓穴が掘られるということを婉曲に語っていると思われる。

長い冬の季節の忌みが明けて、春の到来を告げる上巳の節供を迎え、陽の気が充満してくる。すると、やっと雛遊びが始められるということであろう。正月の間は「あまがつやうの物」には手を触れることが憚られた。春の到来をもって初めて雛遊びが開始されるのである。

小さな屏風を立て、おつぼを準備すると書かれているが、「おつぼ」とは、供え物を載せる小さな椀のことである。「おりひづだつ物」の意味が不明だが、「折櫃」と読むならば、桧の薄板で作られた肴類を入れる器のようなものと推量できる。男雛女雛には、柳の鬘をかけ、桃色の装束を着せて邪を祓い、あちらこちらの家々で、ひいな遊びが行なわれているという。

三月三日に、「曲水の宴」をまねて酒を飲む時は、銚子・瓶子に桃の花や柳の枝を付けて祝うことも行なわれている。このように春の到来を待ち、桃や柳の樹木が持つ呪的な力を頼むことによって、「あまがつ」に似た人の形をした雛が、飾られるのである。このことは、人の形をしたものは、霊魂を宿していると感じる心性が強く働いているためであろう。北村季吟は滋賀の生まれであるので、「あまがつ」に対して呪的なものを感じる古来からの伝統的な感性が色濃く残っている風土に育っていると考えられる。そして京都周辺の人々には、季吟と同様な感性を共有していたことであろう。東国の江戸の人々よりも京都の人々は、人の形をしたものに対して、長い歴史によって培われた恐れや忌みの感情を強く抱いていると考えられるのである。

第一章の「東武風俗としての雛節供」に紹介した『月次のあそび』にも、桃の花と柳を髪に巻くとある。「柳の鬘」は、厄除けである。『江戸繁昌絵巻』にも柳や桃の枝を手にしている子どもが描かれており、座敷では花瓶に活けられている。桃や柳が季節感を演出するのではない、人の形を遊ぶという呪的な領域での魂鎮めとして、桃と柳が欠くことができなかったと考えられるのである。

柳の持つ呪的な力は、柳を門に植えて特別に延命を祈るということも行なわれてきている。雛と柳の関連では、柳の枝に雛あられのふくれ団子を付けるということが、丸亀の地では今日においても行なわれている。雛飾りの飾り方において、目出度い品々を細工物で作り、樹木に「吊るし飾り」にすることが、九州でも東北でも各地で残っている。長野県東信地方では、米粉や細工物で目出度い形を作り、笹に飾るという風習があったというが、柳の芽吹きが遅いために笹へと変化したとも考えられる。このような各地で行なわれている「吊るし飾り」は、かつて柳を用いたことの変形として伝えられた習俗であると考えられる。

そして雛の贈答においては、雛の使いという人形が、間接的に雛に贈物を届けるという作法によって行なわれていたことを今まで紹介してきた。雛のお使い人形とは、人の形に対する霊的な力を信じていたことから、実際の人間を介在させずに、人形どうしで贈り物を交換させるようにと生み出した作法ではなかったろうか。呪的なものには、直接、手を触れることをせずに、間接的に関わることが図られたのである。人形に対しては、人形によって対応させたのであろう。

(2) 内裏雛に込められた結婚の呪術性

雛節供において、雛にそえて音信を贈ることは「御姫君かた嫁娶の結び初めの祝い」を表わすものだと、菱川師宣が『月次のあそび』に書いていた。雛人形の呪術力により、やがて嫁取り（結婚）に至ることが、目論まれており、大いに期待されてもいる。ところで、男雛と女雛の男女一対が「錦糸綾襴」で作られ、女雛は「十二単」で飾り立てられるというように、宮中の貴族の男女の姿が想定されている。やがて時代を経るなかで、天皇・皇后という男女の姿に予祝の意味合いが込められていくのはなぜだろうか。

家康の雛や珠姫の雛が残されていることから、当時の立雛の姿を知ることができる。それら男女の雛は武家の平常着の姿であった。貴族の男女ではない。御所に入った東福門院和子によって作られていった次郎左衛門雛は、公家の子女への贈答品であったので、公家の姿である。江戸城でも各大名家でも、次郎左衛門雛が用いられている。町人に売り出された町雛は、時代と共に変遷しているが、寛永雛、享保雛、古今雛と時代が下るごとに、宮廷の風俗がより強まっている。男雛は立派な太刀を佩き、笏を持ち、冠を被り、宮廷装束に身を包んでいる。女雛も、天冠や扇、そして豪華な十二単で飾られている。やがて、楽人たちが妙なる音楽を奏でることになり、官女が三人、五人と奉仕することになる。左大臣や右大臣も並び、何と左近の桜、右近の橘と、内裏が出現してくる。[13]

内裏雛は、武家にとっても町人にとっても、神話性を秘めた高貴な血脈の夫婦であったと考えられる。夫婦という運命的な絆の結びつきで生まれる対のあり方を、貴族、さらには天皇家という神話的な存在で表象したのではなかったろうか。江戸時代、皇室の祖神としてアマテラスが信じられていたが、綿々とした血脈の系譜によって保たれてきた万世一系の天皇家は、徳川家という武門を職能とする一族にとっても冒すことができない貴い存在である。そこには、大きな家筋の違いが明瞭に存在する。徳川家康の強い意向によって孫娘の和子が後水尾天皇に入内したが、男児が夭折したことで徳川の血脈を組み込むことができなかった。

『徳川将軍家の結婚』において、山本博文は歴代将軍の正室の出自を調べ上げている。[14]そこからは、将軍の妻として皇女を迎えるということよりも、宮家（親王家）、五摂家から妻を迎えていることが明らかである。しかし、七代将軍・家継と十四代・家茂の時は異なっている。十四代将軍家茂の結婚は、徳川家の命運がかかった幕末期を背景とした公武合体によるものであった。家茂は、前天皇である仁孝天皇の皇女、孝明天皇の妹の皇女和宮を正室としている。

さて、七代将軍・家継の場合は、どのようなものだったのだろうか。家継は、霊元法皇の皇女・八十宮を迎えようとしている。しかし、将軍の家継が八歳で没したため、婚約のみで終わっている。結納の儀が済んでいたことにより、八十宮は四十五歳までの生涯を家継の婚約者として生きている。

正徳五年（一七一五）五月、三歳の八十宮と七歳の幼い将軍との縁組が浮上した時、霊元法皇と近衛基熙は意見が敵対して、険悪な関係になる。正徳二年（一七一二）十月十四日、六代将軍家宣が五十一歳で没して、側室のお喜世の方（月光院）が生んだ嫡子、四歳の鍋松が家継となって将軍職に就く。山本は、天皇家と将軍家の縁組を思いついたのは、家宣の正室・近衛熙子（天英院）ではなかったかとしている。将軍であった夫を失い、江戸での拠り所が希薄となった熙子が、「京都の最高権力者霊元法皇」を頼り、幼い将軍の結婚相手に皇女・八十宮と考えたのではなかったかというのだ。

摂家から徳川家に嫁入りをして、経済的にも心理的にも幸福な人生を送った熙子の胸裏は、たとえ側室が生んだ子であっても我が子である鍋松を引き立てようと思い、幼い将軍の治世が安泰となることを祈ってのことであったろう。八十宮の行く末も思っての判断であったと思われる。皇女降嫁は、天英院となった熙子と、鍋松の生母の二人の女性の協力によって進められたとされている。なお、生母で側室であった月光院は、浅草唯念寺の僧・勝田玄哲の娘とされる。こうして幕閣をも動かして、女性たちの願い事としての結婚話が動いていったのである。

娘の思惑とも知ってか知らずか、近衛基熙は激怒している。ましてや霊元法皇が受諾したことにより、基熙は、仰天し嘆息している。久保貴子は『近世の朝廷運営』のなかで、この一件を次のように述べている。[15]

「基熙は政治レベルでは幕府との協調、一歩進めて言えば共存共栄の道を選択することが朝廷のためだと考えていた。その点では霊元法皇より現実的な政治家であったと言えよう。しかし、その基熙にも武家に対して譲りたくない一線があった。それが公武婚姻の否定となって現れている。朝廷・公家社会の伝統や文化、生活の保全を願い、朝廷・公家が常に幕府・武家より上位であるとの信念を持つ基熙にとって、それを脅かす要素となる公武間の婚姻は認めがたいものであった。したがって、熙子の縁組も、孫の家久の縁組（鹿児島藩主・島津綱貴の娘・亀姫との結婚）も時勢に屈して承諾したもので、本来、基熙にとって慶事ではなかったのである。」

家継が八歳で没したことにより、結納で終わって入輿はなかった。天皇家の血脈の崇高さは守られたのである。将軍の死という劇的な、そして呪的な事件で、天皇家の神話性は守られ、強まったともいえよう。

この七代将軍の結婚をめぐる基熙と熙子という父子の対立は、実に興味深い。熙子は、五摂家の筆頭である近衛家という公家の姫君である。母親は、後水尾天皇の皇女である。しかし、徳川将軍家が優れた家であることを自覚しているからこその縁談話であったと思われる。政治経済は勿論、文化面でも日本一の名家だからこその推薦であったのだろう。女性は、結婚によって家を替わっていく。家筋・階層・身分を越えていけるのは、女性ならではの有り方である。男性は、生まれた出自の家から離れることができないが、女性は、血脈を越えて生きていけるのである。

父の基熙は、皇女を妻にしているが、皇女は、最高位であるので越えていく家がないのが本来であると考えていたのではないだろうか。しかし、娘の熙子は、徳川将軍家こそが、ふさわしい最高の家だと実感していたと思われるのである。

話を転じて、内裏雛に戻ろう。安永九年（一七八〇）『宴遊日記』[16]の記主・柳沢信鴻（一七二四―一七九二）は、池之端中町で今までにない新しい雛が売り出されているのを目撃して、購入している。翌年も、日本橋十軒店を回り、それらの新しい雛（六寸）を「古今雛」と日記に書き表わしている。翌々年の天明二年（一七八二）三月二日、十軒店に二軒も店を出している有力店である舟月を訪ね、値段の交渉をしている。この初代原舟月がどのような人物か、是澤博昭は、小林すみ江、笹岡洋一、上田令吉、花咲一男の研究調査をもとに、報告している。(17)

それによると、初代原舟月は、泉州堺の生まれで画工、さらには巧みな細工の技量を持ち、根付を彫ることでも名高かった。この人物が江戸へ出て、「雛商売人」として活躍していたことが、『宴遊日記』から知ることができるのである。大和郡山三代藩主であったが引退して、祖父の柳沢吉保が築いた六義園で隠居生活を送っていた信鴻は、江戸の街の様子を記述している。新しい雛が作り出されて売られており、大いに人気で高値であることを伝えている。

信鴻は、夫人の隆（真田信弘の娘）と同道して三月になると雛店を巡っているが、舟月と逢って、舟月の古今雛を買うのは、天明四年（一七八四）のことである。一尺の雛と囃子方五つを購入している。天明五年（一七八五）二月二八日の日記には、「雛少なく秋月も上京せし由。もはや此店も譲たる様子なり」とあるが、秋月は舟月のことであろう。実は、根付の研究者である上田令吉によると、舟月は、紫宸殿や右近の橘・左近の桜の形式による内裏雛を初めて作ったことにより、奉行所から咎められて牢屋に投ぜられ、江戸ばらいとなったという。舟月は大坂に帰り、寛政三年（一七九一）九月九日に没している。

江戸において紫宸殿の御所を配した雛飾りが、取り締まりの対象となったのであった。江戸幕府は宮廷に対して、どのような配慮をもっていたのだろうか。江戸では御所を真似た雛飾りを許すことがなかったが、京都では源氏枠の御殿のなかに内裏を飾ることが行なわれている。明和年間（一七六四〜一七七一）の『女芸文才図会』には、京都の人形屋の店先に御殿飾りが並べられて売られている［図版⑤］。

幕臣の木室卯雲（俳号・二鐘亭半山）は、明和三年（一七六六）春から幕命を受けて京都に赴任している。その一年半の間に、京都で見聞したことは『見た京物語』としてまとめられている。そこに「雛はよろしき有、多くは御殿作り、随人、衛士などあり」と記録されている。[18] 京都人にとっては、美しい装束を着けた雛とは、内裏雛であり内裏に飾られることは当然であったことだろう。

幕府にとっては、御所は禁裏であって、触れることのできない呪的な聖域だと考えたのではなかったろうか。ましてや江戸町人が、京都という遠隔の禁裏に関わることなく、将軍の御膝元の江戸で、おだやかに過ごしてほしいと願ったのではないだろうか。

柳沢信鴻は好奇心に溢れており、時間と経済的なゆとりにまかせて、江戸の街を散策している趣味人である。新しく珍しい雛、優れた技の細工による雛を、毎年、買い求めている。妻や嫁に与えたりしており、子どもの節供祝儀の贈答に必要で求めるので

図版⑤　内裏の源氏枠（『女芸文三才図会』）

はない。なお、この頃の雛事情は、日記から推察すると、次郎左衛門雛の記述が安永九年（一七八〇）を最後になくなっている。つまり、伝統的な細い目と小さな口の定型的雛から、写実的な豪華な古今雛が登場してきたことを伝えているのである。古今雛は、現在にまで各地の名家に残されているが、初代舟月の品はなく、二代、三代舟月の作は残されている。

古今雛とは、江戸の町で流行した町人好みの雛の様式である。リアルであることが求められており、玉眼を入れ、豪華な装束をまとった内裏雛が作られたが、それは町人が思い描いた内裏の天皇と皇后の姿であった。次郎左衛門雛は、東福門院和子によって御所に召し出された雛屋次郎左衛門が、代々、製作しており、有職故実にかなう雛であった。しかし、町雛は、町人の創造力によって作られている。たとえば、殿上眉が描かれる場合、本来は眉を剃って殿上眉を描くのだが、貴族の証の位星として殿上眉を描いており、二重の眉というおかしなことになっている。女雛の天冠も、次郎左衛門雛にはないが、町雛である享保雛や古今雛にはある。笹岡洋一は、女雛が豪華な天冠を被るのは、東福門院和子の彫像や絵像から影響されているのではないかと推量している[19]。

安永九年（一七八〇）から見られるようになった新しい町雛である古今雛の登場は、江戸町民が求めた価値観と大いに関係していよう。内裏雛こそが対の雛のあるべき姿と想い描き、その高貴な対の雛の品質を極めたいと願った時に、古今雛という形式を生んでいったと思われる。雛の品格と品質を、呪的な内裏にこそ求めたのではなかったろうか。

この世の理想としての結婚は、雲上人である貴族の対のあり方に求められるようになると、雛は高貴に華麗に飾り立てられていく。「あまがつ」のような身代わりの「ひとがた」の意味からは遠く離れていった。それは、豪華な有職の装束の内裏雛であることから、なんら祓うべき穢れを感じることがなく、大いなる目出度さの呪力に満ちてくる。江戸初期には雛の贈答において、御使い人形を用いているが、雛に対して忌み恐れるという呪的な感性が薄れていったことにより、御使い人形は、江戸では次第に消えていったと思われる。大名家の雛の調度において、小さな輿とともに御使い人形が微かに残されているばかりである。対となっている内裏雛に対して、結婚という結びへの呪的な想いこそが強くなり、晴れやかな目出度さのみが強められたのである。最も高みにある御殿の聖域に坐している内裏雛は、その虚構性ゆえに、女性たちが血筋に関係なく越えてゆく結婚のための呪具になりえたのであろう。

(3) 嫁入り行列の呪術性

貞享四年（一六八七）の『女用訓蒙図彙』（図版④－1）から、嫁入り道具に「雛」と「雛道具」、そして「御伽」と「犬張子」が含まれていたことが確認できた。ところで、室町期頃から聟入りから嫁入りへと婚姻形態が移行したことにより、嫁入り儀礼が調えられている。嫁入り儀礼について記された多くの書物には、嫁入りする際の行列の順序が示されている。嫁となる姫君は勿論、お付きの女中や御道具などが、どのような順番で進んでいくのか、考えられている。行列の順序は、時代によって異なっているが、嫁入りの呪術性を窺い知ることができる。嫁の乗る御輿の前に、何が占められているのか、それでは時代順に探ってみたい。

室町時代の足利幕府において山城守護を務めた伊勢貞陸（いせさだみち）（一四六三―一五二一）は、有職故実に精通していたことから、結婚・出産に関する儀礼を書きあげている。『嫁入記』には、嫁入り行列の先頭は貝桶と記されている。貝桶のもつ意味とは何であろうか。平安時代から男女ともに遊ばれていた遊戯の貝合わせは、「物合わせ」の競技であり、歌合わせ、絵合わせと関連しながら歌留多にも発展していく。また、貝を用いての

「貝覆い」などさまざまな遊び方も考案されていった。[20]
二枚貝の蛤を使用することになった貝合わせは、蝶番が、それぞれ決まっており、夫婦和合の象徴とも考えられるようになっていった。嫁入り道具の貝桶は、六角形の桶一対であり、桶には、一年の三六〇日を示すと思われる三六〇個の蛤が納められている。貝の内側には、美しく彩色された絵が描かれ、貝桶も絵画装飾や漆芸装飾がなされた美術工芸品である。[21]

『嫁入記』に戻って、貝桶の次には、厨子棚・黒棚、唐櫃、長櫃、長持、屏風箱、行器と続く。これら諸道具の後に、人物が乗る御輿十二丁が続く。十二丁の順序は、大上臈、小上臈、御姫様、御局、中臈頭、中臈と続くが、六番目から十二番目の中臈の、最後には、「おはり」が乗ると書かれている。「おはり」は、「簾をかけず、しいし（簇）、きぬはり（衣張）の箱を前に置いて、髢をわけて、上に帯をして乗る」という。しかし、著者は、すでにこの頃、左様の儀なしと記している。古式の習俗を伝えているのであろう。

さて、徳川時代の平和な時代を迎えると結婚が重んじられ、嫁入り儀礼は、殊に重要な意味をもってくる。徳川将軍家は圧倒的な権力を誇示するかのように、姫君たちの華麗な結婚を演出していった。そのための嫁入り行列であり、長い行列によって運ばれる絢爛豪華な婚礼道具なのであった。

元和六年（一六二〇）徳川和子の入内の行列は、行列図が各種描かれていることは先述してある。三井記念美術館所蔵の行列を詳細に描いた屏風は、その優れた記録性と芸術性の高さから国宝に指定されている。[22]屏風絵や『徳川実紀』には、行列の詳細が記録されているが、それらによると長櫃から始まり、貝桶は二十二番目である。御道具は二十六番目までである。次に人物が行く。上臈（局以下）の乗る長柄輿四十丁、中臈以下が乗る長柄切三十六丁。

次には伶人（れいじん）四十五人が路楽を奏で続いている。そして蘭麝（らんじゃ）の薫りを四方に馥郁（ふくいく）と燻らせながら、牛車による金銀梨子地高蒔絵の御車（和子御用）が登場する。その後を、局たちが乗った御供車六領が続いている。なお、御母代の阿茶局は、驂乗している。武家の女性としての勇ましさが感じられる。

徳川和子は、公家と同じく牛車を用いた輿によって、入内している。識者たちが考案して、徳川の威信をかけ公家風に調えられたものと思われる。なお、嫁入り道具のなかに「ひいな立箱」が含まれていることは、先述した。貝桶は、御道具二十六番中、二十二番目である。(23)

寛永十六年（一六三九）の千代姫（三代将軍家光の長女）の嫁入り（尾張家二代光友に嫁ぐ）行列の詳細は、尾張徳川家の官撰記録である『事蹟録』に収められている。(24)

それによると行列は、長柄（御中居ハリて、アセチ、ヲ糸御方等を含む）が六丁。次に御召替御乗物が仕立てられている。そしてその次が貝桶から続く御道具である。それらの後に、姫君の乗った御輿となり、大上臈や御乳などが乗る長柄が八丁、中臈が乗る長柄切が十八丁、�乗物十七丁が続いている。(25)

天明七年（一七八七）十一月二十七日、松平定信の実妹で将軍家治養女・種姫と、紀州徳川家岩千代（後の治宝）との婚礼は、行列図が残されていることから具体的に様子を知ることができる。高橋あけみは、この行列は、利根姫（一七三五年の婚礼）の場合と同様であるという。利根姫は、竹姫（一七二九年の婚礼）とも同じ行列の仕立て方であるので、つまりは、十八世紀の姫君たちの嫁入り行列の様子が、共通しているということになろう。(26)

種姫の行列絵図を解説している高橋あけみは、まず「御召替御輿」が行くことを指摘している。「この乗物には本人が乗らず、代わりに天児や犬張子などを乗せ、扉を開けている。天児を輦台のような区画に乗せ、その前に犬張子を雌雄向かい合わせに置いているのが見える」と説明している。竹姫の時は「副輿」、利根姫の時は「替輿」と表記されているが、「御召替輿」も同様のものであるということを、日高真吾は『女乗物』のなかで、その発生の歴史から詳細に述べている。それは、「輿」と称されているが、「駕籠」であること。「駕籠」といっても黒漆金蒔絵による女乗物であり、徳川和子の行列で初めて使用された長柄切が、徐々に上等なものになり、やがて十九世紀に入ると、福君（一八三六年の婚礼によって尾張徳川家十一代斉温夫人となる）の例から明らかなように姫君が乗るように変化していくという。(27)

種姫の行列に戻ると、「御召替御輿」の次に貝桶である。その次に白い輿の長柄が四丁続き、先頭の長柄には「百々曲（どどわげ）」と呼ばれる女性が姫君と同じ白装束で、御簾が上げられて乗っていることを高橋は指摘している。「百々曲」は、姫君に仕える中居が勤め、絹張という洗い張りをする時の用具を持つ。四台目の長柄には、大上﨟が乗っている。そして赤い傘がさしかけられた姫君の御輿が続く。次は小上﨟などの長柄五丁、その次は中﨟の乗る三丁の長柄切、面縁乗物二丁、黒縁金物乗物五丁が行く。それらの後に道具類が運ばれている。

安政三年（一八五六）十二月十六日、秋田藩佐竹義厚の娘・佳姫と、宇和島藩伊達宗徳の結婚は、婚礼調度とともに「佳姫婚礼記録」が残されている。その記録によると、十二月七日から御道具を送っている。十六日当日は、まず長持（御飾呉服入）、次に御召替御乗物となっている。この御召替御乗物には「天児様ならびに御絹張　御筒守入」と記されている。それから貝桶が続く。このように御当日先御道具が行ってから後に、辻固改役の侍衆等が行き、姫君の御輿が行くと記されている。(28)

以上のように嫁入り行列を見てみると、時代ごとに行列の仕立て方が変化している。これまで紹介してきたことを先頭が何であったかに着目してまとめると、次のような変遷が確認できよう。

室町時代『嫁入記』　貝桶

←十七世紀　千代姫　長柄の駕籠に乗った中居が務める張女／召替御輿／貝桶

←十八世紀　竹姫・利根姫・種姫　御召替御輿に乗った天児・雌雄の犬張子／貝桶／百々曲〔洗濯女〕

←十九世紀　佳姫　長持（御飾呉服入）／御召替乗物（天児・絹張・筒守）／貝桶

先頭が、何であるかが重要であろう。新しい異なる世界へと渡って行く時の、邪払いが何であったのかが、理解できよう。

「洗濯女である張女」へと転換したのは、三代将軍家光の娘・千代姫の嫁入り行列からである。江戸幕府が安定化して確立していった時期である。千代姫は「初音の調度」という、現在、国宝となっている嫁入り調度を伴っての行列であった。その行列では、貝桶という『嫁入記』によって先頭とされていた男女の仲睦まじさの象徴的貝合わせの道具より先に、「洗濯女である張女」が、長柄の駕籠に乗って行っている。この洗濯女とは、何であろうか。

十八世紀の嫁入りで、竹姫、利根姫、種姫に共通している「百々曲」という洗濯女は、かつて絹物や麻物を洗い張りする時に必要な「しいし（簇）」、「きぬはり（衣張）」という用具を持っている。当日は、姫君付きの中居が勤めているというが、姫君と同じ白装束を着て御簾が開けられて外から見えるようになっている。姫君と同じ白装束ということから、添い嫁の意味を持っていることだろう。社会学者の江守五夫によると、添い嫁は、附嫁とも呼ばれ、日本各地の嫁入り習俗に残されていたと言う。「嫁紛らかし」、「嫁隠し」、「嫁まがい」といった偽装の存在であり、悪霊から守る呪いと考えられるという(29)。

伊勢貞陸の『嫁入記』には、古い習俗としながら「しいし、きぬはり」の入った箱を前に置いて輿に乗る「おはり」の存在が記されていた。偽装した嫁とも考えられるが、道案内の女性、衣服を清浄にする霊力のある女性といった複合的な意味合いが秘められているようである。しかし、やがて「百々曲」役の女性は消えていった。しかし、「しいし・きぬはり」という用具のみが象徴的に

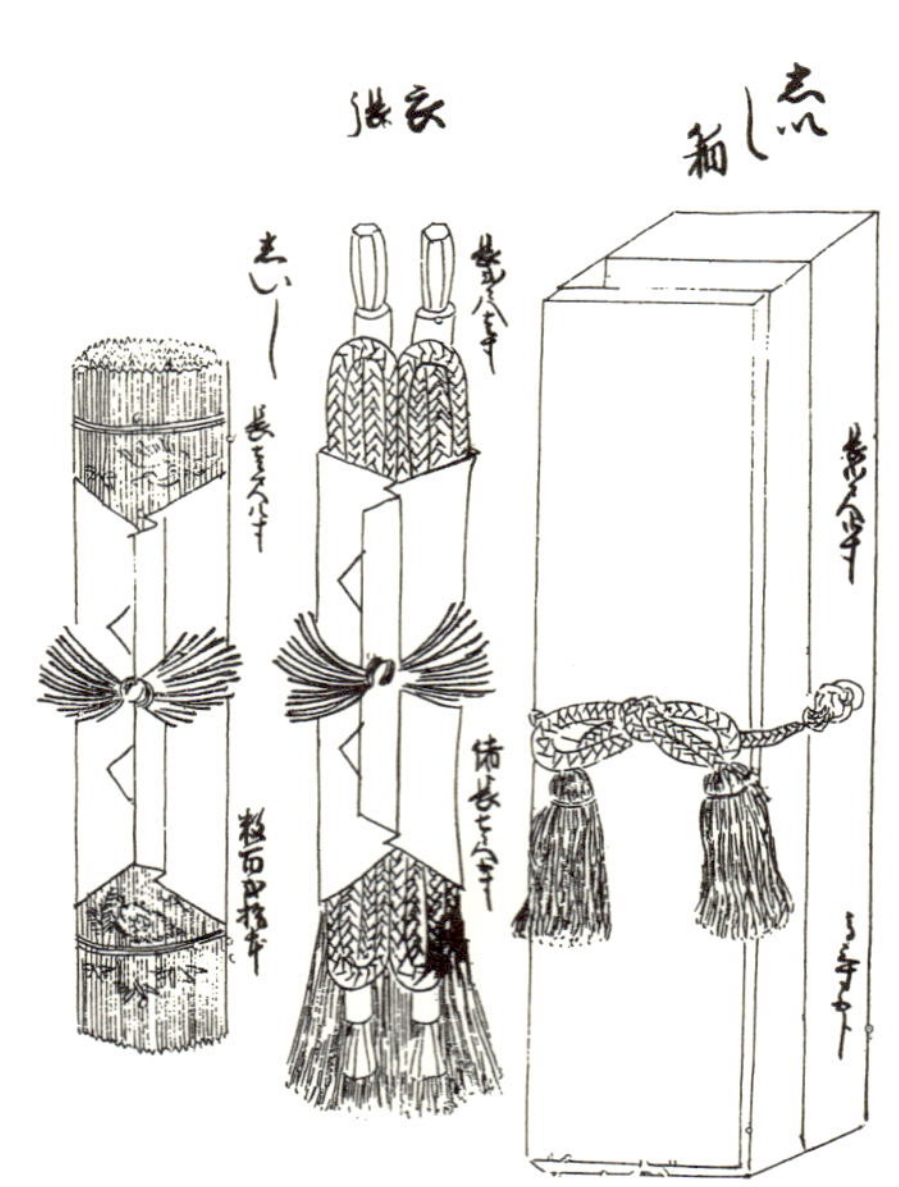

図版⑥　しいし箱・衣張・しいし（『婚礼道具図』）

残されている〔図版⑥〕。

このようにして貝桶や百々曲に替って、十八世紀先頭に位置づいたのが、「天児と犬張子」であったのだ。十九世紀半ば、佳姫の嫁入りでは、洗濯女は登場せずに、天児と共に「絹張」の用具が、同じ乗物に乗っている。「あまがつ」とは、代行する人形であることを、すでに述べてあるが、まさに百々曲の役割も代行しているかのようである。天児が乗る乗物は、「副輿」、「替輿」、「御召替御輿」等と呼び、まさに姫君の代行者を尊ぶかのような上等な乗物（駕籠）であった。

ところで、天児が姫君を守護する代行人形として、嫁入り行列に登場していることが確認できるが、天児が姫君と同じ衣装を身に付けることについては、松岡辰方の『婚礼里出之記』[30]からも知ることができる。「天児にても俸子にても、嫁と装束同じごとく二通り用意あるべし」と嫁入り支度について言及されている。人形を嫁に偽装させることが、民間においても広く行なわれていたのである。

以上のように、嫁入り行列の先頭に位置づき、花嫁を守護していた「貝桶」や「天児・犬箱」は、やがてミニアチュール化されて雛段に飾られるようになっていく。『女用訓蒙図彙』に描かれている雛道具は、わずかであったが、百年が経過すると、嫁入り道具を縮小したさまざまな品々が雛道具として製作された。嫁入りにあっては、雛も揃って嫁入りするかのように、雛道具は、嫁入り道具と連動して、相似形のように作られていったのである。

しかしながら、花嫁を守護した「百々曲」に関連した「しいし・きぬはり」は、雛飾りになることがなかった。内裏雛という内裏の世界に似つかわしくないと思われてのことであろうか。

花嫁に同伴する天児

嫁入り行列の先頭で、姫君の代行として立派な副輿（替輿など）に乗っている「天児」とは、どんな人形なのだろうか。実は「天児」とは、婚礼の場だけではなく、出産の場にも関連している人形でもある。江戸時代の有職故実の各流派によって、明確な違いが認められる。このように流派の違いから「あまがつ」と「ほうこ」は、全く異なる人形を指すことになった結果、複雑化しており、誤解されて伝わってしまった。そして今日でも混乱することになってしまったのである。

しかし、出産の場で用いられた邪・穢れを祓う「ひとがた」系の「あまがつ」と、嫁入り行列で先頭を行った代行系の「あまがつ」とは全く性質が異なることが考えられる。雛について考察している本書では、時代を遡り、藤原師輔の日記『九暦』から書き起こしてきたが、そこでは、「ひいな」と「あまがつ」と「ひとがた」の三種類の人形が登場していた。その後の日本人形史では、この三種類の人形が影響し合うことになる。しかし、特に、複雑に絡み合ったのが、江戸時代における「あまがつ」と「ほうこ」であったのだ。

「天児」と「ほうこ」の混乱

第二章において、日本人形史の三種類の「ひいな」、「あまがつ」、「ひとがた」は、互いに接近して、「ひいな」に近い「あまがつ」、「ひとがた」に近い「あまがつ」が出てきていることを説明しておいた。さらに護身の天児が、『源氏物語』からもわかるように三歳までの幼児の身辺で用いられていたことも紹介しておいた。この護身の天児が、時代が下るとともに発展してゆき、三歳までではなく、結婚においても同伴して女性生涯にわたっての護身として用いられていくのである。（『女用訓蒙図彙』に見られた御伽は、赤ん坊姿と成人した女の姿が共に描かれていた。）

十四世紀の『源氏物語』の注釈書『河海抄』には、「尼児はほふこのやうなる物なり」と説明がなされている。「ほうこ」とも称されるようになったということである。十五世紀～十六世紀、有職故実家の伊勢貞陸は、『産所之記』で、産所に天児が準備されることを記している。かつて出産の時に用いられたのは、「ひとがた」であったが、江戸時代に入ってからの伊勢流の書物には、出産後に老女が手作りするものを新生児の枕辺に置くとした。それが天児であり、「這子」とも称するとしている。この伊勢流が、江戸時代を通して広く浸透していれば混乱はなかったのだが、新たな有職故実の流派・小笠原流が登場することによって複雑化していった。小笠原流の天児は、伊勢流の天児とは全く異なる形態なのである［図版⑦］。

江戸時代において、天児と這子が混乱して受け取られていることを具体的に示してみたい。嫁入りの先頭は、天児と書かれているが、形態からすると、這子（ぬいぐるみ式）が行くのであり、婚礼の儀礼でも一緒に食事をす

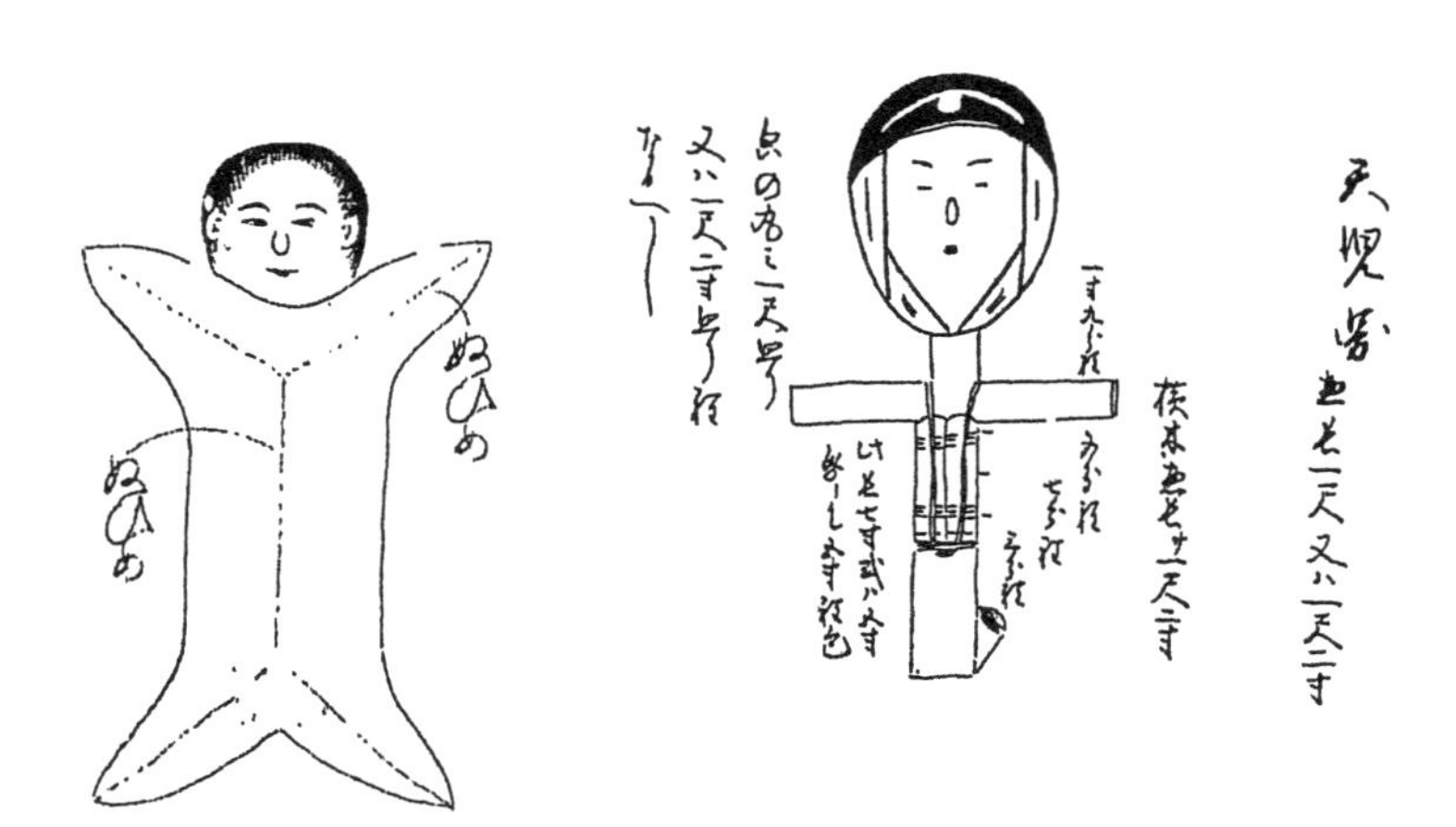

図版⑦　伊勢流（左図）と小笠原流（右図）の「あまがつ」の比較
（『図説　日本人形史』より）

るのは、這子なのである。

嫁入り行列の「おほこさま」

安政五年（一八五八）四月二十一日、彦根藩主・井伊直弼の二女・弥千代（十三歳）と、高松藩主・松平頼胤の養嗣子・頼聡（二十五歳）との結婚において、その嫁入り行列を目撃した女性の証言が「お上臈さまとおほこさま」（『幕末明治女百話』所収）に記されているので紹介してみよう。[31]

「私が飯田橋のとこで、井伊さまのお姫さまが、水道橋の讃岐さまへお輿入れを拝見しましたのが、今に目の底に残っていますが、井伊さまは何といっても、御老中筆頭ですから、桜田のとこから水道橋まで、お行列がつづいて、ギッシリでした。飯田橋あたりには、積手桶があって、菖蒲皮の袴を穿（は）いた役人が、股立（ももだち）を取って棒を突き、処々に立っていました。そのうちお駕籠が見えましたが、お姫さまのは、朱塗のベッタラコに金鋲を打ったお駕籠で、お女中のは青いお駕籠でした。その時『おほこさま』のお駕籠が行くのを、初めて見ましたが、犬張子にこの『おほこさま』は、御婚儀の節、必ず附きものだと聞きました。四尺ぐらいの箱へ納まったお人形で、黒の衣装に松の縫模様でした。御殿ではお三日には御膳が供（あが）ったものです。何のためやら存じませんが、この井伊さまの御婚儀に『おほこさま』は参りました。」

以上のように、「天児」ではなく、「おほこさま」と呼んでいる。犬張子と「おほこさま」が嫁入り行列で通行していたことを語っているのである。

『婚礼道具図』の天児と這子

『婚礼道具図』が、『婚礼道具諸器形寸法書　天地人三巻』とともに、日本古典全集（『婚礼道具図集上・下』）に収められている。後者の本については、三百種類の嫁入り道具が寸法まで書き入れられていることを、前に紹介しておいた。日本古典全集に二種類の本が、合わさって収録された経緯は、解題によると次のようなことである。日本古典全集刊行会の関係者と思われる編集者の長島豊太郎が、解題を執筆しているが、婚礼道具に関した二種類の本は、当時の東京美術学校文庫に所蔵されていたという。同じ婚礼道具を扱かっているので合冊にしたようである。

二種類の本のうち、『婚礼道具図』の作者は、不明である。後者の本は、国立国会図書館に所蔵されている同名・同内容の本が存在することで、作者が齊藤玉山であることを確認することができた。関保之助は、作者を、『絵本太閤記』などで名高い画家・岡田玉山としているが、これは明らかに誤っていると思われる。底本とした東京美術学校の本は、帝国図書館本の写本ということからも、作者は齊藤玉山である。

『婚礼道具図』の画家は、東京美術学校、現在の東京芸術大学の蔵書に本書がないことから確認することができない。日本古典全集に収められた図版から推察すると、優れた力量の画家の手になるものと思われる。ところで、その『婚礼道具図』の天児と這子は、小笠原流の形態だが、小笠原流が唱えている、天児と這子が、逆転していることが、実に興味深い［図版⑧］。

画家が取り違えるほど、世間では、嫁入り行列の先頭を行く天児とは、ぬいぐるみ式の形態のものと理解していたということである。そして、実際、先頭を行ったのは、ぬいぐるみ式の天児であり、現在は「這子」と呼ばれている人形であった。『幕末明治女百話』の女性証言者は、正しかったのである。

先述した徳川種姫（十代将軍家治の養女）が、紀州徳川治宝に嫁した天明七年（一七八七）の婚礼行列図には、御召替御輿に天児と犬張子が乗っているが、描かれている天児は、愛らしいぬいぐるみ式の這子であることが認められる。名称は天児でも、実体は這子であることが判明する。

さて、婚家につくと祝言となるが、一連の儀礼のなかに、同伴した天児に膳部を備えて共に食事をする儀礼がある。その時に、どのような祝膳が調えられたのか、尾張家の記録が残されている。

文政十一年（一八二八）十一月十一日、尾張藩十一代の徳川齊温（十歳）と田安齊匡の娘・愛姫（十一歳）との結婚の記録は、「御婚礼御規式留　御膳所」に残されているが、その詳細な献立記録によると、天児の膳は、五三々の膳部、引替御膳二汁七菜ということである。(32)

『婚礼道具諸器形寸法書』の「人の巻」のなかには、「這子之掛盤」が載っている。「本膳、二之膳、三之膳、本椀五ツ揃、二之椀、三之椀、平皿、坪皿、腰高、盃、吸物椀」からなる、這子が晴の儀式に用いる掛盤一式の寸法が細かく記されている。婚礼道具として、勿論、持参するこ

図版⑧　天児と這子（『婚礼道具図』）

とになっていたのであるが、「這子之掛盤」となっており、「天児の掛盤」の表記ではない。しかし、実際は、天児（ぬいぐるみ式の這子）が用いた本膳の揃いである。

安政三年（一八五六）の秋田藩主佐竹義厚の娘・佳姫の婚礼記録では、「天児様御分」の衣装として、姫様の衣装とともに京都へ注文されている。その記録は次の通りである。

紅白幸菱御召地　二反　代　白　八十匁　紅　百二十六匁　〆二百六匁
同綾幸菱御帯地　二筋　代　白　二十六匁　紅　三十六匁　〆六十二匁
同縮緬御振袖御召地　空色松竹梅立木鶴亀御縫共　一反　代百八十匁
同晒麻同御惣もよふ　空色竹之立木御縫共　一反　代百三十五匁
同黒繻子御帯　一筋　代二十五匁

天児の衣装として、白装束と、色直しの紅装束が二種類準備されている。また夏用の麻仕立ての衣装も調えられている。

佳姫の婚礼記録には、御寝処御床には、嫁と聟の御膳と天児への御膳を調え、天児とも盃事を行なっていることが確認できる。しかし、表記は「天児」であり、「這子」ではない。とはいえ、ここで表記されている天児とは、実体としての形態は、ぬいぐるみ式の這子であったと思われる。

二　出産の呪術性

出産という生命誕生の神秘的な儀礼において、重要な役割を担ってきたのは、呪的なヒトガタが由来であった。藤原師輔の日記『九暦』で見てきたように、沐浴においてヒトガタと守刀が登場していた。時代の経過とともに、出産儀礼をどのように遂行するかということが、有職故実によって執り図られている。つまり、有職故実の差異から、出産儀礼の相違が導かれていると考えられる。アマガツを考えていく時に、公家故実、武家故実による差異が認められることに考慮しなくてはならないのである。さらに江戸時代には、武家故実のなかで出産儀礼に大きく関係した伊勢流と小笠原流による差異もある。このように大きくは、公家故実によるもの、武家故実の伊勢流によるものと小笠原流によるものとの三系統があると考えられる。

有職故実について述べておくと、有職故実の研究家・石村貞吉は、『有職故実』[33]の緒言において、有職故実という学問の起源とその変遷をわかりやすくまとめている。それによると、公家の有職故実の学は、平安時代の官職が世襲になる頃、藤原忠平に始まるという。忠平から次男の師輔へと引き継がれ九条流と称せられている。藤原師輔は言及するまでもないが、『九暦』の記主である。なお、忠平から長男の実頼へ伝えられたのは、小野宮流と呼ばれている。この二流が、後世に伝えられているのである。歴史上、どのような人物が輩出されて、いかに多くの書物が著されているかは、石村貞吉の本に詳しい。

それでは、江戸時代において産所で用いられた、呪術的なヒトガタ由来の人形について、時代を追いながら紹介してみたい。

(1) 御所の有職故実によるアマガツ

後水尾院が選ばれたとされる『御うぶや以下の次第』[34]には、「若宮姫宮様内々御祝儀覚」が記録され残されている。ここで御誕生の御道具として書かれている主なものには、白縁の畳、白絵屏風（松竹、鶴亀）、押桶（白絵）、御きく燈台（白絵）である。このように、産屋が白の世界で作り上げられている。

そして「御あまかつ　一つ」と記されている。なお、犬箱の記載はない。さて、「御あまかつ」だが、どのような形態であったのだろうか。幸いなことには、今日、その「御あまかつ」を知ることが可能である。後水尾院の姫宮が持たれていた天児が、現存しているからである。

江戸時代の天児として残されている最古の品は、明正天皇（東福門院和子と後水尾天皇との間の興子内親王で、後に天皇となられている）が持たれていた天児であると思われる。元和九年（一六二三）十一月十九日の誕生であるから、その時の御料と考えられる。そして同じく這子も伝存している。このように江戸時代最古の這子も、明正天皇御用の品が伝存している［口絵⑥］。

ところで、退位した後の明正院は、結婚することなく、厳しい監視下による生活を送られたが、仏教に心を寄せて十禅寺の江玉真慶に帰依している。その十禅寺（修験宗聖護院派・京都四宮泉水町）には、明正院由縁の品々が納められている。それらのなかに、天児と這子が大切に保存されているのである。天児を拝見すると、大きさは、生後二歳位の大きさであり、体長は四十五・五cmである。天児の丸い頭部は、白布で丁寧に皺を畳んで包まれている。鼻は小高く、黒の描線で眉と目を、朱点で口を描いている。丸い棒を二本、紐で合わせて胴部としており、その上に丸棒一本を横に組んで腕としている。なお棒には、和紙が貼られてその上から白地の薄布が巻かれている。横棒の中央に球状の頭部を挿しこんである。なお、立つことはできない形態である。

這子は、頭部は胡粉で仕上げられ、鼻が高く、眉と目は黒の描線で、口は朱点で描かれている。胴体は縫いぐるみ式のふわふわしたものではなく、藁束などを芯にして白い紙を貼って雲母を塗って銀白色にしていると思われ、赤ん坊と同じ位の重みがある。体長は、四十三・〇cmである。そして這子は、白と茜色の合わせの着物を召しており、付け紐は長い。這わせる姿も、立たせる姿もとらせることができる。

このように、江戸時代初期、明正天皇御用として、天児と這子が共に伝存していることが、きわめて興味深く、御所の有職故実による天児と這子が、どのようなものであったか、実体が判明する。


その他、若宮つまり親王の御料としての天児には、次のようなものが伝えられている。後桃園天皇となられた英仁親王が誕生した宝暦八年（一七五八）七月二日、その御料となった天児が、京都の長福寺に残されている。一三五年が経過しているが、内親王であった明正院御用の天児と類似している。

仁孝天皇となられた恵仁親王が誕生した寛政十二年（一八〇〇）二月二十一日、その御料となった天児は、京都文化博物館（吉川観方コレクション）に残されている。こちらの天児には、立たせるための台がある。白い二枚重ねの産着に白い帯をしている。また、白い胡粉で描かれた白絵の天児箱も共に伝存している。(35)


宝暦十年（一七六〇）十一月頃に著された、京極宮公仁親王自筆の『有職聞書』を、宍戸忠男が紹介しているが、そのなかに、天児についての次のような言及がある。(36)

「あまかつ、まゆの事は、色直しまで也。」

天児を用いることは、当時の年齢によれば二歳位までに行なわれる「色直し」までという。今なら初誕生までということになる。このように産まれた子どもの乳幼児期を守護するために用いられたのである。その前後に子どもが亡くなったときには、有栖川宮韶仁親王の王女たちの、二、三歳で夭折した時の記録が残されているように、天児は入棺されたと思われる。[37]

なお、『有職聞書』には、アマガツを用いる色直しまでの間は、何にても白き物を用いると書かれている。但し、守刀の袋だけは、金入りの裂を用いるとも書かれている。このように、二歳位までの色直しまでの白い世界で、アマガツが用いられていることが重要である。用いられる期間が、色直しまでと限定されていたのである。

付言しておくと、後水尾院が編集した『御うぶや以下の次第』には、御誕生の道具として犬箱がないことを先に述べておいた。しかし、後水尾院の皇女・品宮の日記『無上法院殿御日記』には、品宮の弟にあたる霊元天皇に第一皇女が誕生したお七夜に、贈答として「いぬ一対まいらする」という記述がある。詳述すると寛文九年（一六六九）二月二十八日に誕生した皇女に、品宮は侍女に託して、三月四日、「御うぶめし一かさね、ねもじ［練貫のこと］のあはせ・ふくさの小袖、いぬ壱ついまいらする」と、祝いの品を届けている。この「犬壱対」とは、犬箱と考えられる。なお、この皇女は、七月二十九日に没している。[38]

このように宮中では、犬箱は産所に置かれることがなかったが、お七夜の祝儀品として用いられていたことが判明する。

産屋人形に見られる天児

江戸時代の実際の公家の産屋、そこでの出産の様子が、どのようなものであったか窺い知ることのできる、珍しい産屋人形（お産人形）というものが残されている。

北村哲郎が編集・解説している『日本の美術　人形』[39]の第二十九図には、京都の尼門跡寺院・光照院に伝存している、産屋の情景が調えられた「お産人形」が掲載されている。中御門天皇の三女である亀宮（享保十五年・一七三〇年誕生）の御料と伝えられており、幼少の頃に愛玩されていたものという。なお、亀宮は、十一歳で光照院に入寺、得度して、浄明心院の称号がある。

当時の秘めやかな産屋の様子が小さな人形で示されている本当に珍しいものである。まず産屋には、白絵屏風（丈は二〇㎝）が一双立てられている。なお、白絵屏風とは、白い料紙に白の顔料である胡粉を用いて、松竹梅、鶴亀や蓬萊山の目出度い図柄を描いた屏風である。産屋は、白の装束をはじめとして白い品々によって白の世界が作り出される。白絵屏風は、その特別な世界を作り上げるように引きめぐらされる重要な調度である。

なお、出産儀礼における白絵屏風の考究については、榊原悟の「屏風＝儀礼の場の調度―葬送と出産を例に」[40]が詳しい。先に第二章において紹介した『九暦』の、憲平親王が誕生したお七夜の産養においても、五尺の白綾屏風（表面に白綾を張った白を基調とした屏風）の記載があった。榊原悟は、資料に残る最古の使用例としている。

ところで「お産人形」は、出産場面の人形遊びであり、出産を再現している揃いの人形である。生まれたばかりの赤ん坊（六・五㎝）は、白い搔い巻き布団をかけられ寝ている。その傍らに白い着物を着た女児（母親役）や幼子（何の役だろうか）が傍にいる。興味深いのは、赤ん坊の枕許に白縁の敷畳（長さ二七㎝）があり、その上に白絵の犬箱が一対、袋に入った守刀、そして小さな布団に寝かされた天児が置かれていることである。なお、その天児には、産衣が着せられていない。

以上のことから、後水尾院の覚書からも理解できるように、近世の御所における皇子・皇女の出産においては、産屋でアマガツと呼ばれたヒトガタが枕許に用意されているということである。さらにまた、親王家においても、アマガツが新生児の形代として、白い産屋の世界に置かれ、色直しを迎えるほどに子どもが成長すると、特別の箱のなかに大切に入れられたものと推察できる。

「産屋人形」は、もう一つ香山園美術館に残されているものが知られている。(41) 十一代将軍家斉の御台所・茂子より拝領したという由緒が残されている。茂子（結婚前の名は寔子）は、薩摩藩主・島津重豪の娘であるが近衛家の養女となってから将軍家に嫁いでいる。寛政八年（一七九六）に敦之助を出産しているので、その時の産屋の情景が写されたものと考えられる。なお、若君は四歳で夭折している。

白絵屏風が一双引き回され、胞衣桶も白絵が描かれている。守り刀、白絵の犬箱一対、そして天児が台の上に載っている。衣は着せられていない。天児箱には白絵が施されている。白い掻い巻き布団に寝ている産着を着た赤ん坊は九cmであり、天児の縦の長さも九cmである。

このように十八世紀の天皇家と将軍家の子どもの出産場面が、産屋人形として残されていることになるが、大きく異なることが見受けられる。将軍家においては、天児を入れる白絵が描かれた天児箱があるということである。このことは、白絵の天児箱が、武家の有職故実からもたらされた可能性を示している。

(2) 武家の有職故実・伊勢流によるアマガツ

平安宮廷の貴族政治の時代から武家による時代、さらに戦国時代を経て徳川時代に至った。平穏な徳川幕府の時代を迎えて、礼法は再び大切な教養となっていった。徳川時代の武家故実は、室町時代に起こった小笠原と伊勢の両氏による武家故実が伝えられている。小笠原氏の始祖は、源頼朝の家人であり、弓馬に優れていたとされる。伊勢氏は、足利幕府の幕臣であり、殿中の礼儀作法に通じていたとされる。

足利義勝誕生（一四三四年）の「御産所日記[42]」が残されているが、伊勢貞国が準備しているのは、大小二双の白絵屏風、太刀、虎頭、撫物そして絵所で調進した訶利帝母の絵像などであり、「あまがつ」は置かれていない。

さて、伊勢貞陸（いせさだみち）（一四六三―一五二一）は、『嫁入記』『よめむかへの事』など婚姻儀礼の書や、産所の礼法についても種々書き記しており、伝本が残されている。『産所之記[43]』は、出産儀礼を記した書物だが、武家らしく引目のことが詳しく記されている。引目とは、鏑矢を弓で放って、風を切って音を立てて飛ばすことであり、音響によって悪霊を降伏させる呪いである。産所を守るために、赤ん坊を守護するために引目を射るのだが、家の年寄りが射ること、男子は三つ、女子は二つ射るとある。夜泣きが強い場合も、引目を射るということである。平安時代の『九暦』においては、湯殿始において鳴弦が行なわれていたと、第二章において述べておいた。さて、産所に準備される道具類については、次のような品が記されている。

押桶十三、白い粉を塗り、松竹鶴亀を雲母で描く。えな桶も同様に白い粉を塗って松竹鶴亀を描く。実際に胎衣を納めて用いるのはえな桶であり、押桶は飾り用であったようである。燈台十三も白く塗り雲母で松竹鶴亀を描く。そして屏風にも、松竹鶴亀を白絵で描き、裏は亀甲を雲母で描くと記されている。

守刀については、「刀の銘は、ほうしゅ（寶壽）と打たるを用事にて候。ふくろに入候て御そばに置申候。是もてんだい宗にて御かぢ（加持）あるべし」とある。次に「御とぎの犬箱有べし」と、産所に犬張子を置くことを記している。武家故実において、犬箱が産所に置かれて守護の品になっていることが判明する。

そして天児については、次のように書かれている。

「あまがつ一ツ、ほうこの事也。大さ二ツ三ツの子ほどに有べし。」

大きさが、二〜三歳というのは、数え年であるので、今の一〜二歳である。このように伊勢貞陸は、「あまがつ」とは、「ほうこ」のこととしており、這い這いをしている姿で作るとされている。つまり、這い這いをする年齢の子どもの大きさの、這い這い人形なのである。それは、子の伽として置くとして、魔を入れない祈念の為なりと記している。

産着は、松竹鶴亀が描かれた白の練貫（経糸が生糸、横糸が練糸による絹織物）を用いるとある。

さて、興味深いことに「御産所の御道具は御産生の御薬進上せられ候薬師に被下ものなり」と記述されている。

『御産之規式』の書には、実際にあまがつの作り方とあまがつの図版が紹介されている。なお、この書は後世にまで伝えられ、江戸時代の伊勢貞丈（一七一七—一七八四）に至っても同様の内容が伝わっている。吉徳資料室蔵の『あまがつ　かただたみ　犬箱』（宝暦十二年・一七六二）や、石沢誠司が紹介している写本『あまがつのことなど』（京都文化博物館蔵、宝暦十二年成立の写本）は、共に内容が同じであり、書物によって伊勢流が綿々と後世に伝えられていったことが推量できる。ここで江戸時代に入ってからの伊勢流の説明文を少し紹介してみよう。（なお本文には濁点はないが、読みやすさのため、濁点をほどこした。）

「あまかつをはふことも云事は、あまかつの形、小児のはいあるく形に作る故、はふ子と云なり。」

「あまかつをじゅぎゃうとも云う也。……じゅぎゃうとは、孺形と書くなり。」

「あまかつを小児の傍に置て、悪魔を払ふ守りとすることは、たとえば陰陽師の祈祷する時、かたしろと名付けて紙にて人形をつくりて其人の身代わりにしてわざはひをかのかたしろの負ふせて祓をして川へ流しつる事あり。あまかつもかのかたしろの心にて小児の身に浮くべき災難をあまかつに負する為の守りなり。」

「あまかつは老女の月水見ざる女に精進行水させて縫するなり。小児誕生あらば其日の内に縫べし。」

「あまかつの目鼻などは、絵師に申付べし。絵師も精進行水すべし。……男子は口をあかざる体にして口びるばかり書べし。女子には少し口をあきたる体に書べし。口をば赤く色どるべし。……頭にはうぶ髪のはへたる体に髪毛を書べし。」

こうして出来上がったなら、神主、陰陽師または護持僧によって加持祈祷せらるべしと書かれている。この記述によって、もともとあまかつは、陰陽師や護持僧の管轄にあったということが窺われる。そして、あまかつの扱い方は、次のように説明されている。

「あまかつは小く白きしとねを敷て其上にうつふけて小児のそはに置べし　あまかつは立ておく事なし。」

「あまかつの衣装……小児の衣装に同じ……いつとても白色を用べし。色直しと云事もなし。」

「産婦色直しの日より、毎日あまかつにも供御をそなへまいらすべし……色直しは百一日目なり。此時小児へも供御をす(据)へ初る　これをはしたて(箸立)と云ふ、今はくひそめ(喰初)などと云ふ。」

さらに作り方は、次のように記している。

「あまがつの作り様、白練の絹一幅を四方に裁て、端を丸くぬひめぐらして、綿を入て糸を引しむれば、まりの如く丸くなる。それを頭にするなり。又白練の絹一幅を、二幅のたけに裁て、四隅を縫合て、綿を入て、腹にてくけて胴にするなり。手足も出来るなり。」(一九七頁の図版⑦参照)

「男子のあまがつは、十五歳になり給はば、吉日を選びて産土の社に納めらるべし。……女子のあまがつは、老年までも常に御傍に置かるべし。……婚礼の時も召さるる御輿の内へ入れらるるなり。」

這い這いをする子の姿をした縫いぐるみ式の人形が、伊勢流の「あまがつ」であった。だれにも手軽に作れるものであり、子どもの持て遊びにも、柔らかであるので、ふさわしい。伊勢流では、このような這う子を、「あまがつ」と呼んでおり、産所は勿論だが、子どもが成長しても日常で用いるとしている。女子は、生涯にわたって同伴するものだとしている。

興子内親王（明正天皇）の誕生時（一六二三年）、天児は勿論、這子も作製されていた。しかし、這子は柔らかいものではなく、どっしりと重みのある這い這いする姿であり、立つこともできる形態である。容易に手作りされるようなものではなく、特別に作製されている。這子は、いつも傍に置かれて伽のように同伴したのであろう。おそらくは、伊勢流の故実家によって提案されたものを置かれたのではないかと推量される。伊勢流では、これこそが、産所のみならず、生涯にわたって内親王を守護する「あまがつ」と考えていたのである。

十二世紀に描かれたとされる『葉月物語絵巻』や一六一二年の作画だが『源氏物語手鑑』の「薄雲」（土佐光吉画）に描かれている天児も、女性たちによって手軽に作り出されるようなものであったと思われる。『源氏物語』のなかでも、紫の上が手作りされるという記述を紹介しておいた。しかし、『葉月物語絵巻』の図から明らかなように、その形態は、うつぶせではなく、仰向けに寝ている。(44)

北村哲郎は、室町時代に至り、縫いぐるみによるホウコが作られたことを次のように解説している。「こうした形の人形が、早くから生まれたであろうことは充分想像出来ますし、また一般に普及したであろうことも、当然であったように思います。背を上に向けて置くと、ちょうど幼児が這い這いをしている形になるところから付けられたと思われる、この平易な名も、なにかそうしたごく一般的なものであった感を深くします。[45]」

江戸中期一七五〇年頃に出板された『絵本　靨の塵』（長谷川光信）には、「女子のつとめは慰みよりなる蔦の手や垣へはうこの縫いならひ」という句に添えられて図版があり、裁縫の練習に女子がホウコを縫ったことを知ることができる。[46]折り紙では基本的な、四角を内へ折り曲げれば袋状にすることができる（座布団折り）。そして斜めの四つの部分を縫い合わせれば、すなわちホウコとなる。最も簡単な人形が容易に出来上がるのである。こうしてホウコからさまざまな人形が生み出されていったのであろう。

室町時代以来の産所の礼法故実は、伊勢氏が「伊勢流」として伝え、江戸時代に入ると伊勢貞衡が春日局に取り立てられ、幕府に仕えている。伊勢流の伊勢貞丈（一七一七―一七八四）は、大名家はじめ武家そして庶民などに向けて、『貞丈雑記』、『御産之規式』、『産所法式』、『あまがつのことなど』の多数の類書を出板している。それらは、室町以来伝えられてきた古書に、考証を加えたり、公家・武家の故事や典礼作法、神道の事柄を合成させた内容であると考えられている。

そして、伊勢貞丈の書物の内容で興味深いのは、男児と女児でアマガツ、そして犬箱の取り扱い方が異なることである。男子のアマガツや犬箱は、十五歳になったなら、吉日を選んで、産土など鎮守の神に納めることとしている。それに対して女子は、婚礼の時もアマガツを輿のなかに入れ、持参することとしており、古びたからといって別に新しく作り改めることなく老年まで常に傍に置くようにとしている。

なお、古法を知らない新説がみだりに作為されて世に広まっているが、惑ってはいけないと注意喚起している。その新説とは、アマガツやホウコを立て置くということ。婚礼の時に新しく作り直すこと。腹の中に守札や経文を入れること。持ち主である女性が色直しの時は、アマガツも色直しすること。またアマガツを二つ作って夫婦とするという説などである。そして、伊勢流から批判されている、これらの新説を打ち出していたのが、小笠原流（厳密な意味では水嶋流）ということになる。

(3) 武家の有職故実・小笠原流によるアマガツ

小笠原流礼法について、二木謙一は、『中世武家儀礼の研究』[47]において、次のように述べている。

「室町幕府の崩壊とともに小笠原両家（京・信濃）も衰運の途をたどったが、のちに貞慶の子秀政が家康にとりたてられて豊前の大名となり、また信濃小笠原氏の一族赤沢経直が小笠原姓に復して徳川幕府に仕え、吉宗の頃貞政が世に出て、以来礼式家としての小笠原の名を今日に伝えている。このほか、民間では、水嶋卜也が小笠原流を称して諸礼法を教え、小笠原流の名は、封建社会における女子教養の代名詞とさえされた。だが、江戸期の諸礼式指南を掲げる小笠原流と、弓馬故実を主とした室町期のそれとは、その家系も、性格も異なっていたことを忘れてはならない。」

小笠原流は、元は弓馬礼法の流派であったということである。源義家の弟・義光の五世の孫である長清を祖として、鎌倉時代以降、信濃国を中心に、やがて子孫の貞宗が室町幕府に仕える。京都と信濃の小笠原両家は、室町幕府崩壊とともに運命を共にしたということである。信濃の小笠原長時は、武田信玄に信州からも追われるが、長時、貞慶、秀政と続き、秀政が家康に取り立てられたのである。

さて没落していた長時の側近くで学び、伝授を受けた人物に岩村意休（重久）がいる。この岩村から伝えられた諸礼は、軍礼というより生活上での礼法であり、やがては女礼に発展するものである。なお、この伝系は次のように伝えられている。

小笠原長時→岩村意休（重久）→小笠原河内（知成）→上原八左衛門（定宣）→水嶋卜也（之成）

このように小笠原家から水嶋卜也に伝えられているが、水嶋卜也（一六〇七―一六九七）の活躍があったことにより、殿中の礼式を専門とした伊勢流を追い越して、軍礼が専門であったはずの小笠原流が、広く世間に流布・伝播することになっていった。小笠原流の民間への諸礼式指南は、門弟を多く抱えた水嶋流を中心とした活動があったからこそであった。徳川の平和の時代を迎えて、必要とされたのは、男性に向けられた軍礼ではなく、女・子どもに関わる諸礼であったのだ。では、水嶋卜也の大活躍とは何であったのか、次にそのことを紹介してみたい。

水嶋卜也の出現

水嶋卜也が一躍注目された事件がある。子どもが髪を伸ばし始める二歳から三歳頃に行なわれる生育儀礼として、髪置（かみおき）儀礼がある。小井川理は、髪置儀礼で用いる白髪綿（しらがわた）をめぐっての研究報告を「白髪綿と近世の髪置儀礼について」(48)でまとめている。そのなかから、水嶋卜也が関連した事件についての概略を紹介してみたい。

三代将軍家光の息女・千代姫の髪置儀礼は、寛永十九年（一六四二）十一月に行なわれているが、酒井忠吉（譜代の重臣）は春日局の助言によって公家故実にならう白髪綿を京都へ注文をしている。しかし、翌年寛永二十年の家光世子である竹千代（後の四代家綱）の髪置儀礼の時、同様に白髪綿を京都に注文しているが、一部変更が加えられた。京都からの造花の「根松・橘」が、江戸で生花に改められたのである。

ところで、天和元年（一六八一）十一月十五日、五代将軍綱吉の世子徳松（寛文七年・一六七九年生まれ）の髪置においては、守役の堀田正英は公家故実によらずに武家故実によって白髪綿を献上しているのである。堀田正英の実兄の正俊は春日局の養子となっているが、この時、春日局はすでに寛永二十年（一六四三）に没している。堀田正英は、京都方には相談することなく、武家故実である小笠原流の故実に通じた水嶋卜也（元成）を召して白髪綿調進の任に当たらせたというのである。水嶋卜也は、小笠原流を学び、やがて水嶋流を名乗って江戸に道場を開き多くの門弟を抱えていた。水嶋卜也は、伊勢流や小笠原流のような歴史ある武家有職故実の名家ではなく、したがって幕府に出仕していたわけでもなかった。堀田正英によって異例の抜擢をされた新興の流派と言える。

陶智子は、『近世小笠原流礼法家の研究』のなかの「水嶋卜也とその子孫及びその伝書」[49]において、水嶋卜也を起用した経緯を『本朝武芸小伝』（日夏弥助繁高、享保元年・一七一六）を引用しながら、水嶋卜也その人の当時の年齢に注目している。ちなみに『本朝武芸小伝』には、次のように記されている。

「家綱公の御髪置の御白髪は、東福門院より参らせ給ふ、堂上の有職故実の族に仰て作らしめ給ふ、此度は小笠原の古実を選で是に作らしめんとて堀田正英選し処に、水嶋卜也元也と云う者あり、久しく東武に住し、よはひ七十有五歳、能和国の故実に達して、其名隠れなければ、正英是に命ずとなん。」

水嶋卜也の父親は、豊臣秀頼の近侍であり、大坂の戦で討ち死にし、落城によって母と子は逃走する。九歳の元成（卜也）は、やがて大和へ逃れたとされる。徳川家にとって豊臣方の人物を抜擢することには、何らかの特別な理由があってのことだろう。陶智子は、先に掲げた本のなかで、水嶋卜也の七十五歳という年齢が重要であったと指摘している。七十五歳は長生きをしている「極老」と捉えられており、「白髪綿」は、白髪の老人が調えてこそ縁起が良いと思われたというのだ。なお、小笠原流の小笠原直経（貞則）は延宝六年（一六七八）に六十一歳で死去しており、すでにこの世になく、後継者である貞政は二十歳にもなっていなかったということである。水嶋卜也が起用された背景には、このような事情があってのことだという。

七十五歳の水嶋卜也が調進した「白髪綿」については、『古事類苑　礼式部』に「徳松君御髪置之記」が所収されている。どのような品を作り出したのか紹介しておこう。

「先綿をのべ、髪の質になぞらへなし、次に白苧をくしけずりて、白髪によそほひて、右の綿に付たるは陰陽自然の数と云ひ、百歳の限りなき御壽の形なり。……其上に根引の松、山橘、南天、親子草、藁幹、昆布、長熨斗、右七種飾を紙にて包み結添え、桐の櫃に入、群青及金泥にて御紋の葵を絵がき、外に御櫛、鋏、御泔坏、御墨筆等、金紙に包み、犬箱対に是を入て捧ぐ。」

伊勢流の白髪綿は『貞丈雑記』から、どのようなものであったか窺い知ることができる。白髪を真綿で作り広蓋に据え、松・山橘の造花を紙に包んで、その上に置き添えるというものであった。水嶋卜也は、綿と麻を用いており、飾りも目出度い七種をもって作り、そうして出来上がった白髪綿は、さらには葵の紋と共に美しく彩色された桐箱に入れられている。櫛や鋏などの道具も犬箱に納めるといった華麗な演出がほどこされているのである。

こうして、堀田正英は、徳松君の頭に見事に仕上がった白髪を掛けて儀式を執り行なっている。しかしながら、髪置儀礼が幼児の健やかな成長を祈念するものであったが、徳松は、なんと五歳で亡くなってしまったのである。この徳松夭折によって、六代将軍に就くことになったのが、家宣であり、その正室が、近衛熙子であった。

たとえ徳松君が二年後に亡くなったとはいえ、江戸の人々は、伊勢・小笠原の二流をさし越え、御城に登った名誉を称え、水嶋卜也は、門弟もさらに増加して名声を勝ち得たのであった。

ところで、時代は下るが、元文四年（一七三九）十一月朔日、竹千代（後の十代家治）の髪置が行なわれている。その時に白髪綿の支度をして調進したのは、幕府御用を務めていた呉服師の後藤縫殿助である。呉服後藤は、徳川家康が岡崎城時代から出入りをしていた家康側近の特権的な商人である。家康の孫・徳川和子が京都の後水尾天皇へ嫁入りしてからは、江戸と京都を頻繁に往復しており、呉服類をはじめとして小間物など、そして人形類・調度類の御用までも務めていたと考えられている。

さて、白髪綿の支度御用において今までは忠義篤い重臣であり、そのなかでも家門繁栄の目出度い人物が選ばれており、その役目を果たした後には報奨が与えられていた。しかし、呉服後藤に変更された背景には、どのようなことが考えられるのであろうか。徳松君の例でもわかるように、将軍家の子息とはいえ、当時の子どもの命は危ういものであった。それゆえ無事に育つことを祈る思いが強く、生育儀礼が行なわれているのである。しかしながら、定かではない子どもの命と、重臣の名誉が同伴することは、あまりにも危険なことであり、避けられていったのではないかと考えられる。

後の時代になるが、伊勢流に博覧強記の駿英が輩出する。多くの書物を著した伊勢貞丈（一七一七―一七八四）は、『安齊随筆』のなかで水嶋流を非難している。「彼の門弟、所々に多くして、彼の流儀を作り出して教え伝ふ。其の流儀、伝書に欠けたる事をば、多くの門弟、各私意を以て新に作り出して、其の門弟に伝ふ。其の門弟も又新作し、妄説、世上に多く弘まれり。(50)」

伊勢流からは、このように強く攻撃されているが、小笠原流からの強い非難はないように思われる。先にも触れたが、小笠原流の諸礼は、弓礼、馬礼、軍礼、躾方の四礼からなる、男性に向けた礼法が中心であり、女性に向けた礼法、結婚、出産に関わる嘉礼は、水嶋流が伝えている。徳松の髪置儀礼以来、水嶋卜也は、女・子どもの儀礼の諸礼について多くの書物を著している。やがて『女礼集』としてまとめられることになる伝本については、陶智子の研究がある。[51]

このように、水嶋卜也は多くの門弟を抱え、その高弟たちは、各藩の大名家に召抱えられて、結婚・出産の儀礼を遂行していった。また、広く一般の人々にも諸礼を伝播させることになった。小笠原流の流れを汲む水嶋流は、幕府御用が小笠原流であることから、各藩の大名家では小笠原流と同様と受け取られている。ともあれ、小笠原流として伝わっている「女礼」の中身は、水嶋卜也を経過しているのである。

天児についての書物

天児について書かれている書物は、全てが水嶋卜也を通して伝達されていることは、重要であろう。『女礼集』としてまとめられている書物のなかに、「産所之次第」の巻があるが、そこでは簡単に天児と這子のことが触れられている。さらに作り方など詳細に記された天児についての書物は、口伝、奥義書といえよう。

今日、図書館等に保管されている天児這子に関する専門的な本を調査すると、大きく三つの系統がある。それらは、水嶋卜也から高弟の三人へ伝達されていることから発生した系統である。勿論、天和元年（一六八一）徳松君髪置の後の伝書である。三つの系統は、次のようになっている。

①静嘉堂本『天児書』（元禄七年・一六九四年）

水嶋卜也→伊藤幸氏→同幸允→同幸督→同幸辰

②吉徳資料室本『題簽無し』（享保十四年・一七二九年）

岩村意休→小笠原河内知成→上原八左衛門→水嶋卜也→岡田三左衛門→飯田六郎左衛門

③国会図書館本『天児之図』（成立年不明）[52]

小笠原長時→岩村意休→小笠原河内→上原八左衛門→水嶋卜也→相木小右衛門→竹岸縫右衛門→福田宇左衛門→中館了儀→同右衛門太

以上のように、水嶋卜也の三人の門人、伊藤幸氏、岡田三左衛門、相木小右衛門に伝えられていることがわかる。内容は、ほとんど同様である。

それでは、小笠原流、正確な意味での水嶋流による天児とは、どういうものであるかを紹介してみよう［図版⑨］。

天児を用いるのは、天祖の昔から身の災難を除ける祓いの法であるとしている。天児は、当流で調えるものではなく、神道家において息災延命を加持し

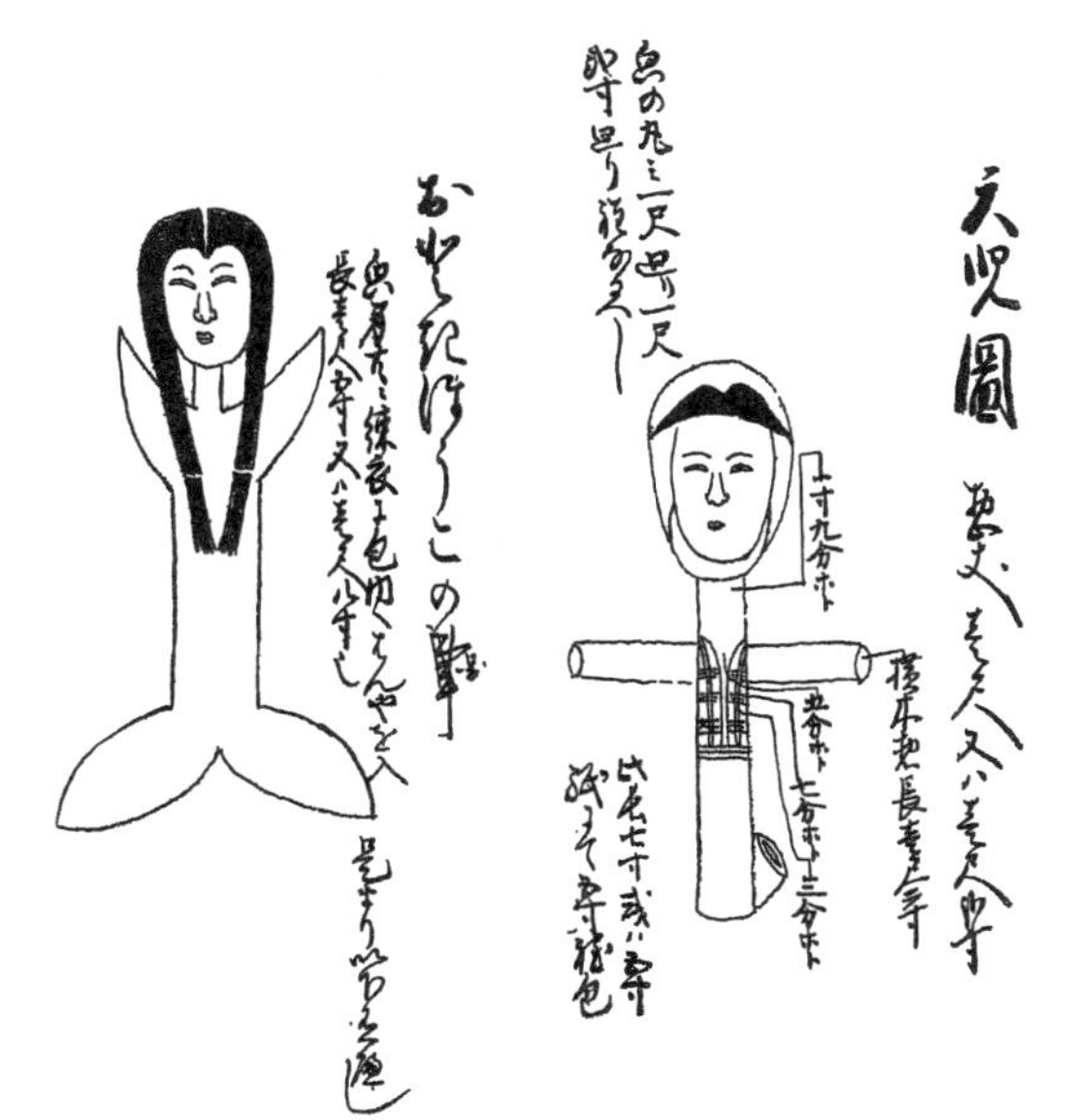

図版⑨　小笠原流（水嶋流）の天児と這子（『天児之図』）

て箱に納めて阿闍梨から参るものだとしている。しかし、今世に有るものなので記し置くとして、作り方、用い方を説明している。天児の頭には、祓いの法の札を入れるとしている。這子のように下地を作り、練衣をきせ顔襟などに老の波をあらわすという。どういうことかと言うと、球体を薄絹で包むので皺ができるが、それは老いの波であり延命長寿を表わすというのである。目口を付け、髪は青黛で彩る。胴体は竹を二本用い、手となる横は木を付ける。これらを水引きで結ぶ方法が詳しく書かれている。

胴体は、二本の竹を一本ずつ別々に包み、練絹で二本を包み合わせるとしている。空洞の竹を用いてヒトガタを作るのは、空洞に魂が籠るとされた陰陽師のやり方であろう。

なお、お伽這子のことが記されているが、この形態が先述した伊勢流のぬいぐるみ式の「あまがつ」である。水嶋流では、お伽這子とは、本来のアマガツを略したものであると言っている。つまりは、伊勢流は、略した形態であるものを「あまがつ」にしているということになる。水嶋流の天児は、御所で用いられていた「御あまかつ」を取り入れていることになる。御所での「御あまかつ」を研究して、新たに作り出しているのである。

お伽這子は「めでたき年寄の方より参らすべし」として、老女が作るということは、伊勢流と同じである。水嶋流の天児は、素人は作れない。つまり水嶋流の天児は、神道家で特別に仕立てられて細工がほどこされた、箱入りの厳かな格式のあるものとなっている。格式を演出するために、白絵による天児箱が創り出されたのであろう。こうして将軍家、大名家の御用となっているのである。産所に置かれる呪術的な形代だが、着初に関わっているということが注目される。

赤ん坊が実際に着物を着る前に、まずは天児に着せるのである。五歳七歳まで新しい着物は、まずは、天児に着せるようにと記している。そのためであろうか、天児は台が付けられ、衣桁のように立つ姿となっている。産所で用いる他、宮参りの時も、輿に乗せて先を行くとしている。その他、外出する時は、天児を伴うと、悪しきものを払うとしている。

先に、伊勢流を紹介した時、古法を知らない新説が出されているので、惑わされないようにと警告めいた文言があったが、これは水嶋流に対する非難である。水嶋流では、守札を頭部に入れる。足の部分に経文を貼り付けている天児が残されていることもある。

また、小児の色直しとともに、天児も色直しをするとしている。御所での「御あまかつ」は、産所での色直しまで用いられていたが、水嶋流では、さらに長く五歳、七歳と用いられるという特徴がある。

男子の天児は、元服の時に祈祷所に納めるという[53]。しかし、男児の傍に置き続けられる時もある。その場合は、結婚の時、奥方の天児と共に、夫婦ふたりの天児を寝間にいっしょに備え置くという記述である。本当にそのような用い方をしていたのかと思うのだが、次にあげる幕末頃の婚礼記録から確かめることができる。

先述したように、宇和島藩九代藩主・伊達宗徳のもとへ、秋田久保田藩の十代藩主・佐竹義厚の長女・佳姫が嫁いでいる。安政三年（一八五六）十二月十六日の婚礼記録が『佳姫婚礼記録』として翻刻されている。それによると、親族での祝儀の盃事が終わり、寝処には「御二方様天児御膳」が用意されている。説明には、二人の盃事が済んだので、「天児御方も御盃事可被成候事」とあるのである。二人の分身としての天児が、同じく盃事を行なっているという事例であろう。『婚礼道具諸器形寸法書』には、這子が用いる懸盤として、明瞭に記載されている。天児といいながら、実は這子であることを伝えていよう。

この時の天児は、ふわふわしたぬいぐるみ式の這子のことを示していよう。『女礼集』の「産所之次第」

には、女児の天児も男児の天児と同様に、陰陽師へ返すという記述がある。そして、嫁入りの輿には、這子を乗せて行くと明瞭に記されている。嫁入りに花嫁と同じ晴れの祝い着を装うには、可愛らしいぬいぐるみ式の方が適していよう。老いの波を顔面に寄せた神々しい顔の呪的な天児は、敬遠されるのである。佳姫は、天児用の着物も特別に注文しているが、自分と同じ晴れ着を縫いぐるみ式の這子に着せたのである。

水嶋流の書物には、天児の代用を這子が行なうこともあると記している。しかし、伊勢流とは異なることを強調する意味からも、あくまでも天児の優位性を力説しているように思えてならない。

なぜ、ハンガー型の天児が嫁入りには用いられなかったかというと、女児の天児も白絵箱のなかに納められていることが確認できるからである。男児の場合も女児の場合も、天児は特別な白絵箱のなかに封印されているのである。彦根城博物館には、井伊直弼の四女・真千代（一八五四―一九〇四）と、七女・砂千代所用の天児が、その収容箱とともに伝存している。荘厳な白絵が描かれた天児箱については、小井川理が詳細に調査している。[54] このように、結婚した女性たちは、嫁入りで天児を同伴することがなかったことが確認できるのである。

御所で用いられた「御あまかつ」、水嶋流においても将軍家や大名家に限って用いるとした天児とは、一体何であったのだろうか。生まれたきた赤ん坊にふりかかる災いや穢れを、アマガツが代わりに負うということだが、そこには、高貴な生まれであることを運命づけられた子どもが、特別に負わなくてはならない罪・咎（科）の思想が背景にあるのではないだろうか。

古代の日本において、首長は、「罪をおかさぬよう、また罪に感染せぬよう、あれやこれやの禁忌や呪術にとりまかれていた」と、西郷信綱が述べている。[55] 罪や穢れを祓うことに絶えず緊張感をもって、祭事を行なっているというのだ。天変地異の災害において、首長は我が罪として、責任を負うという。人々の上に立つことを運命によって選ばれたことは、天が授けた試練であり、その試練を享受するものこそが気高さの根源であったのである。皇族という血脈、また江戸時代にあっては、徳川将軍家ならびに大名家は、臣民の苦しみ、国土の荒廃を、我が罪として受け止めなくてはならないと考えられたのであろう。

高貴な子どもは、重々しい試練を受けることから、穢れも負いやすく、天児を必要としたのではなかったろうか。水嶋流は、天皇家の「御あまかつ」を、将軍家・大名家へ導入したのである。室町幕府に仕え、将軍の子どもの出産に携わった伊勢流は、「あまがつ」という名で、実態は二、三歳の子どもの大きさの「這子」を提唱した。傍に御伽として置くことを提案した。しかしながら江戸幕府にあっては、水嶋流、表向きは小笠原流の天児をこそ、受け入れたのである。

嫁入りに同伴して、やがては可愛らしさを増してゆき、雛段に飾られることになる「這子」があるが、こちらの「這子」とは、伊勢流起源である。このように、ハンガー式の天児とぬいぐるみ式の這子、江戸幕府は二つのものを使い分けていたのである。

これら天児のことは、江戸時代の選ばれた少数の子どもに起こったことである。一般武家は、そして庶民は、事情が大きく異なっていた。

水嶋流について付言しておくと、小笠原流の女礼の内実は、水嶋卜也が調えているが、外面的には由緒のある「小笠原流」の名のもとに将軍家から各藩の大名家へと広まっている。出産はもとより、大名家にとって藩の運命を決定することにもなった婚礼は、小笠原流が正統的な作法という権威を確立している。(56)

(4)『雍州府志(ようしゅうふし)』と『女用訓蒙図彙』をめぐって

七十五歳の水嶋卜也が、徳松君の白髪綿によって、世間に広く名が知られるようになった天和元年(一六八一)から五年後の貞享三年(一六八六)、広島藩浅野家の儒医を務めた黒川道祐(一六二三—一六九一)が、『雍州府志』という山城国の総合的な地誌を完成させている。黒川道祐は、藩医を辞してから、京都に住み、博物学的な実証主義を重んじた貝原益軒(一六三〇—一七一四)とも交友している。現地調査を重ねながら、京都山城国の地理、神社仏閣、風俗行事、産業、特産物などを総合的・体系的に十巻にまとめあげて『雍州府志』を著している。なお、自序は天和二年、十巻は貞享三年の年記である。

『雍州府志』七巻の土産門・下に、服器部があるが、そこに京都における天児、雛、這子の製作に関しての興味深い記述がある。「表挿嚢」(うわざしぶくろ)の製作者についての部分である。まず、表挿嚢がどのようなものかを説明しておこう。婚礼道具にも入っているこの袋は、他に上挿嚢、表刺包などと表記されることがある〔図版⑩参照〕。

なお、『雍州府志』の引用は、立川美彦の『訓読雍州府志』による。[57]

「およそ、唐織を裁ちて大小の嚢を縫ひ、緒をもつて諸物出入の口を括る。また、別に、赤色の組緒、嚢の口四隅より四方に垂る。これを飾りとす。故に上挿嚢といふ。これまた、婦人、嫁娶の時、その大なるものは衣服二三領盛り、その小なるものは簪・櫛・剃刀・剪刀(はさみ)股等、雑細の物を盛る。また他方に赴く時、輿中にこれを携ふ、はなはだ便利ありとす。その内、小なるもの、あるいは調度嚢と称す。」

この嚢の製作者が、室町三条の南に一両家あって、錦や唐織で婚礼用の一双の枕を作るという。また筒守も製するという。筒守の作り方は、次のように書かれている。

「竹筒、尺ばかりにこれを截り、内に禁厭の霊符を盛り、唐織の絹をもつてこれを巻き嚢み、両端に金をもつて環を造り、左右より紅の緒を著けて、両端よりこれを鉤る。児女、他に行くときは、必ず乗輿の前に懸く。これ、邪祟を避けんがためなり。もと、城殿製するところの天児より出づるものなり。」［図版⑪参照］

このように、上挿嚢、筒守、天児は、もとは城殿が製作したと黒川道祐が記している。そして、城殿の説明をしている。

「城殿は、その家の称号にして、駒井氏なり。相伝ふ、もと三韓の投化人にして、はじめ近江東坂本辺、駒井に住す。これより、つひに氏とす。この人、京師に来り住す。はじ

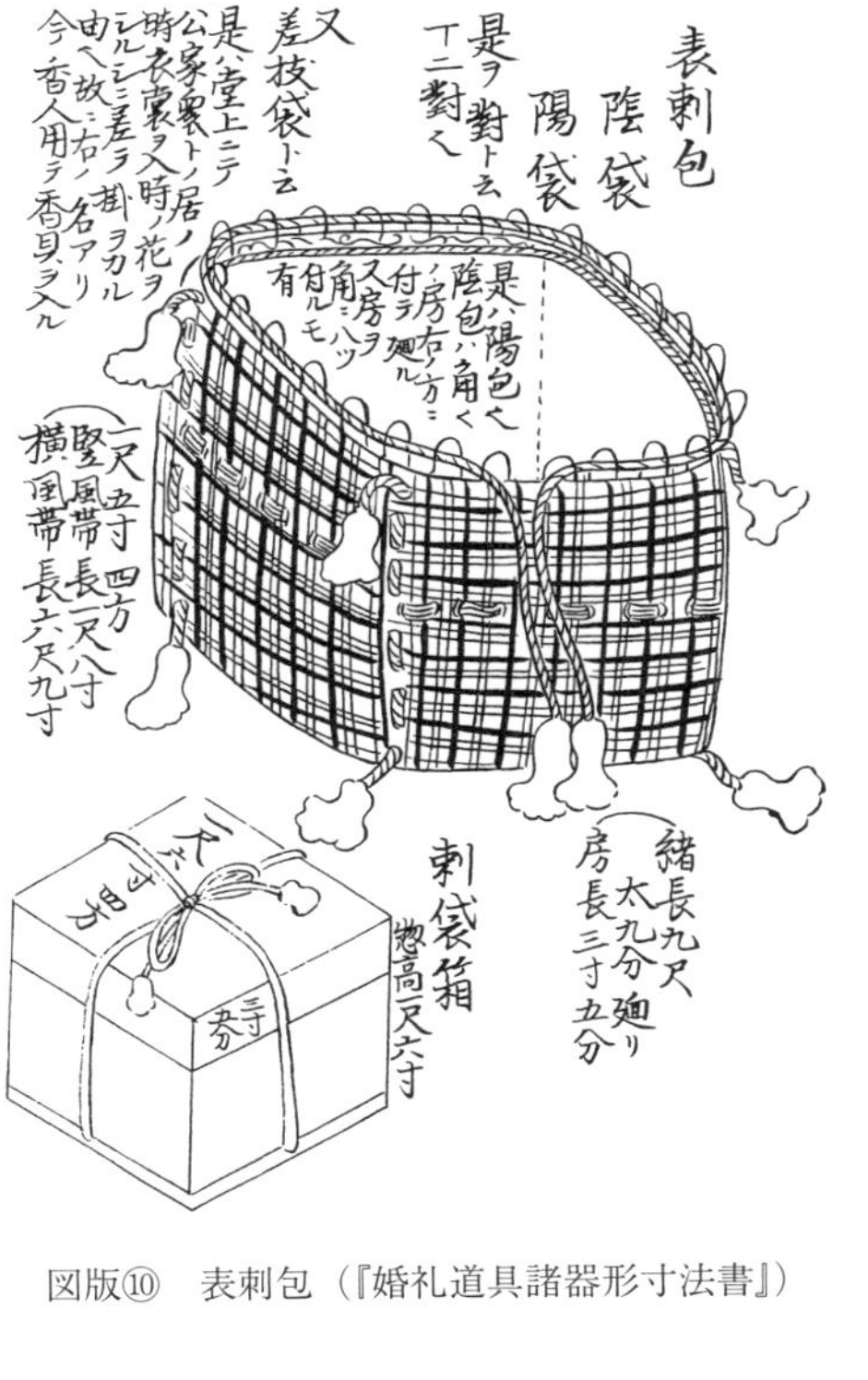

図版⑩　表刺包（『婚礼道具諸器形寸法書』）

め扇を製し、そののち雛ならびに張子等の物を製して、禁裏に献ず。」

城殿駒井氏は、扇、雛、張子なども製作し、御所に納めていたと記されている。そしてこの次に、天児、御伽這子、犬箱のことが記述されている。

「天児は、一尺余の竹筒の上、白絹をもつて偶人の首を造り、これを尺余の竹筒の頭に建て、また別に尺ばかりの竹筒をもつて首の下に横たふ。これを肩とす。必ず小児の枕頭に置く。もし邪祟あるときは、小児に代わりてこの偶人に触れしめんがためなり。

あるいは、また、白絹をもつて人形を造り、内に糟糠を充て、外に白粉を施す。これを御伽母子といふ。倭俗、左右に陪従して語を交ふるを、御伽といふ。相伴の義なり。この偶人、もと大小母子の形を造り、はじめ母子人形と称す。今、人

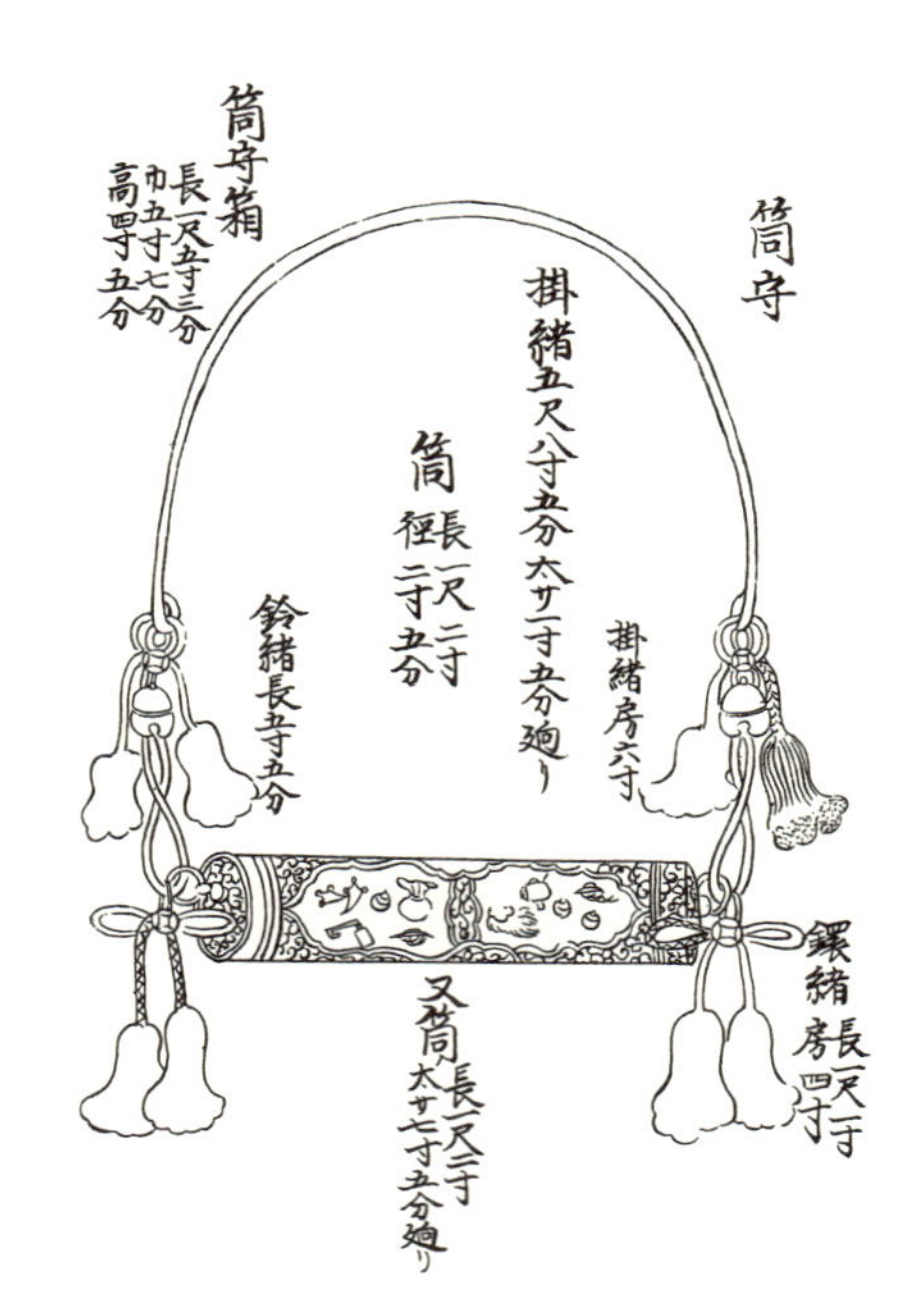

図版⑪　筒守（『婚礼道具諸器形寸法書』）

形の字を略してこれを言ふ。別に紙をもつて犬の形一双を張り、これまた、小児の傍らに置く。およそ、邪は、必ず正を害せんと欲す。故に、犬を置くときは、邪鬼、以て己が類として、害を加へず。男女共に、小児たる時、幼名、虎あるいは犬あるいは猿と号し、また棄あるいは拾と称するの類も、またこれなり。」

黒川道祐によると、城殿駒井氏が初めに手掛けて製作した品は、以上のように、表挿嚢、筒守、天児、御伽這子、犬箱、枕、扇である。さらには、水引き、絵草子、歌留多があげられる。なお、絵草子の項では、「紙をもつて小偶人夫婦の形を作る、これを雛壱対といふ。その外、大人・小児の形、各々これを造る。女子、座上に並べ置き、酒食を供し、人間のまねしてこれを玩ぶ。これを雛遊といふ。また、雛事と称す。女子、平生、雛を玩ぶといへども、三月三日、専らこの戯をす」と書かれており、絵草子と雛が結びつくことから、城殿駒井氏に繋がっていることが理解できよう。

城殿駒井氏が製作したとされる品々は、唐錦、紐、竹、紙というさまざまな素材を用いての製品であるが、共通していることが認められる。それは嚢（袋）で明らかなように、中に容れられるものが大切で重要なものであるということである。その大切なものを閉じ込めるためには、呪的な力の所有者でなければ作ることが叶わなかったのではないだろうか。駒井氏は、高麗からの帰化人であるという伝承はさておいて、そのような特別な力を秘めた家系であった。禁裏で用いられた檜扇をはじめとする呪的な品々を、献上したとされるのである。

赤い緒や紐によって飾ったり、水引という細く縒り上げた紙紐によって結んだり、絵を描くことによって格別な力を付与したりと、神秘的な呪力を込めることが重要な品々ばかりである。駒井氏は、それらの製作が巧みであった。天児、御伽這子、そして雛が、かつては城殿駒井氏が手懸けていたという伝承があることの意味は、実に興味深い。

北村季吟が、正保四年（一六四七）『山之井』において、正月の間は、「あまがつ」様の物には手を触れないこと、三月三日の節供を待って雛遊びが始まると記していた。城殿駒井氏が製作していた「あまがつ」様の人形類、つまりは雛に対しても呪力が込められていることが、信じられていたという事であろう。

『雍州府志』十巻が完成して翌年の貞享四年（一六八七）、嫁入りの婚礼道具図集『女用訓蒙図彙』が出板されている。今までにも取り上げてきた、江戸時代前期の婚礼祝義の指南書である。そこには、嫁入りにおいて「雛と雛道具」を持参することが明らかであった。雛は立雛二対であり、御伽と犬箱も描かれている（二五五頁の図版④－1参照）。『雍州府志』には、御伽母子であると記しているが、図彙の絵も大小で母と子の姿となっている。このように、江戸の上級武家を対象とした指南書では、天児が描かれていないことも重要である。天児は、一般武家とは無縁の品なのである。

陶智子は、旧家に残る「産屋の次第」を翻刻紹介している（富山女子短期大学秋桜十四号・一九九七年）。そこでは、民俗学で大藤ゆき等が記録しているように、産屋には産神が祀られ、産飯が供えられている。産湯には米の研ぎ汁が用いられるなど、米の力が信じられている。『女用訓蒙図彙』の産所には、熊手と海馬が描かれている。安産のためには、昭和初年の産育習俗の調査でも報告されているように、熊手で産婦の腹・腰を撫でたり、海馬（竜の落とし子のこと）を手に握らせたりした。民間の産所では、各地域で伝承されてきた安産のための祈りこそが中心である。

三　雛段の賑わい

⑴ 雛飾りの変遷

『図説　日本の人形史』は、多くの絵入り本などの図版によって、雛飾りが時代によって、どのように変遷しているかを明らかにしている。この本を参照しながら、概略を紹介してみたい。立雛から始まり、やがて座雛が作られると、立雛と座雛が共に飾られ、やがて座雛が優先されていき、立雛が下段へと追いやられている様子が窺える。

五人囃子が登場するのは、『宝暦現来集』の記述から天明頃（一七八〇年代）、官女は、それよりも遅く、天保頃（一八三〇年代）から登場している。[58]

雛飾りは、雛人形を受けとめた人々の思いと、それを支えた人形師の製作技術の歴史、商品流通の経済活動の歴史、世相の流行などを物語っている。

図版として、どのようなものがあるか、参考までに紹介しておきたい。[59]

立雛

寛文頃　有坂與太郎『日本雛祭考』所収の図版

貞享頃『女用訓蒙図彙』所収の図版

元禄頃『誹諧童子教』所収の図版

立雛と這子

元禄十年　『骨董集』所収の図版　鳥居清倍

立雛と座雛

貞享頃　『日本歳時記』所収の図版

享保元年『世間娘気質』所収の図版

延享二年『俳諧清鉋』

寛延二年『雛遊び貝合之記』西川祐信

座雛

元禄頃　『江戸繁昌絵巻』菱川師宣

元禄頃　『大和耕作絵抄』石川流宣

享保頃　『絵本大和童』西川祐信

享保二年『絵本和泉川』西川祐信

享保十七年『女中風俗玉鏡』西川祐信

延享五年『絵本十寸鏡』西川祐信

明和四年『絵本東わらは』西川祐信

天明五年『女文章教草』下河辺拾水

天明頃　「風流小供遊十二ヶ月」石川豊雅

上段に座雛、下段に立雛

享保頃　『絵本小倉錦』奥村政信

宝暦六年『絵本諸礼かゞみ』
明和六年『藻塩百人一首千尋海』
上段に座雛、下段に立雛、這子、犬張子など
享保～宝暦頃「五節供之内　三月遊び」奥村政信
享保頃　田村貞信画の雛飾り
六段飾り：内裏雛、三人官女・随人、五人囃子、立雛、市松人形、犬張子など
安政二年　三代豊国画の雛段

紙の立雛から始まった雛は、座雛に追いやられていくが、雛段から消えることがない。雛本来は、立たせることによって神秘が生まれた。動かずに坐っている雛は、面相によって神秘感を漂わせていった。江戸では、御殿飾りが禁止されて段飾りに向かったため、江戸錦絵には段飾りが描かれている。京坂では、御殿飾りによる雛飾りが広まったが、錦絵には登場していないのである。

(2) 家々の雛飾り

各家ごとにどのような雛が飾られたかは、日記を残している家に限って、ようやく知ることができる。そのため公家の日記で、いくらか窺い知ることができる。宍戸忠男は、五摂家のなかの一条家、一条兼香の日記『兼香公記』享保二年（一七一七）三月十七日の条を紹介している。[60] そこには、正親町中将の家の室礼、また転法輪家三条の家の様子も記録されており、貴重なものである。日記には、次のように記されている。

「自去三日至五日、於正親町中将亭《實乗朝臣》有ヒナ事《是實乗朝臣息女二歳》、……於書院ヒナ

二十五對相並……、天井ニハ以櫻作花段々被餝、甚ダ以て美麗ナリ……有酒宴……又、於転法輪家者内室為ヒナ事、自三日至五日、四條邊人形舞、及浄るり語等来、終日終夜有此事……豈世俗風俗堂上入門、古風敢不行之。」

一条兼香（一六九三―一七五一）は、近衛基熙・家熙という、熙子によって徳川家宣の外戚となったことで権力を掌握していた父子と対立した公家である。桜町天皇に東宮時代から仕え、衰退していた朝廷儀礼の再興に努め、桜町天皇の大嘗祭を実現させている。有職故実など学問に秀でており、近衛家熙からも「当世の才」として高く評価された人物である。

享保二年（一七一七）は兼香二十五歳、中御門天皇の時代であり権大納言であった。正親町中将とは、武家伝奏の役職を務めていた正親町公通の縁者かと思われる。正親町家は、公通の妹の町子が、柳沢吉保の側室に入っており、江戸幕府との強い関係性から経済的にも富裕であったと思われる。武家の雛節供の流儀がもたらされており、二歳の女児の雛事に、二十五対の雛を並べ、天井に桜の造花を飾り付けた豪華な室礼に驚愕しているのである。

転法輪家は三条公充（一六九一―一七二六）の家のことと推量される。妻は、彦根藩主・井伊直興の娘である。井伊直興は、二度も大老を務めた幕閣であり、名門武家からの財力が三条家に注がれていたことを予想させる。京都四条の人形舞や浄瑠璃語りが屋敷にやってきて、芸能を伴った賑々しい宴が繰り広げられていることを伝えている。

一条兼香の記述にもあるように、公家ではこのような雛事を行なわなかったとしている。「世俗風俗」が堂上に入ってきたとしている。このような華やかな雛事は、武家での習俗であるという指摘は、先に紹介した野宮定基の日記や近衛基熙の日記にも見られている。雛節供は、武家社会で繰り広げられ、大名家によって国許へ伝えられ、やがて全国へ普及していったと考えられる。

ここで注目したいのは、上巳の節供において、婦人たちが楽しんでいるということである。これも先に紹介したことだが、寛永三年（一六二六）、大御所秀忠が上洛した折、孫娘となる和子の子どもたちへ「雛の道具」とともに「傀儡の御翫」を贈っている。平安時代の「ひいなあそび」とは、「ひいな」を手で持って動かして遊ぶものであったことの古層の記憶について説明をしておいた。このような人形を動かして遊ぶということが、享保二年（一七一七）においても記憶の名残りとして残っていることに驚かされる。

押絵雛

ところで雛飾りには、押絵雛といって押絵細工で作られた雛を飾ることが行なわれている。押絵とは、厚紙で形を作り、綿などを含ませながら、さまざまな裂を貼りつけていく細工で、女性たちの手芸とされてきた。元禄三年（一六九〇）刊の『人倫訓蒙図彙』には、「諸の織物をもて、ゑを切抜、これをつくる」と説明された、女性の職人が紹介されている。そのようにして作られているのは「衣装人形」ということである。つまり、当時は、押絵とは呼ばれずに「衣装人形」とか「衣装絵」と呼んでいた。山田徳兵衛は、押絵と呼ぶようになったのは、安永（一七七二〜一七八一）頃であろうという。そして、婦女子に向けて、「衣装絵切形絹張の仕様」の手ほどきの書『花結錦絵合』（元文四年・一七三九）が出板されていたことを紹介している。(61)

押絵雛は、九州の久留米や筑後吉井、鹿児島など、信州では松本、上田、望月など、東北地方では山形や秋田にも残されている。内裏雛の前に、押絵によって作られたさまざまな人物を、台座に竹串で挿して立たせて飾る。そして、その押絵を手で動かして、芝居のように演じたと伝えられている。人形浄瑠璃のように遊ばれたのである。

内裏雛そのものも押絵で作り、起き上げ雛とも呼ばれることがある。衣装人形という起源からもわかるように、女性たちによる手作りの押絵雛は、雛衣を作って着せつける古い時代の「ひいな」の記憶を留めているものと思われる。

座敷雛

愛媛県八幡浜市の穴井・真網代の真穴地区には、今も座敷雛が伝承されている。日本郷土玩具博物館の展示説明によると次のように記されている。(62)

長女の初節供を「座敷雛」で祝う。座敷いっぱいに盆栽や石などの小道具で庭園を造り、そこに母親の実家から贈られた雛人形を飾る。その全面には、菱餅、分葱、味噌、ミカン、サザエ、伊勢エビ、鯛などの山海の幸を供える。昔は、浜で拾ってきた小さな生きた巻貝を桶に入れて飾った。「桶の中で貝がゴソゴソ動くと雛さんが喜ぶ」からという。

海辺の町ならではの魚介類を供える雛飾りだが、上巳の節供が干潮であり、浜遊びをして禊をした記憶によっているとも考えられよう。八幡浜市史によると、天明三年（一七八三）から始められたという。藤田順子は、住民の伝承として古くは、文久元年（一八六一）生まれの女児（加藤タツノ）の事例があると報告している。(63)

この雛飾りの舞台は、地方歌舞伎である穴井歌舞伎の舞台装置が、雛飾りに取り入れられたとされているが、穴井歌舞伎は天明三年に長命講伊勢踊りから始まっている。なお、今日、歌舞伎は伝承されていない。同じ海をはさんで鹿児島県指宿市山川岡児ヶ水地区、宮崎県東諸県郡綾町・国富町にも「ひなじょやま」

という座敷雛に似た雛飾りがあった。長崎にも座敷雛が天保頃に有ったことが知られている。なお、長崎市立博物館に寄贈されている座敷雛は、両替商の赤瀬家のものだが、御所を模したものである。(64)

雛のつるし飾り

伊豆・稲取の「つるし飾り」、九州・柳川の「さげもん」、山形・鶴岡の「傘福」など、各地にちりめん細工によって目出度い品々、宝物などを手作りして、雛節供に飾るという風習が残っている。藤田順子は、江戸時代の船の交通による、海路の港々に伝えられた「島節」と同じく、海路で伝えられた雛文化であろうと考察している。(65)

女性たちの着物の端切れを用いた細工物は、女性の針仕事と相まって呪力を秘めた縁起物となった。幼い女児の健康と成長を守るために手作りされ、それら福々しい宝物がたくさん吊るされて、傘による結界を生み出していく。子どもの成長を祈る宝物の形は、雛人形とともに飾られているが、かつては、雛の衣装を縫いあげて着せつけた、古い時代からの女性たちの記憶の下染めがあったことであろう。

(3) 雛飾りとなった「ほうこ」

『女用訓蒙図彙』(一六八七年)の嫁入りの女器財では、御伽這子は、御伽の名で、雛、雛道具、犬張子とともに掲載されている。一六九七年(元禄十)鳥居清倍が描いたとされる雛飾りの図が、山東京伝の風俗考証随筆『骨董集』に収録されているが、それを見ると、『女用訓蒙図彙』と同じような立雛、雛道具、そして這子までが雛飾りとして並べられている。這子は幼児の傍らに置かれ、守り人形、そして愛玩の人形という趣きになっているのである。なお、図版では、這子は立てかけられている[図版⑫]。

一六九〇年（元禄三）の『人倫訓蒙図彙』には、さまざまな職人の姿が描かれているが、「雛師」の説明は次のようになされている。「紙ひいな、装束ひいなあり。紙ひいなは紙をもて頭を造る。又、ほうこのかしらこれをつくりて、ひいなやにうる也。雛屋これをもて品々あきなう也。」這子の頭は、雛師が作っており、雛屋で売られているという記述である。なお、「人形師」という職人も紹介されているが、這子の頭は、人形師が作るものではなく、「雛師」が作るものであると考えられていることが重要である。そして雛師とは、かつて城殿駒井氏と縁があったのである。

　這子は、赤ん坊を守護する呪術的な人形から離れて、雛屋で売られており、雛飾りとして用いられている。這子が雛飾りに並べられている図版としては、十八世紀の図版で、奥村政信の「五節供之内　三月遊び」や、田村貞信の「雛飾りの例」として紹介されている図版が吉徳資料室にあり確認することができる（『図説　日本の人形史』所収）。なお、老いの皺を顔にたたえた呪的な天児が、雛飾りとして用いられている図版

図版⑫　山東京伝『骨董集』

は、見つけることはできない。天児は、白絵がほどこされた収納箱に大切に保管されるような、神秘性を秘めていた。常に傍に置いて持ち遊ぶというような親しみ深いものではない。また雛祭りに登場して、華やかな雛段に飾られることもない。

先に、後水尾天皇の孫にあたる近衛熙子の五歳になった三月三日に、雛の贈答が祝儀として届けられていると記した。熙子の義理の祖母にあたる東福門院和子からも、さまざまな祝儀が届くが、実は二月十二日に東福門院から「うつくしくつくりたるほうこ、姫君へ御みやにとてたぶ」と、ほうこが贈られているのが大いに注目される。このほうこが、熙子の雛飾りとして並んだかどうかは定かではないが、五歳になって雛節供の前に届けられているのは、雛節供に関連しているのではないだろうか。「うつくしくつくりたる」ほうこは、雛節供が過ぎてからも、はたして熙子の遊びの人形になったかどうかは、知りえない。

愛玩されたホウコ

石沢誠司は、ホウコが幼児の災厄を引き受ける形代から、常に身の傍にあることによって愛玩されていき、幼児の玩具へと変化していったことを指摘している。そしてホウコが人形へと変化したものを、次のように四分類している。[66] それらを紹介しながら、さらに説明を加えていってみたい。

①縫いぐるみ人形のまま玩具化したもの
②張子人形として玩具化したもの
③木製人形として玩具化したもの
④その他

①には、江戸中期の玩具絵本として名高い『江戸二色』に紹介されているホウコ、そして飛騨高山の郷土玩具「猿ぼぼ」や縁起物として用いられる「くくり猿」を取り上げている。折り紙研究家の岡村昌夫は、くくり猿は正方形の布、ホウコは長方形の布で作り、ホウコの布を赤くすれば、昭和初期まで女児が抱っこしたり背負って遊んでいた猿のおもちゃになるという。このおもちゃは、『図説 日本の人形史』のなかに紹介されている昭和四年のキンダーブック「お人形の巻」にある「おさるさん」である。岡村は、基本形は折り鶴と同じであり、空洞を膨らませることは息を入れることであり、ホウコの形態は、祓いの意味をもたせていたと推論している。

②には、ホウコを張子人形にしたと思われる日本各地で製作されている郷土玩具を紹介している。名称もホウコから派生したものであり、形状もホウコに着物を着せた姿であると述べている。香川県高松の高松張子の「ほうこうさん」について、郷土玩具研究家の畑野栄三は、一〇二歳まで現役で製作を続けた宮内ふさのことを紹介している。斎藤良輔は『人形玩具辞典』[67]のなかで、この「ほうこうさん」の伝承を加藤増夫の記述（『旅と伝説』昭和六年刊、三元社）から次のように伝えている。

御殿のお姫様に仕えていた娘は、醜いが賢かった。ある時、お姫様が熱病にかかった時、その病気を我が身に移し、身代わりとなって島に流された。人々は、その行為を褒めて「ほうこうさん」と称賛したという。この病気はおそらく疱瘡であったろう。「ほうこうさん」は、赤い着物を着ている。高松では、子どもが熱病に罹った時、この人形を抱かせてそれを流すと病気が全快すると伝えられているという。

なお、製作者の宮内ふさは、製作した時の自分の年齢を必ず人形に記している。ホウコは長寿の女性が作ると良いとされる伝承があったが、「ほうこうさん」にも受け継がれており興味深い。張子は中が空洞であることから、霊魂の容器として、また災いを吸い込んで祓うことが信じられたのであろう。

③は、木製人形が取り上げられている。轆轤（ろくろ）で挽いたこけしと、刃物による削り物である。東北地方のこけしは、木地師によって製作された温泉地のみやげ品であり、子授けの祈りが籠められていた。白橋宏一郎によると、万延元年（一八六〇）の「万挽物控帳」が仙台で発見されているが、その木地師の記録に「こけし」に関する記述が見られるという（第九六回日本精神神経学会総会ランチョンセミナー・平成十二年）。「こけし」は、木削這子の意であり、「こげすほうこ」、「こげすんぼこ」、「こげす」などと呼ばれていたと言う。なお、加藤理は「〈あまがつ〉から〈こけし〉まで」（『「ちご」と「わらは」の生活史』）において、こけしの起源説をまとめて、紹介している。(68)

熊本県日奈具のべんた人形「おきん女」も、石沢はホウコから導かれた郷土玩具として検討すべきであるとしている。畑野栄三によると、明治初期は、こけしのような形態で、桐の木による、頭が作りつけの木彫り人形で、花模様の腹がけをしていた。近年になって手と足を赤い布で付けるようになったという。日奈具は温泉地であり、湯治客へのみやげ品と思われるが、子授けの意味があったと想像される。

④その他、と分類されているのは、今まで紹介された①から③の郷土玩具は、古くとも江戸時代末期からのみやげ品であるが、ここで石沢が紹介するのは、それらより古い御所人形である。御所人形は、裸姿のふっくらと白い肌の幼い子どもで、胡粉がかけられ磨き出されて作られている。さまざまな子ども姿があるが、這い這いをする姿は、特にホウコの影響を直接的に受けている。

山田徳兵衛は『新編　日本人形史』のなかで、「裸の童形のものを作りだす動機において、這子にならったところがあるのではあるまいか。つまり這子の上製品ではあるまいか」と記している。さらに、紀州徳川家が淡島加太神社に奉納したとされる白布のぬいぐるみ製の御所人形があることを紹介している。そして、山田徳兵衛は、それに対する解釈を試みている。「這子を縫って奉納するが、這子ではもの足りなくて、もっと人形らしい品を作りたい。既成の御所人形を奉納したのでは、安易すぎて、心のほどがこもらないし、這子に託するような厄除けが果たされまい。そこで這子のつもりで縫ったのが、御所人形になったのではあるまいか。ここに這子より御所人形への過渡がみてとられるようである。」

伊勢流の有職故実の書物から判明するように、室町時代から縫いぐるみ式の這子が幼い子どもの災厄を祓う人形として用いられてきた。御所人形もその初めは、這子のように祓物だという観念がもたれていたと考えられるとして、次のような事例を紹介している。

『嘉永年中行事』（勢多章甫編）は、江戸時代の宮廷の旧風を伝える、明治期に編纂された年中行事の書である。そこには、八月朔日の「田の実」の行事が記されている。(69) 八朔風俗は、もとは宮廷文化ではなく世俗の風儀で、収穫祭であった。やがて宮廷に持ち込まれ、互いに贈答をしあっているが、天皇から儲君［皇太子］や親王には「薄様十帖にはいはい人形五十組也　一裹（つつみ）を添え参る」と記されている。

また江戸時代末期のことだが、安政三年（一八五六）正月十五日、和宮（十二歳）にお歳玉として関白・鷹司政通が、はいはい人形を贈っている。このように這子、はいはい人形、そしてやがて御所人形全般が、祓物、災厄を除ける祝儀品になっていったと山田徳兵衛は書いている。(70) 上流の女性たちは、旅行や外出の時にも、災難除けとして、小さな御所人形を持ち歩くことも行なっているという。

御所人形だけでなく、裸人形、市松人形もホウコから導かれた人形と言えるであろう。「市松人形は這子の遺風也」ということが『三世相永代雑書』に書かれている。江戸後期の歌川芳幾（一八三三―一九〇四）は、ホウコから導かれたさまざまな人形の絵を残しているが、そこには裸人形、三つ折れの市松の着せ替え人形などが描かれている。その絵を模した伊藤晴雨の画が、『図説　日本の人形史』に収載されている。

ここで長谷川時雨という明治十二年に生まれた女流小説家の回想記『旧聞日本橋』[71]に記されている京人形について紹介しておきたい。時雨の祖母は、明治二十七年、八十八歳で亡くなっており、江戸時代の文化年間の生まれである。祖母は、伊勢の大庄屋の娘として誕生し、領主藤堂家に腰元づとめをしてから、十九歳で江戸に出てきた。その時、誕生祝にもらった京人形長吉を大事に抱いて江戸にやってきた。その祖母が亡くなると長吉人形は、十五歳の時雨のものになり、時雨が六十一歳で亡くなった時、いっしょに棺に納められたという。実に百三十年以上の長きにわたっての守り人形となったのである。着せ替えのできる男の子の人形だが、いつも寄り添う人形と共にある人生が、戦前まではあったのである。市松人形が、ホウコの役割をもっていたことの証左であろう。

(4) 大蔵永常による土雛の製作推奨

日本各地には、郷土人形としての土雛が残されている。土人形そのものの歴史は、土偶や埴輪にまで遡る古い歴史がある。しかし、土で製作する雛の歴史となると、江戸時代に入ってからである。綾錦や金襴などによる裂の衣装で仕立てた雛人形に対して、土雛は安価であることから代用品として用いられてきたとされる。土人形が、京都の伏見人形を源流とするように、土雛も伏見から作られていったことが推測される。十八世紀から、中が空洞の型合わせの土人形が大量生産されるようになっているので、土雛も各地で需要に応えて大量に製作されていった。

新井智一は、青森県から鹿児島県まで一〇五点の土雛を、郷土玩具館・資料館等を回りながら調査して、「ふる里の土雛」として写真とともに紹介している。[72]

昭和四十五年(一九七〇)、文化庁の全国民俗地図によると、全国の都道府県(一三四二ヶ所)のうち、四〇三ヶ所で土雛を飾っているという調査がある。畑野栄三は、土人形生産地でさえ、平成十一年（一九九九）六月現在で、かつて一六七ヶ所だったものが廃業して五十四ヶ所になっていることを報告している。今日、さらに生産地は減少していることであろう。家々に残された郷土の土雛を、飾り続けてほしいものである。

さて、新井智一は調査を終えて、四国地方では天神の土人形（たとえば愛媛県の野田土人形）はあるが、土雛が存在していないことを指摘している。興味深い指摘であると思われる。

土雛が各地で製作されていった経緯は、安政六年（一八五九）に出板された大蔵永常の『広益国産考』[73]から明らかにされている。大蔵永常（一七六八―一八六一）は、大分県日田出身の人物であり、農政を中心とした産業経済に明るい人材として、天保五年（一八三四）、田原藩家老の渡辺崋山によって取り立てられた。三河国田原藩の興産方産物御用掛を務めて、農業指導をはじめとした各種産業の興産に尽力している。なお、渡辺崋山が蛮社の獄で蟄居となると、岡崎藩、浜松藩に移住している。

崋山がすでに亡き後、永常はこれまでの農政の集大成として『広益国産考』をまとめあげている。その巻六には、雛人形を他国で購入せずに、自国で生産して金銀の流失を防ぐことを提唱している。永常の主張は次のようなものである。

雛はいかなる山家浦々までも、三月三日に女児子是を祭らざる所なし。依て其雛を拵出してひさぐは、京都を元とし、国々の田舎迄も価高きものを求め祭る事とはなりぬ。此雛を近来は尾州名古屋羽州辺にて造り出す事となりたり。

先国々の事は差置、一城下にても五十両百両にならして商ふ事と見えたり。此価はみな他国へ年々夫丈づゝ出す事也。これを他所へ金銭を取られざるやうにふせぎ、我所にて製し他の金を取入るには、たとへば城下ならば御地頭より御世話にて、京都にて雛の細工人を両三人も呼寄られ、元入道具代等まで御貸下げと相成、稽古を致させ給はば出来ざる事有べきや。……中略……今尾州三州遠州辺農家にては、三月節句に土人形を求て、衣装雛と交へ飾れり。貧家にては土人形ばかりを飾れり。此土人形といへるは、伏見人形とて城州伏見にて作りてひさぐ家多し。……国々にて此土人形を作りて雛のかはりとせば、貧家の助にもならんか。

永常の提唱により、田原土人形が製作されている。ここから理解できるように、土雛は伏見人形から学んでいるということであり、高価な衣装人形の代用品ということである。永常は続けて、田原では、今は専ら、人形作りが婦女子の仕事になっていることを伝えている。雛は、女性が手作りをするものということが残されているのだろうか。このように、日本各地で郷土の土雛が作られていったのである。

雛飾りは、十七世紀後半頃の『女用訓蒙図彙』に見られた「雛、御伽、犬張子、雛道具」という最も古い記録がある。人形に注目してみると、時代が下るとともにさまざまな人形が加わっている。這子から変化した這い這い人形、裸人形、市松人形等、その他にも衣装人形、舞踊人形等も飾られた。雛は各地で郷土雛が製作されて、地方色も豊かに展開していった。雛絵、雛軸なども作られて、飾られることがあった。座敷雛、雛屋敷が大がかりに設えられることもあった。各地、各家での雛祭りが、女児の誕生と健やかな成長を祈って、さらには女性生涯の健康と幸福の願いを込めて繰り広げられた。幼い頃から手にした種々の人形玩具が、そして羽子板までも雛段に飾られた。何世代にもわたって並んだ人形玩具は、女系の女性の歴史を語っていよう。その雛祭りの中心には、男雛女雛の対の姿が、女性たちが求めた人間の幸福の理想の形として並べられてあった。

四　女性の病い

⑴ 淡島信仰と婦人病

和歌山県と徳島県の間に淡路島があるが、その淡路島と和歌山市の西北、加太沖には友ヶ島が浮かんでいる。この友ヶ島と総称する四島の一つに神島があるが、神島には、古くは淡島神社が祀られていた。後に神社は、加太に移されて現在に至っている。淡島神社の祭神に関しては、種々の伝承が古くから存在する。もともとは海女の盛んなところであり、海女たちの守護神が祀られていたと考えられている。その女神は、海神の妃であるとも言われたが、女性に縁の深い神であった[74]。

石沢誠司は、『郷玩文化』の通巻一六九号・一七〇号（平成十七年）において、「流し雛は雛人形の源流か―淡島信仰と流し雛―」の論考を寄せている。そのなかにおいて、歴史書にあたり、また調査地を訪ねて、淡島信仰から「流し雛」がなぜ登場してきたかを考察している。石沢の考察を参照しながら、たどっていってみたい。

天保十年（一八三九）、紀州和歌山藩によって編纂された『紀伊続風土記』[75]には、神社の由来が記されており、石沢は、次のようにまとめている。

「神社は上古、加太の沖にある友ヶ島の神島に鎮座していた。当時は少彦名と大己貴命の二座を祀っていた。神社の社家では次のように伝えている。神功皇后が筑紫から凱旋するとき、皇子を武内宿禰に託して紀伊国に赴かせ、皇后が難波の方に至ると海上でにわかに風雨の難にあった。皇后は自ら苫を海に投げ入れて神の助けを祈り、苫の流れゆくままに舟を漕がせてゆくと、淡島に着いた。これは神の擁護によれるなりと韓国で得た宝物を神殿に納めた。その後、仁徳天皇が淡路島に猟遊されたとき、この社を加太の地に遷し、神功皇后の崇敬された神社であるので、皇后を合わせ祀り、一宮三坐の神とし加太神社と称した。」

加太淡島神社は、全国に千数社と多くある淡島神社の総本社であり、平安中期の神名帳に記載されている。今日の神社由来書にも、三神が祀られているとしている。大己貴命とは、出雲神話の大国主命であり、大黒様である。少彦名も出雲神話に由来しており、大己貴命と共に国作りをした。また少彦名は、医薬、病気治療に関わる神様でもある。

神功皇后が、大国主命と少彦名の神様に助けられたという伝承だが、江戸時代の寛文期に入ると、さらにいろいろとこじつけられた由来記が作られていく。

『紀伊続風土記』も、そのこじつけられた話を「寛文記」から紹介しているが、石沢は、その書物は特定できず、見つけ出せないとしている。こじつけの内容は、天照大神の六番目の姫君が住吉明神に嫁いでいるというものである。世に広まっている俗信については、その典型的な話として、石沢は『続飛鳥川』に収録されている内容を紹介している。なお、この書は、寛延・宝暦の頃（一七四八〜一七六三）の、江戸市中の呼び声を収録したものである。ここでもその淡島明神への喜捨を説く呼び声を掲げておく。[76]

「淡島明神、鈴をふる願人、天照皇大明神第六番目の姫宮にて渡り給ふ。御年十六歳の頃、住吉の一の后そなはらせ給ふ神の御身にも、うるさい病をうけさせ給ふ。綾の巻物、十二の神楽をとりそへ、うつろ船にのせ、堺は七度の浜より流され給ふ。あくる三月三日淡島に着給ふ。巻物をとり出し、ひな形をきざませ給ふ。ひな遊びのはじまり、丑寅の御方は、針さしそまつにせぬ供養、御本地は福一まんこくぞう、紀州なぎさの郡、加太淡島明神、身体堅固の願、折針をやる。」

天照大神の姫君が住吉明神と結婚したが、下の病気に罹り、流されて淡島に漂着したという。その姫君が、ひな形をきざみ、雛遊びをしたということで、淡島と雛遊びが結びつけられている。また針供養が唱えられている。

「淡島殿」、「淡島願人」と呼ばれた唱門師は、こじつけ由来を唱え、諸国を廻り歩き、婦人病に苦しんでいる女性たちに喜捨・寄進をせまる坊主たちである。淡島願人の姿は、元禄三年（一六九〇）刊の『人倫訓蒙図彙』に掲載されている。[77]

淡島願人は、小さな御宮を付けた柄を持ち歩いているが、御宮には鏡と神像を祀っており、また男雛・女雛のような男女一対の立雛のようなものも描かれている。御宮の下からは細い布が垂れ下がっている。作者は、いかがわしい勧進に対して「かれが口上、一から十皆誤りなれども、それを正す者もなし。女の身にとっては第一気の毒の病をまもり給ふといえば、愚なる心から惜しげなく取らする也。それ粟嶋は紀伊国名草郡蚊田にあり。其神は陽躰にして女躰にはあらず。然るを針才天女の宮という也。わらうべし、わろうべし」と述べている。

さらに、図像として残されているのは、大坂で享保十五年（一七三〇）に出板された『絵本御伽品鏡』である[78]［図版⑬］。

この図版でも小宮を柄の先に乗せているが、御宮のなかには、男雛二つ、女雛一つであり、淡島神社の三神に対応している。御宮の下からは、細い布が垂れ下がっている。

絵師であり作者の長谷川光信は狂歌を添えているが、そこには次のように書かれている。「血の道の出たらば恥や晒(さらし)か、　淡島様を兼て祈らん。」
淡島願人が、布晒しを生業としている女性に、血の道の病気にならないように祈願するようにと声をかけている景である。嬶(かか)さんの行状が不品行であることを暴露する意味の「曝す」が懸け言葉となっている。恐喝めいたことをしていることがわかる。

町々に横行していた願人坊主は、多くの女性たちから寄進を受けていたらしい。櫛、簪、笄、なかには髪の毛を差し出して、遠い淡島様への代参を願った。すがる思いで、高価な装身具を喜捨したのは、それだけ婦人病に苦しんでいた女性が多かったということである。特に、花柳界の女性に普及したという。

淡島願人は、歌舞伎の舞台にも登場している。『歌舞伎事典』[79]によると、淡島物というジャンルがあり、その最初は、宝暦九年（一七五九）閏七月、江戸市村座上演の

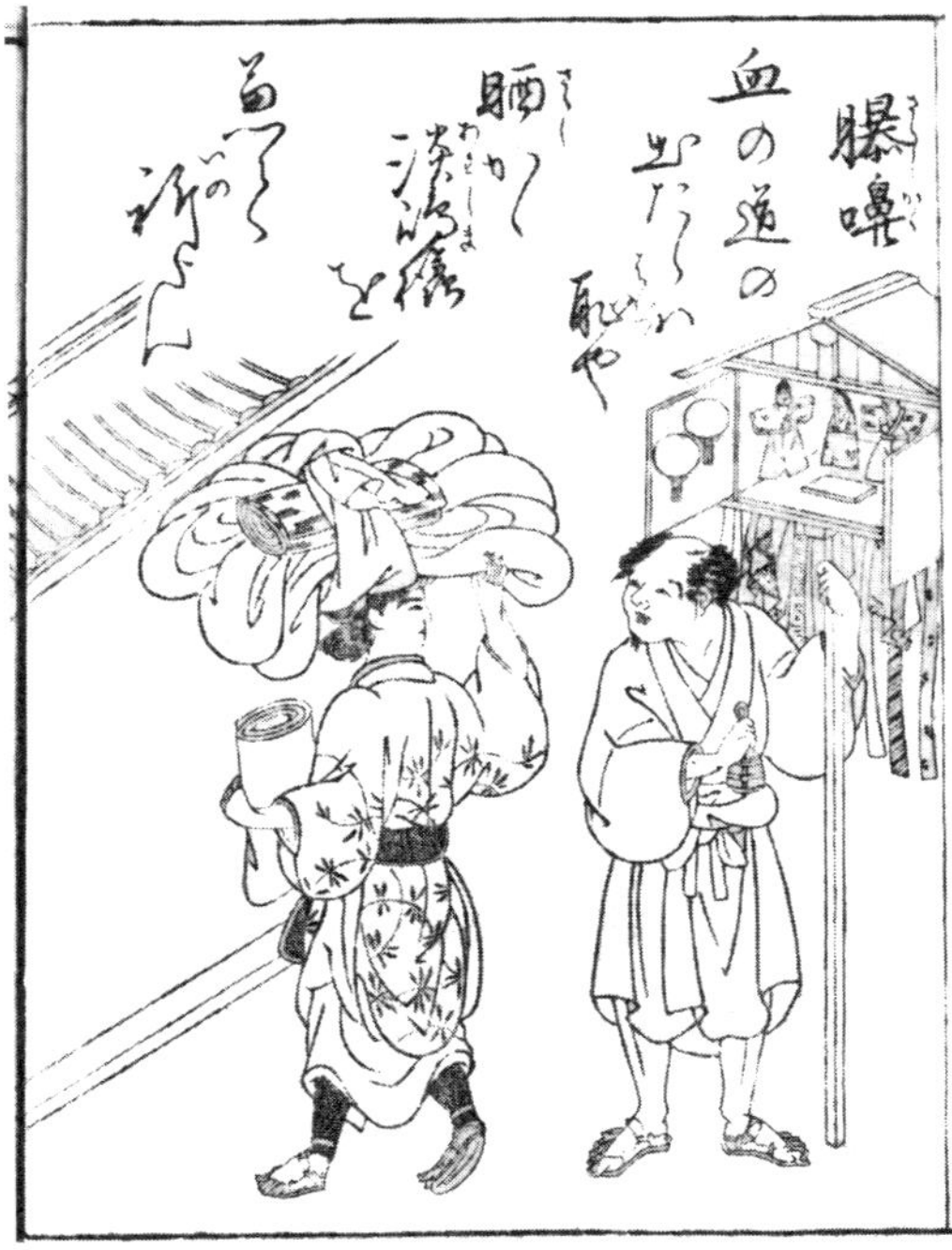

図版⑬　淡島願人『絵本御伽品鏡』

《粟島園生竹(あわしまそのうのたけ)》である。続いては、明和七年（一七七〇）秋、江戸市村座で上演された《関東小六後雛形(かんとうころくのちのひながた)》である。ともに淡島願人となって廓に入り込み、遊女と恋に落ちるという内容である。遊女たちに深く信頼されていた、病気治療の力を秘めた淡島願人の姿が影響しての演劇であったことであろう。

⑵ 淡島信仰と流し雛

今日、雛節供の時に、流し雛が行なわれる場所が全国各地に増えてきているが、古くから行なわれているのは、次のような地点である。

鳥取県用瀬
和歌山県粉河
奈良県五条
岡山県笠岡市北木島
広島県大竹市

石沢誠司は、それらの場所を訪ねながら、いつ頃から、どのような由来で実施されているかを調査している。それらから判明したのは、次のようなことである。

江戸末期頃から始まっており、婦人病の病気祈願で女性たちが、桟俵や藁舟・竹の皮の舟に、紙雛を乗せて流す。各地の紙雛、舟の違いは、石沢の論文に詳しい。唱え言としては「あわしまさんに行ってください」というものである。結論として、石沢は、紙雛によって淡島代参を祈ったものと考えている。まずは、淡島願人による唱導によって、淡島神社が婦人病に御利益があるという信仰の土壌が築かれ、その上に開いた文化だとしている。

ところで、正徳三年（一七一三）という早い時期に、すでに雛を淡島神社に奉納するということが行なわれていたことがわかる資料がある。俳句歳時記『滑稽雑談』には「此の神、ことに婦人の病をすくふ因縁ある故に、是を祈る婦女、雛を作りて奉る」とある。このように、加太淡島神社に参拝する婦女が、病気治療、子宝祈願のために雛を作って奉納する習俗があったことが判明する。

先に紹介した紀州藩によって編纂された『紀伊続風土記』には、「諸国の士庶より雛ならびに雛の其婦人の手道具等を奉納する事多くして、社殿中に充満す」とある。社家が言うことには「神功皇后当社へ少彦名命の雛形を造り、御奉納有りしより始まるといへし、宇礼豆玖物とて雛を作りて、神殿に納れば、婦人女子小児の諸病を除き、夫婦のかたらひの妙をなす。悪神を祓ふ鎮め給ふ諸国の雛祭も是より始まるとぞ」と伝えている。

紀州徳川家では、姫君が初節供を迎える時に、一対の雛人形を奉納する習わしがあったことも伝えられている。それらの雛を納めるための雛蔵も造られている。先に、逗子の歴史において、山田徳兵衛が見たという「ぬいぐるみによる御所人形」の奉納品については触れておいた。紀州藩ゆかりの奉納された人形類は、現在、資料館に保管されているが、特定の日しか開館はされていない。関係者による収蔵品の調査が強く望まれる。

石沢は、「雛を作って淡島さんに奉納し病の治療を祈願する習俗がもとになって、神社まで直接参拝できない紀ノ川流域の女たちが、淡島さんに届くようにと川に雛を流すようになったのが、始まりではないかとわたしは推測している」としている。

強い願いをこめて、川や海に流すということは、七夕行事においても、厄祓いのヒトガタ流しにおいても、昔から行なわれている伝統的な日本人の行動である。特に、紀州は、海流が複雑で激しいために航海術が発達している地でもある。航海の安全を祈って、船には船玉様という男女神が祀られている。さらには、四世紀から補陀落渡海もあった地域である。その歴史的根源には、航海にまつわる神話伝承の基盤があった。大国主命や少彦名命の神話、住吉信仰、神功皇后伝承と何層にもわたる神話が堆積している。貴種流離譚を背景にして、海流によって漂着した神々は、紀州加太の淡島に到着したのである。

淡島願人は、十七世紀後半頃から、淡島神社の由来と、婦人病快癒をこじつけて諸国を喧伝して歩いた。身につけていた宝飾品を差し出す女性も確かにいた。しかし、心をこめた手作りの人形を奉納することもあった。さらに、川や海の流れにゆだねて、船玉のような素朴な雛を流して代参を願う女性たちもいたのである。

今日、本来なら流されてきた雛の集積地である加太淡島神社においてさえ、立派な木造の大きな船に雛人形をたくさん乗せて、流すという流し雛の行事が執り行なわれている。この行事が始まったのは、昭和三十七年（一九六二）からのことであるという。石沢は、観光客を集めるために、全国各地で流し雛が行なわれているブーム、さらには、流し雛が、雛人形のルーツかのような宣伝に憤りを覚えている。

雛の歴史研究をする者なら、誰しも同じ思いであるだろう。雛は流すものでは、決してないのである。

家族の形が変わり、母、祖母、曾祖母の雛は、どこへも納まり所がなくなっている。捨て場所がないのである。壊れた雛や人形は、寺社で人形供養を願うということが一般的だが、流し雛のブームによって、捨て雛の機会にもなっている。素朴な紙雛を病気祈願で流すというのではなく、家にあって処分に困っている立派な装束雛を流すということが、平然と行なわれている。地域行政の関係者は、流し雛の源には、淡島殿という勧進坊主が暗躍していたという歴史を知ってほしいと思う。川や海に雛でさえ流すことは、環境保護の面からも、問題がある昨今である。ましてや子どもを動員しての流し雛というのは、おかしなことである。女性たちの婦人病の厄難を祓うことを祈念した密やかな行動であったのである。ブームに乗った流し雛の行事は、見直す時期にきているのだと思われる。

(3) 神功皇后伝承

豊かな歴史的神話に彩られた淡島信仰は、淡島願人という唱門師を生み、流し雛という秘めやかな女性たちの祈願の形態を生んでいった。ともに、婦人病という人には言えない苦しみを抱えた女性たちによって信仰されてきた。病気が治ることで子宝に恵まれることもあるが、同じ子宝祈願でも、宮崎県青島神社の聖域とは、大きく異なっている。まず神社への参道が大きく違う。淡島神社参道には、黒々とした海藻（布海苔と思われる）が売られており、青島神社の渚をつたう参道には種々の貝殻が売られている。同じ子宝や安産祈願のための御守りは、男女一対の雛をかたどっているが、歴史風土によって雛の様相も異なっている。

ところで淡島信仰は婦人病から離れて、神功皇后伝承に収斂していく動きも見せている。そして雛節供の雛段に神功皇后が飾られることになっていく。『古事記』や『日本書紀』に登場する神功皇后は、仲哀天皇の皇后である神功皇后が、夫亡き後、新羅討征のなかで皇子（後の応神天皇）を出産しながらも、勇ましく戦うというストーリーであり、このたくましい母子神話が人々に広まっていった。この神功皇后伝承は、天武朝において、住吉大神の神話を基礎として作られた宮廷伝承とする論考がある。そして、住吉大神は、元来素朴な「津ノ男」神と姫神の夫婦神とも考えられている。(80)

加太淡島神社の由来は、早くから神功皇后が漂着した場所であること、住吉の后神が流されてきた地であることが盛り込まれてきた。もともと海で生活していた海女たちの守護神である女神信仰があった土地に、海流によって名だたる女神が集合しているのである。寛延二年（一七四九）伊勢神宮の神官である度会直方によって『雛遊の記』が書かれているが、そのなかで雛遊びの由来をあれこれ取り上げているものの、人々への説得力がなかった。[81] それに対して、雛遊びが神功皇后伝承と関連づけられたものは、多くの人々をひきつけていった。

明和六年（一七六九）、西川祐信と石川豊信による絵本『藻塩百人一首千壽海』が出板されている。これは多田南嶺によって選ばれた女性教養のための絵入り本である。[82] そのなかにある「雛祭由来」には、特に京都や大坂の地で、神功皇后伝承が人々に膾炙していることを窺わせる内容となっている。「本式雛祭由来」と書かれた説明文は、次のようなものである〔図版⑭〕。

> 神功皇后が新羅から帰る時、反乱を起こした敵を避けるため、皇子を武内宿禰に託す。皇后は小舟で逃れて行くが、風波が悪く、漂着したのが粟嶋（淡島）であった。そこに祀られた少彦名命に、皇后は自らと応神天皇との母子の形代を紙で作らせて、供えて無事を祈念した。高い身分ながら、鄙にやつれ給ふ時の形代なので〝ひいな〟と言った。後世は弄び物として、源氏物語にも遊びのことだけが出ている。

以上が概略である。

絵には、二段の雛段の上に二対の雛が飾られており、そこに膳が供えられ、下の段には酒、魚、菱餅、桃の花などが並び、また犬張子、立雛が見えている。大きな雛屏風が引き回されているが、その雛屏風の絵が、神功皇后伝承の物語絵である。神功皇后の姿が描かれ、島に上陸した従者によって、淡島神社に母子の形代を三方に載せて供えようとしている。そして形代は、絵では座雛のように描かれている。雛といいながら、母子であり、雛本来の夫婦の形ではない。

『見た京物語』については、先述してあるが、明和三年（一七六六）、京都に赴任した幕臣の木室卯雲（きむろぼううん）が洛中を見学した随筆である。そこに人形屋の記述がある。「人形屋には総じて大きなる人ぎやう有。いづかたも神功皇后、武内宿禰あり。これ看板なり。」人形屋の看板となる位、大きな神功皇后と武内宿禰が飾ってあるということである。人々にとって馴染み深い代表的な人形であったのであろう。

まとめ

徳川による平和の時代を迎えて、結婚ということこそが、跡取りである子孫を残し、武門を繁栄させる重要な意味をもってきた。そこで殊に武家において、嫁入りや多産であることが女性に強く求められたのである。嫁入り儀礼において、まずは、出自を証明する存在証明としての天児（這子）が、先頭を行った。次に、さまざまな嫁入り道具が行くが、対の豊穣を祈る貝桶（二枚貝である蛤三六〇個による貝合わせの遊具）が重要視された。しかしやがて、対となる男女の雛に呪的な豊穣性が込められていった。雛に将来の理想的な夫婦像を求めたのである。そして雛

図版⑭　『藻塩百人一首千壽海』（『図説　日本の人形史』より）

の形は、その後、内裏雛という、神話性を秘めた最も高貴な血脈である天皇・皇后に収斂されて象られていった。

徳川家をはじめとして、武門によって権力を掌握した家筋は、家紋をつけた嫁入り道具で嫁入り行列を演出し、一族縁者隆栄の祝儀性を高めることに向かっていった。そして、嫁入りに付随した雛とともに雛道具が、嫁入り道具の精巧なミニアチュールとして生み出されていき、高度な技術を駆使した美術工芸品にまで高まっていった。

やがて京都の公家社会に武門の雛の文化が伝わった。そして江戸城大奥や大名家の奥向きに花嫁修業として御殿奉公をした奥女中たちは、里に下ってから雛の文化を伝播させた。こうして都市の町人へと広がり、やがて全国津々浦々の人々にまで、武家によって育まれた雛の文化が浸透していった。富裕な町人や農家などは、綾錦の高価な衣装雛を購入することもあったが、そうではない家々においても、郷土の土雛を飾ることが行なわれていった。各地方・各家庭には、雛段に想い想いの人形を飾り、女児への躾・教育を行なったことであろう。雛飾りの人形は、神話や歴史などの物語領域にわたっている。台所道具一式が飾られて、所帯のあり方を示してもいる。

嫁入りしてきた女性たちの世代を重ねての雛人形は、家の女性たちの歴史を映し、家を支えた女性たちが綾なした絵巻のようになっている。雛節供における雛飾りは、女児という新しい生命誕生を知らせながらも、家の歴史を垣間見せる一時であるのだ。

第五章

雛の近代・雛の現代

一　雛の近代

⑴ 五節供廃止令と伝統文化の復活

明治六年（一八七三）一月三日、五節供廃止令が新政府によって出されている。「今般改暦に付、人日・上巳・端午・七夕・重陽の五節を廃し、神武天皇即位日・天長節の両日を以て、自今祝日と被定候事」という内容の達しである。なお、天長節とは、天皇誕生日のことである。

海外にならって西暦を採用することになり、太陰暦から太陽暦に切り替える改暦を行なったが、それに連動しての五節供廃止である。新しい太陽暦では、三月三日は、約一ヶ月早まることになり、まだ桃の花も、桜の花さえも咲くことがない時節となった。今日においても東北地方では、旧暦を用いて雛節供が行なわれている。春の訪れを自然が告げる気配のなかで、女児の成長を祝っているのである。

五節供廃止は、人形屋を驚かせるものであり、経済的に大きな打撃を与えた。しかし、明治二十年頃から旧習打破の風潮も落ち着き、雛節供も復活していく。この時、父親であった孝明天皇譲りの、明治天皇の雛愛好ということも復活に大きく関連しているように思える。宍戸忠男は、孝明天皇の雛愛好について、大御乳人であった『押小路甫子日記』等の史料から詳細に報告している[1]。孝明天皇は、父の死後に生まれた妹の和宮の雛事にも心を配り、内裏が全焼して雛を焼失した和宮へ、新たに雛を贈答している。そして、十三歳の雛満にも、嫁入りの雛にも配慮している。さらに驚くべきことには、自分自身を慰めるための「御慰雛」を調進してもいる。その雛は、有職の装束に厳密であり、公家であることを装束において強くこだわった雛である。雛とは、儀礼においての正装した姿であるという平安時代以来の宮廷文化意識が甦っているかのようである。

明治天皇は、京都から東京へ居を移して、新しい時代に、西欧にならって洋装を着すことになっていく。そして、皇室の衣服は洋装が正装となった。しかし、皇女たちの初節供には有職雛と呼ばれる、公家装束を精確に再現した、ただ小さくしたのみの衣装を着した雛を贈っている。明治天皇第六皇女・常宮昌子内親王（一八八八―一九四〇）が誕生した明治二十一年に調製された雛は、常宮が結婚の時に竹田宮家へ持ち越している。そして旧竹田宮家から、現在は根津美術館に寄贈されている。その内裏雛は、関節が動く仕掛けとなっており、有職の装束が着せ替えられるようになっている。

御所の御用を務めていた菓子屋の虎屋は、明治二年の遷都とともに、東京にも店を出して、宮中の御出入りを継続している。雛菓子の御用を受けるなかで、皇室の雛文化を尊ぶ有り方、さらには江戸町人の高度な雛文化を目のあたりにしたのだろう。江戸の職人による細密な見事な細工の雛道具を特別注文している。七澤屋ものと呼ばれる小さな雛道具を商う店・七澤屋は、上野池之端にあり、小さいながらも高価なことで、江戸名物であった。それは、幕府による「寛政の改革」の贅沢禁止令を逆手にとっての、江戸職人が小さな精緻な細工へ精魂を傾けた美術工芸品であった。[2]

明治三十年（一八九七）に東京で誕生した十四代虎屋店主・黒川光景の娘、算子の雛道具は、明治になっても営業を続けていた七澤屋のものであり、三百箱に納められた小さな小さな品々は、質量ともに優れており、地震や戦災から守られて伝存していることが奇蹟のようである。[3]

⑵西の丸平、東の永徳斎

江戸時代から継承された雛の職人たちは、伝統文化復活のなかで、再び技量を奮うことになる。京都では、大木平蔵による人形店丸平、東京では、永徳斎という人形店が、高級品の雛人形を製作販売した。二つの店は、明治・大正期に活躍して、財を築いた財界人から支持されており、当時、社会的ステータスを示す雛となった。先に紹介した虎屋黒川家の雛は、雛道具は江戸の七澤屋ものだが、雛人形は、京都の丸平のものである。

関西で好まれた丸平、江戸で好まれた永徳斎の雛人形は、東西それぞれの好みが反映されている。永徳斎の人形司四代にわたる系譜と歴代作品は、二〇〇八年に安田邸で永徳斎の作品が展示されたことを契機として、冊子にまとめられた[4]。

その冊子のなかで林直輝が、日本橋十軒店の御雛人形司・永徳斎について詳細に紹介している。そこから、一部を紹介すると、初代永徳斎（一八二九―一九〇八）は、京都の御雛屋・十一代岡田次郎左衛門に入門している。丹波亀山出身の山川雄七という名であり、安政四年（一八五七）、養子となって岡田次郎左衛門の跡目を継いで江戸店をあずかった。しかし、明治維新後は、岡田家と養子縁組を解消して、山川永徳斉を名乗り、明治二年に日本橋十軒店に店を構えたという。このように、「東の永徳斎」と呼ばれるが、由緒は京都にあり、幕府や御所の御用を司った雛屋次郎左衛門の系譜に繋がっている。

御雛人形師の岡田次郎左衛門が創始したという次郎左衛門雛とは、「きめのいゝ団子に目鼻次郎左衛門」と川柳に詠まれているように、団子のような丸顔に引目鉤鼻の面相を特徴としている。歌舞伎研究家の郡司正勝は、「流亡抄」（『童子考』）のなかで、「私などは、人形の顔は、個性のあるのは間違いで、どこまでも、日本人の理想の類型、つまり引目鉤鼻、おちょぼ口でなければならないのだと思っている」と書いている。

徳川和子によって召し出されて以来、次郎左衛門の雛とは、おそらくは、そのような面相であったのだろう。雛とは、何よりも装束が大事であった。「有職御雛人形司」とは、雛の着付けを専門としたのである。雛を雛たらしめるのは、有職の着付けにこそあったのである。しかし、幕府大名や御所の御用なら、長い伝統によった雛で通用したが、明治になって町人を相手に商売を続けていく時、面相は写実的にならざるをえなかった。

町雛は江戸時代、「寛永雛」、「享保雛」、「古今雛」と呼ばれながら、人々の時代の要望に合わせて、より写実的な面相となり、より貴族的な華麗さを求めて変化していった。それぞれの時代の流行が詠み込まれた川柳には、「祖母次郎左、母享保で嫁今様」とか「祖母次郎左、母つっぱりに嫁古今」という、言い得て妙なものが残されている。

ところで、永徳斎初代は、町人相手に雛商売をしていくが、雛人形と市松人形を得意としたという。伝存している作品をみると、実に写実的である。雛はそもそも、頭・結髪・着付け・小道具などと分業化して製作される。着付け師が、それらを最後にとりまとめて雛師としての名前を「御雛人形司」として付ける。人形司・山川永徳斎が近代明治期に活躍できたのは、着付け師としての「人形司」の力量のみではなく、「木彫生人形」を得意としたということにある。それは、立体写実彫刻の技術であり、人形造形の技量が抜きん出ていたということである。

なお、生人形とは、幕末から明治にかけて江戸や大坂の都市で見世物興行として打たれた、迫真的な写実を売り物とした人形のことである。肥後熊本の松本喜八郎や安本亀八などが名高いが、雛人形とは対極にある。林直輝は、「写実を旨とする生人形は、ある種の伝統的な様式を有する雛人形とは対照的な存在であり、少なくても江戸時代の御用人形司の仕事の範疇ではなかった筈である」と書いている。近代の雛とは、装束よりも顔形、面相のリアルさが求められたのである。それに応えられたからこそ、幕末・明治に至って、永徳斎は、人々に受け入れられたのであろう。

二代永徳斎は（一八五八—一九二八）は、江戸で生まれ、父の跡を継いでいる。そして、頭、手足、着付け、小道具までも自ら手掛けることのできた稀にみる器用な名工であったという。雛人形のみならず、五月飾りの武者人形も製作している。三代永徳斎（一八六五—一九四一）は、二代の弟で、明治三十七年、アメリカのセントルイス万国博覧会へ出品するための、日本茶製造を説明する生人形の陳列装飾のために渡米している。万博終了後に帰国したものの、その後、二十年間をアメリカで過ごすことになる。[5]

このように永徳斎は、時代の要請によって、雛以外のさまざまな人形製作を続けている。四代は、昭和五年頃からマネキン人形の開発、製品化を行なっている。

⑶ 雛に寄せられた関心

明治の近代日本は、やがて日清・日露戦争に勝利することになり、伝統的な国風文化が巻き返されて、雛の文化が盛んになる。この伝統文化復古の時期、江戸文化を偲び、記録をする同好会が、旧幕藩士や江戸町民たちにより種々、生まれている。史談会、好古会等さまざま開催されているが、人形文化に関連したものとして「竹馬会」、「集古会」、「大供会」などが知られている。[6]

人形玩具に強い関心を抱き、収集を始めた人物に清水晴風（一八五一—一九一三）がいる。彼は、人形玩具収集したものを、画才を活かして『うなゐの友』という画集にまとめて出版している。『うなゐの友』全十編は、明治二十四年～大正十三年まで二十三年間を費やして、清水晴風が没してからは西澤笛畝（てきほ）（一八八九—

一九六五）が引き継いで完成をみている。(7)

清水晴風は、収集した雛の図を描き残しているが、さらには、立体として残すために、雛人形のミニアチュールを百種、自ら製作している。「雛百種」と呼ばれる日本全国の雛を網羅した貴重な作品は、戦火を免れて、現在、吉徳資料室に収蔵されている。

日本画家の西澤笛畝は、人形玩具愛好家と知られた経済人の西澤仙湖の婿養子となって、義父から受け継いだコレクションのなかから、雛人形を紹介した画集を出版している。久保田米所も編集に加わった『雛百種　上・中・下』は、美しい木版画による画集で、大正四年（一九一五）に芸艸堂から出版されている。

このように、まずは江戸時代からの名残りの雛が、画に描かれて記録されるという風潮が起きている。そこで、画家であった清水晴風、西澤笛畝の活躍はめざましい。やがて、雛についての考証が開始されている。雛についての言及は、江戸時代、山東京伝（一七六一―一八一六）が晩年の情熱を傾けた風俗考証随筆『骨董集』（文化十二年）のなかで、行なっている。(8)そして、そこで紹介されている史料や言説が、後の雛研究の基礎的な出典となっている。

近代に入ってからの研究は、日本服飾史から風俗史の研究に入った櫻井秀（一八八五―一九四二）が、大正十一年（一九二二）に著した論考「雛祭史考」（『風俗史の研究』）が、正確な歴史史料ならびに史料批判によっており、充実した内容である。

郷土玩具愛好のリーダー的存在であった有坂與太郎（本名は正輔・一八九六―一九五五）は、ペンネームからも窺えるように川柳を嗜む趣味人であった。明治期には国有鉄道が順次、整備されて遠隔地への旅行が可能になっていくが、たとえば東北本線は、明治二十四年（一八九一）全面開通となっている。品川で生まれ育った有坂は、このような時代背景によって日本各地を訪ねては、郷土玩具を蒐集していった。

有坂は雛人形も集め出し、昭和六年に『日本の雛祭考』を自費出版している。先行研究である櫻井秀や山東京伝にも目配りしている内容だが、カラーや白黒の写真を掲載しているのが、昭和のモダンさを示していよう。有坂は川柳子であったことから、雛に関わる俳諧・川柳を調べ出して紹介している。また、「法制上より見たる雛祭」の章では、慶安二年（一六四九）二月に出された最古の雛の禁令を取り上げている。そして時代を追って雛の法令を調査するなかで発見したと思われる「雛仲間公用帳」（七十三年間の雛業者たちの記録）を翻刻して紹介している。(9)

なお、有坂は、昭和十八年には『雛祭新考』も自費出版しており、雛研究への傾倒が窺える。

櫻井秀や有坂與太郎の研究を受けて、雛のみならず人形全般の歴史を著したのが、山田徳兵衛（一八九六―一九八三）である。正徳元年（一七一一）、浅草茅町に創業した「雛人形手遊問屋　吉野屋」（現在の吉徳）の十代当主である。山田徳兵衛は、昭和十七年（一九四二）『日本人形史』を冨山房から出版している。なお、戦後、昭和三十六年、角川書店から『新編　日本人形史』を出版しており、没後の翌年、昭和五十九年には十一代山田徳兵衛と長女である小林すみ江の改訂によって講談社学術文庫版『日本人形史』が出版されて広く世に知られている。

『日本人形史』は、人形研究者にとって、そして雛研究者にとっても、基盤的な書となっている。人形史執筆に重要な資料類は、吉徳資料室ができあがるほどに収集された。書物はもとより、戦前、人形に関連した図版類などさまざまな資料を収集して戦火から守ってくれたことが、後の時代の研究者に大きな徳沢を残すものとなった。

雛研究が、このように大正期において、風俗史などから開始されたが、それまでは清水晴風や西澤笛畝といった画家であり収集家であった人々によって解説されることが多かった。そしてそこから、後世まで定説のように伝えられてしまう事態を引き起こすことも生じている。講談社学術文庫本のはじめにおいて、十一世山田徳兵衛が、父から語られたこととして次のように記している。

晩年の父はよく「わたしが人形のことについて、うっかりしたことを言うと、それがそのまま定説となってしまうことがある。よほど慎重にしないと、後世史家を誤らしむる結果になるよ」と私に語っていた。

今日、博物館や美術館、歴史文化資料館などで間違って解説されている事柄がある。それは、江戸時代において、天児と這子を一対として雛段に飾り、天児を男の子、這子を女の子に見たてたというものであり、雛展示において天児と這子を並べて紹介していることである。これは間違いである。これまで述べてきたように、江戸時代の天児は、小笠原流（厳密な意味での水嶋流）で創出された、産所で用いられた呪的なヒトガタであり、日常生活において用いられず、雛祭の晴の飾りにおいても、雛段に飾られることがなかった。白絵がほどこされた天児箱に入れられて保管されていた。這子は、子どもが日常的に遊ぶ人形となり、裸人形には衣装が着せられて、市松人形などの愛玩人形へと発達していった。這子人形が、雛段に飾られることがあったことは、図版⑫（二三六頁）を紹介しておいた。

このような雛の対のあり方の起源を、天児と這子の対に求めるという言説は、いつから始まったのであろうか。林直輝は、明治四十二年三月号の「三越タイムス」に掲載されている清水晴風の談話をまとめた記事「雛の今昔」にあるとつきとめている。[10] そこには、雛の起源について、次のようなことが語られている。

女の雛遊びといふことは、随分古くからあったもので、古い書物にも出て居りますが、現今のやうな男女一對の雛の出来ましたのは、ズット後世の事です。御承知でもありませうが、昔は三月上巳の日に、天児といふものを作って、それに酒食を供し、もろ〳〵の凶事をおはせ、おのが身を祝ったものでしたが、ズット古代では水に流した風習があったものです。

また、女子が嫁入りするときには、這子と称へる這ひ人形を帛切(きれ)で作り、之れを張子の犬と共に持って往って、此の二個を寝所に飾ったもので、夫れゆゑ此の這ふ児をお伽這子とも云ったのです。之れは嫁の災厄を一切負はせるといふ意味からして、婚禮の際には、是非無くてならぬものとしてあったのです。

ところが、昔から在る立姿の紙雛を見ますると、男雛の方は、今いふ天児に着物を着せたやうですし、また、女雛の方は、お伽這子に着物を着せたやうであります。乃(そこ)で私の考へるには、紙雛といふものは、天児とお伽這子とが變じて、それから出来たものではあるまいか、と斯う思はれるです。

明治四十二年は、櫻井秀の論考も発表されてはおらず、雛については専ら「うなゐの友」で世に名高かった清水晴風に解説が求められたのであろう。晴風が考えたことが、しかしながら、このままでとどまらずに昭和三年の西澤笛畝による『雛』において、「一説に立雛は此の天児と御伽這子の組合されて出来上がった者だとの説がある」と紹介されている。昭和十七年の山田徳兵衛の『日本人形史』においては、「近世の人形信仰」の章で、「天児を男の子、這子を女の髪にしてゐるのがあるから、天児と這子を男女に見立てるやうにもなったのである。これは雛の影響によるであろう」と記している。つまり、山田徳兵衛は、まずは雛の起源として立雛があり、それに影響を受けながら、天児と這子が対に見立てられたと推量している。

紙の立雛より前に、天児と這子が一対の雛としてあったという清水晴風の推論は、このように雛が書かれた本に言及されていくことによって、どんどん発展していき、「天児を男子、這子を女子とみなしたようである」という表記になり、「天児を男の子、這子を女の子に見立てた」と断定されていき、天児と這子の一対が雛の起源のように広まっていく。残念なのは、博物館の関係者によって図録に書かれることによって、権威が付与されることになり、全国に広まったことである。[11]

雛研究が専門的になされていかなくてはならないことを、切に考えさせられた一事である。

(4) 雛段に並んだ青い目の人形

昭和二年（一九二七）雛節供に間に合うようにと、アメリカから「青い目の人形」と後に呼ばれることになる友情人形が贈られてくる。そのお返しとして、クリスマスに合わせての答礼人形が贈られた。ふたつの人形についての研究・報告は、多くの人々によってなされている。また、青い目の人形・答礼人形の展示会も各地で開催されている。[12]

まずは、日米の人形交流の概略を説明してみよう。経済不況によって、アメリカでは日本人排斥問題が起こり、大正十三年（一九二四）には排日移民法によって、日本人移民の入国禁止にまで及んだ。日米の関係が悪化したことを憂慮した宣教師のシドニー・ギューリック（一八六〇―一九四五）は、日米の将来を担うことになる子どもたちに期待して、子どもによる人形交流を思いつく。日本に二十年近く滞在した経験のあるギューリックは、アメリカ生まれの人形が、雛節供の時にいっしょに雛段に並べられることを夢想したのである。

約一万二千体の人形が日本に贈られてきて、全国各地の幼稚園や小学校に配られている。日本での受け入れは、実業家の渋沢栄一（一八四〇―一九三一）である。渋沢は、さらに返礼人形を贈ることにも尽力していく。クリスマスに間に合わせるように市松人形五十八体をアメリカ各州に贈っている。この時、十代山田徳兵衛も答礼人形の人形師選定審査会に関わっている。この審査会において高い評価を獲得したのは、二十四歳の二代平田郷陽（ごうよう）（一九〇三―一九八一）であった。

父である初代平田郷陽は、生人形師の二代安本亀八に師事している。二代郷陽は二十一歳の時に父を失い、跡目を継いで、マネキン人形や端午人形を製作していた。生人形師の家に生まれているので、雛人形の製作は行なっていない。戦前までは、人形を作る家筋が厳密に守られていたからである。市松人形の見事さで一躍、有名となり、二代郷陽はやがて人形作家として不動の地位を確立してゆき、後に人形部門で初めての人間国宝となっている。

昭和二年は、このように、二代平田郷陽の転機となった年だが、同年九月、排日運動の風潮があったアメリカから二十年ぶりに帰国したのが、三代永徳斎を継いだ山川保次郎であった。

雛段に仲良く青い目の人形が飾られることを、強く願ったギューリックの想いは、その後、どうなったかは、各地に残された人形の歴史が物語っていよう。今もって、雛節供の折ごとに、幼稚園の雛段に大切に並んでいるメリーさんの稀有な例を、私は、報告したことがある。(13)

二　雛の現代

戦後は、いわゆるベビーブームにより子どもの出生数が急上昇していくが、経済復興から急激的な経済成長の時代を迎えて、どの時期に子ども時代を過ごすかで、経済を背景とした文化体験も大きく異なっている。子どもたちは生まれ育った家庭環境、経済状況、生活様式によって、雛節供への思いも違っていることだろう。そして、昨今の少子化時代では、また大きく変化している。

雛飾りは、豊かな経済発展に連動して、商品として提供されるが、女児の初節供に雛を贈るのは、祖母であることから、祖母その人の雛への想いということが重要な意味をもっていると思われる。祖母が雛に寄せる想いこそが、娘や孫娘に伝達されていくのである。昭和三十八年に刊行された石井桃子の『三月ひなのつき』は、娘のために母親が雛を探す物語である。戦争で亡くなった娘の祖母に代わり、母親は自分で、あれこれと雛を探している。戦災で雛を失っている母親は、わが子にも同じような雛をと望んでいる。雛への想いがテーマとなっている児童文学だが、現代において、このように雛へ強い想いを寄せる母子がいるのだろうか。そしてその想いが、はたして理解できるのだろうか。世代によって伝達される雛への心性とは、かつてこのような切実なものであったことを伝えている。(14)

(1) 美術館・博物館の雛展

各家で、女児を中心とした雛節供や、女性たちが集っての雛祭は、少子化を迎えて、家庭では行なわれなくなっていった。平成二十年代に入り、博物館、美術館、郷土資料館など、さらにまた寺院、名家と、雛が残されている文化施設へ出かけて、雛に出会うというスタイルを生み出した。春の麗らかな陽光に誘われて、美術工芸品としても見事な雛を見ることは、春の季節の楽しみとなった。春の企画展・雛展には、多くの来場者が訪れることから、各館でも展示に力を入れるようになった。

東京ならびに京都の国立博物館をはじめとして、県立、市町村立の博物館などでは、各地に残る貴重な雛を保存展示している。個人コレクターの収集品も不定期だが展示されることがある。国公立以外の各地域の美術館・博物館などでは各館によって、郷土の特色がある展示を行なっている。雛展示に殊に熱心なのは、関東は、遠山記念館、三井記念美術館、横浜人形の家であろう。中部地域では、徳川美術館、信越では、田中本家博物館、北陸では、成巽閣であろう。関西は、兵庫県の日本玩具文化博物館、龍野市立歴史文化資料館、さがの人形の家があげられる。その他にも多くの施設で雛展が開催されるが、是澤博昭は、日本全国の雛展示が行なわれている美術館・博物館などを探訪して『日本の雛人形』という優れた案内書を出している。(15)

(2) 雛祭りのイベント化

山形の酒田、鶴岡、最上川沿いの各地は、江戸時代、北前船によって京都と結ばれていた。米のみならず、たとえば、紅花栽培で紅を紅餅の状態にして京都に運んだ。その高価な紅は、紅花大尽を生み出していく。大石田、谷地では、京都で紅染めによる華麗な装束雛が生み出されると、娘の初節供のために高値の雛を購入している。戦災を免れた京都製の見事な雛は、蔵から出されて、一月遅れの雛節供に飾られ出した。このように酒田あたりから始まった町をあげての雛飾りは、やがて、山形県各地に残された雛をめぐる旅として調えられた。山形雛街道として観光協会の積極的な協力もあって、今日、大きな観光イベントに発展している。一九九〇年代から、少しずつ始まった雛飾りのイベントは、二〇一四年には、県内八十ヶ所にまで広がっているという。

戦争で雛を焼失した世代であった中高年の女性たちが、全国から数多く山形へ集まり、雛飾りを見ることによって、懐かしげに自分や先祖の雛について語り出していた光景が、忘れられない。雛に心を寄せる女性たちに向かって、山形各地の蔵に大切に残されていた雛が、広く大きく開かれたのだった。ところで、明治期において学校教育が開始されると、子どもたちが雛見に各家を巡って雛菓子をもらう行為は、物乞いとして禁止されたという。(16) 子どもが見物に来なくなって各家々では、雛を飾ることが敬遠されて、蔵に仕舞い込むようになったとも聞く。ともあれ、時代を経て、紅に染まった衣装を着た雛が、蔵から出されたのであった。

山形の雛のイベントは、その後、日本各地の城下町、旧街道の宿場の町々に広がりをみせていった。やがて、観光産業、商店街を巻き込み、町おこし、地域おこしとして、各地の雛を訪ねる旅行が企画されている。鉄道会社の参画も目立つようになり、雛旅行のパンフレットやガイド・ブックなども出版されていった。なかには、遠隔地までの旅行は大変だろうと、東京都内の宴会場やホテルなどへ、雛が出張してくるイベントまでもが仕掛けられている。

(3) 雛供養のイベント化

雛のイベントには、今や、さまざまな趣向が凝らされている。参加型のイベントには、折り紙で紙雛を製作するものから、雛に扮装する、つまりコスプレを楽しむ「生き雛まつり」というものもある。九州の陶磁器の産地では、各窯による雛の展示に加えて、陶雛コンテストをして新人発掘を試みている。そして最も盛んとなったのは、流し雛のイベントであろう。淡島信仰のところで述べたように、本来、流すのは形代であり雛は流すものではない。昭和三十七年（一九六二）加太淡島神社で始まった雛流しのイベントは、鳥取県用瀬にも伝えられ、海や川を擁する街で行なわれている。

流し雛が盛んになったことは、雛供養と関連していることも、すでに述べた通りである。古雛を始末するのに困った都会の人々は、寺院神社に供養を願う。[17]お焚き上げという神事が行なわれるが、焚かずに、流すということになったのである。平成元年（一九八九）徳島県の勝浦町では、不要となった雛をたくさん集めて巨大な雛段を作るイベントを開始した。千葉県の勝浦、和歌山県の勝浦にも始まった「ビッグひな祭り」イベントには、供養料とともに全国から沢山の雛たちが集まった。多くの雛が石段に並んだり、ピラミッド状の山になる圧倒感が受けて、このイベントも各地へ伝播する勢いである。

生み出されたものは、失われていかなくてはならない。始末をつけることの難しさは、人間も雛も同様である。雛が呪力を秘めているという想いがあるからこその、別れの儀式である。手製の紙雛をどこにしまったか忘れるという流亡のあり方こそ、日本人の理想的な想いであったように思える。想いが込められた雛を、子孫が手厚く守ってくれるということは、少子化の時代、非婚化の時代、家族の崩壊という時代を迎えて、何とも難しい。自身の納まり所とともに、雛の納まり所を探している時代なのである。

徳川の平和という時代を迎え、治世として、多くの子どもが生まれて育つことが望まれた。「結婚の時代」の到来であった。結婚に至る結び初めの祝儀として、女性たちは女児に雛を贈答する雛節供を生み出していった。対の豊穣の呪力を込めた雛の誕生である。

しかし、今日、女性たちは人類史から見ても、生む力を発揮する人生から離れようとする新たな歩みを開始している。かつてない画期的な「個の時代」を迎え、対の呪力を取り戻すことが、現代社会に問われ出しているのである。

註

第一章　雛節供

（1）石沢誠司「三月三日節の研究ノートⅠ・Ⅱ」京都文化博物館研究紀要『朱雀』十集・十一集　一九九八年・一九九九年

（2）山口健児『鶏』法政大学出版局　一九八三年

（3）増川宏一『合わせもの』法政大学出版局　二〇〇〇年

（4）『年中行事絵巻』は、後白河法皇の要請により土佐光長が描いている。一一六五年前後の成立とされているが、近世初期の頃、内裏炎上とともに焼失している。今日まで伝存しているのは模本である。後水尾天皇が住吉如慶・具慶父子に命じて模写させた住吉家模本巻三に、闘鶏が描かれている。この模本『年中行事絵巻』は、「日本の絵巻8」（中央公論社　一九八七年）に所収されている。

（5）『洛中洛外図屏風と風俗画』（歴史民俗博物館　二〇一二年）の展示図録を参照されたい。

（6）狩野博幸『狩野永徳の青春時代　洛外名所遊楽図屏風』小学館　二〇〇七年

（7）『世諺問答』万治三年版は、「仮名草子九、近世文学書誌研究」『案内者・世諺問答』（勉誠出版　一九七三年）に影印と翻刻がある。

なお、『世諺問答』は、年中行事についての問答体による教育書だが、十九の図版が付されている。一五四四年という年は、コメニウスによる絵入り教科書『世界図絵』（一六五八年）よりも古く、大いに注目される。共に、絵入りということと問答体ということが共通している。

（8）『日本歳時記』（貝原好古編・貝原益軒補）は、生活の古典双書として、八坂書房より昭和四十七年、翻刻が出版されている。

（9）『天和長久四季あそび』は、林若樹蔵本が稀書複製会により大正十一年米山堂で発行されている。また『日本名所風俗図会』別巻（角川書店　一九八八年）にも所収されている。

（10）小林すみ江「史料紹介『天和長久四季あそび』―人びとの声が聞こえる」『日本人形玩具学会誌』五・六合併号　一九九四年
（11）合瀬純華「『天和長久四季あそび』と『世諺問答』」『大妻国文』二九　一九九八年
（12）『月次のあそび』菱川師宣画　元禄四年（一六九一）版は、吉徳資料室蔵。大正九年九月、稀書複製会より元禄四年版が複製されている。その原本は、東京帝国大学附属図書館から第一次世界大戦前にドイツの印刷展覧会へ出品されたものであり、戦禍にあうことなく大正九年春に戻された書物ということである。なお、同版本は『日本名所風俗図会』別巻（角川書店　一九八八年）にも所収されている。
（13）山田徳兵衛『新編　日本人形史』（角川書店　一九六一年）一三〇〜一三一頁
（14）『無上法院殿御日記』は、近衛家に嫁いだ皇女品宮の日記である。京都の陽明文庫に原日記が保管されているが、筆写本は東京大学史料編纂所に所蔵されている。大滝昌世は、この日記から雛遊びを抜き出して資料紹介している。（『日本人形玩具学会誌』第八号　一九九六年）さらにまた、「無上法院殿御日記にみる近衛熙子の雛遊び」（『日本人形玩具学会誌』第十号　一九九九年）を発表している。
（15）『後水尾院年中行事』は、『新訂増補　史籍集覧第四冊』（臨川書店　一九六七年）所収
（16）『嘉永年中行事』『嘉永年中行事考証』は、『改訂増補　故実叢書二十三巻』（明治図書出版　一九九三年）所収
（17）『大和耕作絵抄』は、吉徳資料室蔵。『日本名所風俗図会』別巻（角川書店　一九八八年）にも所収されている。
（18）『娘ちりけ草』の著者は、如水軒。東京大学総合図書館の霞亭文庫蔵。
（19）『塩尻』は、『日本随筆大成』第三期第十四巻（吉川弘文館　一九七七年）所収
（20）『女源氏教訓鑑』は、『江戸時代女性生活絵図大事典』「第七巻　通過儀礼・年中行事」（大空社　一九九四年）所収
（21）西川祐信の絵本『絵本大和童』『絵本風俗玉鏡』『絵本和泉川』『雛遊び貝合之記』は、吉徳資料室蔵。八木敬一旧蔵の『絵本十寸鏡』は、『西川祐信風俗絵本六種』（太平文庫四十八　二〇〇二年）に所収されている。
（22）『江戸繁昌絵巻』は、善峯寺寺宝館に収蔵されている。平成八年、渋谷区立松濤美術館の特別展「江戸の人形」において、陳列されたことがある。

第二章　「ひひな」の登場

（1）石沢誠司「アマガツとホウコ」『京都府立総合資料館紀要』第十六号　一九八八年
（2）藤原師輔の日記『九暦』は、逸文が収録され刊行されている。『大日本古記録』（東京大学史料編纂所　岩波書店）の

他、出産に関連する記事については、『御産部類記上』（国書寮叢刊　宮内庁書陵部）にも収録され刊行されている。逸文とは、この日記が後世の書物に引用された記事のうち、原文を補うと考えられる部分を集録したものである。つまり、長い歳月のなかで『九暦』そのものの原文は、伝えられてはいないということである。憲平親王の誕生と産養の史料が、比較的詳細に残されているとはいえ、欠落部分もある。小嶋菜温子の試読を参考にさせてもらったが、試読されていない部分は、私の誤読が大いに考えられる。後に正確な解読が待たれる。

（3）中村義雄『王朝の風俗と文学』塙書房　一九六二年

（4）小嶋菜温子「『九暦』逸文、天暦四年の産養を読む」『源氏物語の性と生誕』立教大学出版会　二〇〇四年

（5）御湯殿の儀の折に、「犀角」や「虎頭」が新生児の魔除けとして用いられた記録は、『九暦』が始まりである。割註に「自今以後、懐任皇子、可儲件等物、臨其時雖求、忽難具」と書かれており、時の権力者であった藤原師輔でも入手困難であったことが窺われる。元永二年（一一一九）の崇徳天皇誕生記録『源礼記』にも犀角や虎頭が記されている。一〇五八年～一〇六五年成立の『新猿楽記』（藤原明衡）には、博多で活躍した唐物商人・六郎真人が、大陸から多くの品物を商っていることを伝えている。そのなかに、犀生角や虎・豹の皮が含まれていることから、博多を経由して京都へもたらされたと推察できる。

犀角は、漢方薬では解毒剤として用いられてきた。また、魔除けとして束帯の帯、装身具の石帯に使われたり、貴人の寝所である帳台にも用いられた。『九暦』には、皇子誕生の生後四日目に、陽成天皇の皇子・元長親王の室から、犀角と銀釵が贈られている記述がある。さらにまた、立太子の儀に先立つ給物の目録のなかに、犀角二株が入っている。

（6）現代中国でも、古い習俗が残っている山西省では、誕生から就学前頃まで、幼児に「老虎帽」という帽子を被せて柔らかい頭蓋骨を防御しており、虎が子どもの健康と成長を守ると考えられている。他にも虎の枕、虎の靴、虎の涎懸けや腹懸け、虎の玩具類などがある。子どもの額には、「虎は百獣の王」であることを象徴する「王」の字を書くこともある。李寸松は『中国民間玩具の世界』（日中友好会館　一九九四年）において、中国人は古代から虎を崇敬しており、神虎が悪鬼を食べてくれる守護神であり、一家の平安と繁栄をもたらす吉祥と信じられていること、特に子どもを守ると信じられていることが、中国全土に及んでいると述べている。

日本においては、虎が生息しておらず、それだけ唐来の虎頭は、勇猛な神秘的な力が秘められていると信じられた。中国からの影響で、子どもの生育を守護する力があるとされたが、後の時代になると、虎の威力は、宮廷社会から民俗の世界に流布伝播している。今日でも郷土芸能の虎舞や、郷土玩具に虎を見つけ出すことができる。たとえば郷土

玩具では張子の虎が各地で作られており、福岡県の博多、島根県の出雲、岡山県の玉島・倉敷・西大寺、香川県の高松や西讃地方、大阪が有名である。大阪は張子の虎の他にも神農さんの虎（薬屋が並ぶ道修町の少彦名神社で授与）も名高い。なお、大ぶりな張子の虎は、端午の節供飾りとなり、男児の健やかな成育と結びついている。

室町時代の有職故実家・伊勢貞陸の『産所之記』には、産所に張子の犬箱を置くことを記している。犬が安産ということから、女性や女児と犬が結びつけられている。江戸時代に入ってからの犬箱については、後述していく。なお、虎にしろ犬にしろ両義的なものであり、強大な力は、守護する力となる一方、逸脱して暴走する力も秘めている。神聖な力のみを閉じ込めるために、空洞としたのではないだろうか。よって空洞の張子に、霊魂の容器としての呪的な意味が込められていると考えられる。

（7）岡田荘司『平安時代の国家と祭祀』続群書類従完成會　一九九四年

（8）『九暦』天暦四年五月二十四日の御湯殿の儀は、次のように記されている。「女房等各着白裳唐衣、一人持虎頭、一人犀角、一人御釼・人形、列立於御前、相従御後之女房等有其数」

（9）所京子「後宮制度」『平安時代の儀礼と歳時』至文堂　一九九四年

（10）浅井虎夫『新訂　女官通解』講談社学術文庫　一九八五年

（11）『紫式部日記絵詞』は、『紫式部日記』を鎌倉時代前期に絵巻にしたものだが、今日、約四分の一が伝存している。寛弘五年（一〇〇八）九月十一日、紫式部が仕えた中宮彰子が皇子（敦成親王・後の後一条天皇）を出産し、三日目、五日目の産養の場面は、蜂須賀家所蔵の『絵詞』に描かれており、五十日目に行なわれた「五十日（いか）の祝」の場面は、五島美術館所蔵の『絵詞』に描かれている。それらの絵画場面から、陪膳女房が一本髪を上げている姿を知ることができる。

（12）『九暦』天暦四年七月二十三日の立太子後の初御膳に登場する「あまがつ」は、次のように記されている。「亥剋初供御膳、以藤原元姫為陪膳、［故参議菅根卿女、中納言平時望卿室］、濵着晝装束、而依事倉卒、上一本髪也、女蔵人四人傅供御膳、件蔵人先日試仰令設雑具、依式申不堪之由、給装束料、御臺盤不可加臺、而今夜加臺供之失也、但御飯者依昨付料米、内膳炊貢之、御菜本家設其所、而令調供之御器、用今朝自内所被奉之器、供御膳了、女蔵人捧盤、［居土器二口］、就陪膳之後、陪膳盛御飯於一盃、盛御菜等於一坏、授女蔵人、……受之参入御帳中、是阿米可都料、其後撤及下物如内裏例」

（13）佐藤全敏「古代天皇の食事と贄」『平安時代の天皇と官僚制』東京大学出版会　二〇〇八年

（14）阿末加津土器について付言しておく。

十世紀中後期の画期説として、天皇の食事文化の変容を明らかにした佐藤全敏は、律令的食事である内膳御膳に加えて御厨子所御膳が登場していることを示した。天皇は御厨子所御膳を召し上がるようになり、形式的に天皇の形代であるアマガツに内膳御膳を供えて食事をしたことにしているという。アマガツには、土器を用いて供えており、その小さな土器を阿末加津土器と称した。

宮中行事として、六月と十二月の十一日に行なわれた「神今食」は、天照大神を神嘉殿に請じ、天皇みずから火を改めて新たに炊いだ飯を神に供え、また天皇みずからも食する祭りである。この神事の模様は、新嘗祭と同様である。しかし、新穀を用いることなく祭ることが異なっている。起源は、『本朝月令』によると奈良時代の元正天皇・霊亀二年（七一六）十二月から行なわれていた。鳥羽天皇・天仁元年（一一〇八）から中断されている。ところで十五世紀に成立している『建武年中行事』『日中行事』（ともに後醍醐天皇撰）、『公事根源』（一条兼良）によって、「神今食」の様相が伝えられている。

それらの書によると、一日から八日までは、天皇の斎戒の期間とされた。この物忌みの間は、「忌火御飯」（神聖な火で炊いたご飯）が天皇に供じられ、「御贖物（みあがなもの）」が献られる。朝食の時、神祇官より「あかちこ（贖児）」が「御贖物」として四つの土器を「御ゆひ」して宮中に運び、御膳の上に置かれる。土器には紙が貼られており、天皇は指で穴をあけて息を入れるという。しかし、『日中行事略解』に紹介されている図版には、阿末加津土器は四つではなく一つである。

所功の「皇位の継承儀礼」（『平安時代の儀礼と歳時』至文堂　一九九四年）には、大嘗会の儀礼を『北山抄』（藤原公任により一〇一二～一七頃著述）から説明している。そのなかで、江戸時代の『貞享度践祚大嘗祭調進書附図』（宮内庁書陵部蔵）から大嘗会祓の贖物の図を掲載している。その図には、物忌みとして折敷に三つの土器が置かれている。一つの土器には人形の贖物、その他は散米、そして左綯・右綯解縄二本である。貞享年間であるので、一六八七年（貞享四年）の東山天皇即位時に新井白石も関係して作製されたものと推測される。

このように阿末加津土器は、時代によって実体が変化しているが、後には、天皇が斎戒する時に用いた潔斎のための祓具となったと思われる。

（15）『旧暦』天暦四年七月二十八日に記載されている東宮御殿祭のなかに登場する「ひひな」の記述は次の通りである。「傳左大臣始参候殿上侍、下官及大夫弁殿上等々在座、廳官聊儲酒食、神祇少副春行率宮主・御巫等祭御殿・御膳宿・上下御厨子・御井等、其料神祇官自諸司受之奉祭之、但比々奈料廾五色絹等、本家給之、事了給祿」

（16）櫻井秀「雛祭史考」『風俗史の研究』寶文館　一九二九年

（17）西郷信綱『古事記注釈　第四巻』ちくま学芸文庫　二〇〇五年
（18）伊勢貞丈『あまがつのことなど』京都府立総合資料館蔵。石沢誠司「アマガツとホウコ」に所収。
（19）平安文学輪読会『斎宮女御集注釈』塙書房　一九八一年
（20）山中智恵子『斎宮女御徽子女王　歌と生涯』大和書房　一九七六年
（21）高野瀬恵子『中務集注釈㈡』日本女子大学電子図書館掲載
（22）増川宏一は『合わせもの』（前出）において、華麗な道具立てによって景色を造り、左右に分かれての歌合を歴史的に紹介している。「物合による歌合」の様子は、『大和耕作絵抄』からの図版を掲載している。
（23）永田衡吉『改訂　日本の人形芝居』錦正社　一九六九年。なお引用は、一〇二頁、ならびに四九〇頁。
（24）『枕草子』（『新編日本古典文学全集　第十八巻』小学館　一九九七年）の注釈では、松尾聡と永井和子は、「ともあきらのおほきみ」は、不実在であろうとしている。
　さらに次のように記している。「醍醐帝の皇子は村上帝（成明）をはじめ、すべて《明》を名に持つ。それを意識して親王になぞらえた人形につける名だが、《何あきらのみこ》とするのは遠慮して、格下げして《ともあきらのおほきみ》と名付けたのか。」
（25）篠塚純子「かげろふ日記ノート八一、八二」『形成』一九九〇年十一・十二月号
（26）近藤喜博『稲荷信仰』塙新書　一九七八年
（27）小泉弘は、『名古屋市博物館蔵　三宝絵　解説・復刻版』（一九八九年）において、「薄幸の人尊子内親王と源為憲」の紹介文を寄せている。小泉は、『三宝絵詞』は、輝くような美しい姫宮でありながら薄幸の内親王に対して、為憲が出家を勧めることを意図した「仏教入門」の教科書であるとしている。
（28）岩佐美代子『内親王ものがたり』岩波書店　二〇〇三年
（29）『三宝絵詞』を著した源為憲は、小泉弘の紹介を概略すると以下のようになる。出生年不詳、没年は寛弘八年（一〇一一）と伝えられている。源順に師事して文章生となった。応和三年（九六三）善秀才宅詩合に参会している。その詩は、『和漢朗詠』『本朝文粋』などに収められ、また『江談抄』の説話にも登場している。源順から大きな期待を集め、詩文の才は当代一流の文人であった。さらに漢詩文のみならず、和歌の才にも恵まれ、仮名文にも優れていたとされる。康保元年（九六四）学生時代、「法の道・文の道」を相勧め習うという行事「勧学会」に参加して、叡山の学僧とも交流を持っている。
　為憲は、学問のみに専心する学者ではなく、幼い子どもや女子に向けての導き、つまり幼児教育、家庭教育、女子

教育に関心をはらった学者としても先駆的な人物であったとされる。永観二年（九八四）、冷泉天皇の皇女・尊子内親王の悲しみを慰めるために『三宝絵詞』を著しているが、さらに、天禄元年（九七〇）、藤原為光の長子で七歳の松雄君（後の誠信）のためには、『口遊（くちずさみ）』という反復暗証しやすい短句によって、さまざまな教養・知識を習得させる学習書を作った。九九の掛け算、十二支、当時の三大建築物、三大橋なども含まれている。寛弘四年（一〇〇七）、藤原道長の長子で、十九歳の頼通のためには、『世俗諺文（せぞくげんぶん）』を作製して、「経書・史書・仏典・雑書に見える故事熟語につき、その出典や本義を示し、為政者として必要な基礎的教養を身につけさせることを主眼」（小泉弘による解説）とした熟語辞書を提供している。

(30) 川名淳子「若紫の君―絵と雛遊びに興ずる少女」『物語世界における絵画的領域』ブリュッケ　二〇〇五年。引用は、八十三頁。

(31) 中村義雄　前掲書　一一八頁

(32) 『絵画でつづる源氏物語―描き継がれた源氏絵の系譜―』（徳川美術館　二〇〇五年）は、徳川美術館開館七十周年特別展の図録である。そこには、各巻ごとの源氏絵が紹介されている。「紅葉賀」の巻での雛遊びの絵画場面は、図録資料を大いに参考にさせていただいた。なお「若紫」の巻での雛遊びの絵画場面として、「土佐派絵画資料」（京都市立芸術大学芸術資料館蔵）として紹介されている白描下絵が、雛屋のなかに雛が描かれており、実に興味深い。

(33) 山田徳兵衛　前掲書　三五頁

(34) 川名淳子「雛の形態、遊戯の形」前掲書　一一三頁

(35) 『栄花物語』からの引用は、日本古典評釈・全注釈叢書『栄花物語全注釈』（角川書店）によっている。

(36) 増淵勝一「翻刻評注・書陵部蔵『平定家朝臣記』（天喜元年～同五年条）」『立正女子大学短期大学部　研究紀要』一九七一年

(37) 「執政所抄」『続群書類従　第十輯上』続群書類従完成会

(38) 小嶋菜温子「語られない産養(1)　皇位継承争いと、桐壺巻の光源氏の袴着・元服」前掲書

(39) 永田衡吉『改訂　日本の人形芝居』一九～二四頁　前掲書

(40) 岡田荘司「祓と鎮めの祭」六四一～六四三頁　前掲書

(41) 笹生衛「人形の源流と金属製人形の復元」『國學院大學神道資料館　館報』第十三号　二〇一三年二月

(42) 村山修一『日本陰陽道史話』平凡社ライブラリー　二〇〇一年

(43) 藤原行成『権記』は、倉本一宏による『権記上・中・下　全現代語訳』（講談社学術文庫　二〇一一～一二年）を参照

した。

（44）『類聚雑例』（『左経記』の抄出本、後一条天皇の葬送を記す）は、『群書類従　第二十九輯　雑部』に所収。

（45）藤原宗忠『中右記』『増補史料大成』所収

（46）『日本仏教民俗基礎資料集第六巻　元興寺極楽坊Ⅳ』中央公論美術出版　一九七五年

（47）岡田荘司「付論　陰陽師の祓祈禱」六六八頁　前掲書

（48）『禁秘抄』『改訂増補　故実叢書　二十二巻』（明治図書出版　一九九三年）所収

（49）涌井美夏「お湯殿の上の日記の人形」『日本人形玩具学会誌』第十九号　二〇〇八年

（50）『お湯殿の上の日記』に登場する陰陽師について、付言しておく。

陰陽師は、賀茂氏流と阿部氏流が担っていたが、時代の変遷のなかでさまざまな人物が名前を出している。涌井美夏によると、賀茂氏流は勘解由小路、阿部氏流は土御門や甘露寺の人物がいると報告している。なお、祓いの人形は、賀茂と阿部の両家から進上していたが、近世に入ると、没落する家もあり、再興を果たした土御門久脩の子孫が、陰陽師免許と統治権を掌握して造暦を司った。天皇一代一度の、陰陽道で最も重要な儀式である天曹地府祭（六道冥官祭とも呼ばれる）をも土御門が執り行なっているという。上巳の祓い人形も、延宝年間以降、土御門氏のみが進上しているという。

ところで、後水尾天皇（一五九六―一六八〇）は、十六歳で即位して二十三歳で退位されたが、徳川幕府との軋轢に生きた天皇であった。徳川和子との結婚、興子内親王への譲位については、後で再び触れることになる。興子内親王は女帝・明正天皇になられるが、その次の帝位を継いだ後光明天皇のために、後水尾院は、江戸時代初期の宮廷の公事や故実を記した『後水尾院年中行事』（『新訂増補　史籍集覧　第四冊　公家部公事編』所収）を作られている。三月三日については、闘鶏のこと、そして人形による巳の日祓いのことが記されている。人形による祓いが詳細に紹介されているので引用してみたい。

「……旧院（後陽成天皇）御湯殿の上の日記には、巳の日にあらさる時も三月三日には御人形参りて、御撫で物御単衣添て出るなとやうにあれと、此比はさしてもみえす。巳日はかり奉る也。慶長の比まで賀安（賀茂と阿部）の両家進上せしかと賀家は断絶し、今の陰陽頭幸徳は賀家の庶流なれと不堪の事多し。陰陽頭は人形を奉らて叶はぬ者なれと伝受なけれは是非なくて、今は安家のみそ進上す。人形は昨辰日進上して、此御所にて衣を着せしむ。これ女中の沙汰なり。其やう練絹を方寸余に裁して、角かけて刀にて穴をあけて、人形ひとつひとつをさし入れ、絹を刀目より二つにおし折、とり重ねて結也。かくのことくして、御枕かみに其夜は置きて、翌日巳の日の巳刻に申出せは出さるるなり。……此月は巳の日ことに人形参るなり。」

賀茂氏が没落して、阿部氏のみが人形を進上していることを告げている。陰陽頭が人形を製作するということであるが、二流では製作方法に違いがあったことも推量される。絹衣を着せているのは女官であり、単純な衣で着物ではないことがわかる。

(51) 石沢誠司「アマガツとホウコ―その基礎的考察―」前掲書

(52) 斎宮女御と皇后媓子との「あまがつ」に寄せての贈答歌は、一五三番～一五七番の次に掲げる五首である。(なお番号は『私家集大成』による番号である)

一五三番(徽子の歌)
なみまよりあまかづきいづるたまもにもみるめのそはぬなげきをぞする
一五四番(徽子の歌)
あしまこぐふねならねどもあふことのいやましにのみさはりおほかる
一五五番(徽子の歌)
あさゆふにあまのかるもはなになれやみるめのかたきうらんとなりける
一五六番(徽子の歌)
までがたにかきつむあまのもしほぐさけぶりはいかにたつぞとやきみ
一五七番(皇后媓子の歌)
もしほぐさかきつむあまのうらをあさみなびかむかたのかぜもたずねむ

(53) 山中智恵子　前掲書

(54)『賀茂保憲女集』は、『和歌文学大系二〇』(明治書院　二〇〇〇年)に収められている。

(55)「和泉式部集」『校訂　国歌大系十三』所収

(56) 伊勢貞丈『あまがつのことなど』京都府立総合資料館蔵。石沢誠司「アマガツとホウコ」に収録。

(57)『仙源抄』『群書類従　物語部』所収

(58) 慶長十七年(一六一二)、土佐光吉(一五三九―一六一三)によって製作されたとされる『源氏物語手鑑』(和泉市久保惣記念美術館蔵)の「薄雲」では、明石の姫君が母と別れて源氏によって引き取られる場面が描かれている。その場面に、「御佩刀と天児」が描かれている。十七世紀になってからの作画であるが、当時の天児がどのような形態であったか図像から知ることができる。天児は、仰向けで白い産着(袖がある)を着ており、袋入りの守り刀とともに、箱に納められている。

なお、十二世紀に成立したと考えられている『葉月物語絵巻』(徳川美術館蔵)に描かれた天児が、現存する最古の図像史料である。それには、天児が錦のような布で半分覆われており、半分しか見ることができないが、頭は丸く小さく、頭も胴体も紙で作られているようである。仰向けの状態で、立派な箱に納められている。

(59)九条道家『玉蘂』 思文閣出版 一九八四年
(60)伊勢貞陸『産所之記』『群書類従 武家部 第二十三』所収

第三章 雛の誕生

(1)藤原頼長『台記別記』『増補史料大成』所収
(2)藤原忠親『山槐記』『増補史料大成』所収
(3)『恋路ゆかしき大将』 宮田光校訂・訳註『中世王朝物語集 第八巻』所収(笠間書院 二〇〇四年)
(4)「ひいな屋」に関連した詞書をもつ和歌が、『御堂関白集』の七三にある。『恋路ゆかしき大将』と関連性が認められる。
ふのとの、わかみやの御ひゝなやに、さまざまの物植ゑなどして、山の上に神の社あり、童にみてぐら持たせて、それにかかる
君が世にあまくだりける神なれば千年の松の中にこそ祝へ
(5)山科言継『新訂増補 言継卿記』続群書類従完成会
(6)宇井伯壽監修『仏教辞典』大東出版社
(7)浄土双六について付言しておく。
『お湯殿の上の日記』文明十八年二月十五日に記録されている浄土双六は、東京国立博物館に収蔵されている七十点からなる古板の「双六類聚」のうち、彩色された「浄土双六」が、宮中で遊ばれていた種類の品であろうと考えられている。(『絵すごろく展』解説より 江戸東京博物館 一九九八年)
(8)『看聞御記』『続群書類従 補遺二』所収
(9)伊勢貞陸『簾中旧記』『群書類従 武家部』所収
(10)山田徳兵衛『新編 日本人形史』一一一頁 前掲書
(11)時慶記研究会編『時慶記』臨川書店

（12）永田衡吉『改訂　日本の人形芝居』一四三〜一四四頁　前掲書
（13）郡司正勝編『日本舞踊辞典』東京堂書店　一九七七年
（14）永田衡吉による杉戸に描かれた人形芝居絵の紹介は、『改訂　日本の人形芝居』（前掲書）二九九〜三一〇頁。ここで、ややこ踊りについて付言しておく。
ややこおどりの文献上の初出は、『お湯殿の上の日記』天正九年（一五八一）九月九日である。正親町天皇が在位していたが、織田信長が政権を掌握しており、同年二月二十八日は、信長が京都で大規模な馬揃えを行なっている。さて、ややこ踊りは前日に紫宸殿の南に舞台が設けられている。当日の模様は次のように日記に記されている。
「けん大納言、中山中納言申さたにて、しゝまはせらるゝ。……中略……やゝこおとり、むら井よりしゝよりさきにと申て、おとりふたりに御あふきたふ。しゝには御たちたふ。むら井よりおちやさうという物御けいこにまいる。……中略……しゝのゝち御みまにてくこん、うたいありて御ひしく〵なり。」二人によるややこ踊りがあり、それから獅子舞いが演じられている。踊り手には扇、獅子には太刀が下されている。重陽の節供であり、天皇の健康長命を願っての宴に、芸能者が呼ばれたということであろう。なお、村井は、七日に御茶を禁裏に届けていることから、御茶とややこ踊りに関連した人物であろう。
ややこ踊りは、後陽成天皇時代の慶長三年（一五九八）には多出している。年代順に紹介しておく。
慶長三年五月二十三日「やゝこおとりまいらせ候て、くろ戸の庭にておとりまいらせ候。おもしろく候。ゆかし五百疋くたさるゝ」
同年同月二十四日「けふもやゝこおとりあり。いろ〳〵きやうけんもまいらす」
同年同月二十八日「やゝこおとりまいる。八てふ殿、大かく寺殿、竹のうち殿、しゆこう［准后］の御かたなる。」
同年同月三十日「やゝこおとりまいる」
慶長四年七月二十九日「ややこおとりまいる。くれてまであり。」
同年九月十六日「やゝこおとりまいる。……しゆこう［准后・晴子］の御かた、女御［近衛前子］の御かたけんふつあり。」
慶長八年五月六日「女ゐん［新上東門院・晴子］の御所へ女御の御かたより、やゝこおとり御目にかけまいられ候て、く御にもならしります。」
この時の様子は『時慶記』にも記録が残っているので紹介しておきたい。
「女院御所へ女御殿御振舞アリ、ヤヽコ跳也、雲州ノ女楽也、貴賎群集也、巳刻ニ参上候、……跳果テ、麺・吸物御膳ニテ在之」

このように「ややこおどり」と記述されているのは出雲の女による踊りであり、後に「かぶき踊り」になっていく。後陽成天皇の女御・前子が、天皇の母である女院のための振舞として、芸能好きな女院を喜ばすために行なわれている。

（15）社団法人霞会館・神奈川県立歴史博物館特別展図録『寛永の華　後水尾天皇と東福門院和子』（一九九六年）　出品番号五十六

（16）静岡市美術館開館記念展図録『家康と慶喜　徳川家と静岡県』（二〇一〇・二〇一一年）　出品番号二十八

（17）箱に納められた雛について付言しておく。

今日においても立雛を一つの箱に納めたものが雛段に飾られることがある。同じ品が二組並べられることもある。なお、九州地方八女などにおいての座雛だが、男雛女雛それぞれが箱に納まっている箱雛という雛飾りが残されている。紙雛だが、沖縄県の那覇では、男雛女雛のウーメン（紙雛）は、千代紙を貼ったウーメンバーク（雛箱）のなかに入れられている。那覇のウーメンについて解説している畑野栄三は、西澤笛畝の『雛百種』（大正四年）に掲載されており、笛畝の義父・西澤仙湖（一八六四―一九一四）の収集品を写生していることから、かなり古い時代の雛であるとしている。（『全国郷土玩具ガイド4』婦女界出版社　一九九三年）

（18）江戸東京博物館開館二十周年記念図録『二条城展』二〇一二年

（19）久保田米所（一八七四―一九三八）は、本名は満明、幼名は米太郎、他に米斉、米所と称している。明治から昭和初期の画家ならびに舞台美術家。明治七年（一八七四）京都に久保田米僊（一八五二―一九〇六）の長男として生まれる。父親は著名な日本画家で、京都と東京のさまざまな文化人と交流しながら活躍している。父親とともにフランスに渡り、米斉はアメリカのオークランド・ハイスクールを卒業している。松竹合名社に入り舞台の背景画を描く舞台美術家として活躍し、雑誌「歌舞伎」の表紙絵も描いている。父親の影響もあり故実考証、風俗・衣装考証に関心が強く、特に父親が人形玩具の収集家であったことから、人形玩具の文化史に探究心を抱いていた。

呉服後藤家に残されていた古記録の手控えは、『玩具叢書　人形作者篇』に収録されている。なお、『玩具叢書　全八巻』は、昭和九年～昭和十一年にかけて雄山閣から出版された。当時において人形玩具に造詣が深い人たちによるシリーズであり、執筆者は、西澤笛畝、有坂與太郎、永沢謙三、倉橋惣三、そして久保田米所であった。

（20）後藤縫殿助（ごとうぬいのすけ）は、江戸幕府の御用達呉服師として仕えた後藤家の当主が、代々名乗った名称である。徳川家康が岡崎城に在住当時から呉服御用を務めており、家康の側近として諸事御用を仰せつかった特権商人である。呉服のみならず小間物諸色も扱っており、将軍家の家庭生活のなかに入り込んでいたと思われる。なお小間物とは、化粧品、文房具、調度品、食器類、身の回り品、手遊物・玩具類など、それこそこまごまとした多岐にわたる雑貨全般のことである。

(21) 山田徳兵衛『京洛人形づくし』芸艸堂　一九三六年

(22) 久保田米所は、春日局と雛人形との深い関連を示唆している。春日局が用いた雛が、姪の末裔にあたる飯尾源左衛門の家に伝えられたとする『筠庭雑録』(喜多村信節)を引用紹介している。その文章は次のような内容である。

「予が家に春日局が雛ありといはれける故、上巳に往て見たるに、雛の長さ、三尺五分許。但し冠共なり。萌黄の地、龍相なる銀らんにて、絳絹の袴は、色消て今の形に少し異なり。后は下直の雛に似て、袖をひろげて如下。首は今の如き煉ものにてはなし。木彫なり。后の長さは三寸ばかりなり。寛永頃はこれにても花美なること、見えたり。」

喜多村が見た雛は、女雛が両袖を広げており、今日「室町雛」と通称されている雛のようである。

なお、春日局の末裔である斎藤林兵衛により、享保九年(一七二四)、増田屋という雛人形店が創業している。明治維新によって雛人形はやめて新しい時代に向けた玩具の世界に乗り出し、今日、増田屋コーポレーションとなっている。増田屋・斎藤家の墓所は、東京・湯島の麟祥院であり、春日局の墓の周囲に立ち並んでいる。

(23) 北村哲郎編『日本の美術　人形』至文堂　一九六七年

(24) 宍戸忠男「近世御所の雛と雛遊び」『日本人形玩具学会誌』第九号　一九九九年

(25) 写真・清岡純子、文・切畑健『門跡尼寺秘蔵人形』駸々堂　一九七三年

(26) 四辻秀紀「尾張徳川家伝来の雛と雛道具」『雛』徳川美術館　二〇〇一年

(27) 山本泰一「千代姫婚礼調度における主題選択とその意味」『初音の調度』徳川美術館　二〇〇五年

(28)『無上法院殿御日記』から知ることができる渇食の雛節供について付言しておく。

皇女が尼門跡に入寺して得度するまでの間は、「渇食」と呼ばれる。渇食は俗界にいると考えられており、雛節供の祝に興じている様子が、日記から二件の事例を確認することができる。一つは、品宮の十五歳年下の同母妹・珠宮(一六五七—一六八六)の「ひいな事」である。日記における熙子誕生以前の雛節供の記載となっている。寛文六年(一六六六)三月三日「御かつしき御所、ひいな事にて、ひしひしの事ともなり」とある。珠宮は、六歳で大聖寺に入寺、十一歳で得度している。寛文六年は得度の前年であり、十歳である。このように入寺の儀礼をしていても得度前には「ひいな事」が行なわれていたことを知ることができる。

品宮と左大臣近衛基熙は、熙子を結婚させた三年後、延宝十年(一六八二)、前の後西天皇(後水尾天皇の第八皇子)の皇女・貞宮(一六七六—一七〇三)七歳を猶子としている。日記には次のように記載されている。「新院の姫宮

さたの宮と申すを、入江殿弟子にならせらるる。御七歳也。いまた御さなきゆえ御とくとまては、ここもとになしまいらす」

天和三年（一六八三）三月三日の日記には、「さたの宮ひいな事にて、にきにきしさ也。」とある。貞宮は九歳となる天和四年（一六八四）に得度しているので、約三年間は近衛家で過ごしている。貞宮は、三時知恩寺の住持・香因尊勝になっており、元禄十六年（一七〇三）二十八歳で没している。現在、当寺には、貞宮所用の嵯峨手人形三体が伝存している。

(29) 尼門跡に伝存する裸人形は、以下にあげる品々であるが、古いものは嵯峨手であり、やがて今日、御所人形と呼ばれている人形に変遷したと考えられている。

嵯峨手人形　①梅宮（後水尾天皇皇女・一六一九年生まれ）御料：円照寺
　②谷宮（後水尾天皇皇女・一六三九年生まれ）御料：霊鑑寺
　③貞宮（後西天皇皇女・一六七六年生まれ）御料：三時知恩寺

御所人形　①橿宮（後西天皇皇女・一六七二年生まれ）御料：宝鏡寺
　②秀宮（東山天皇皇子・一七〇四年生まれ）御料：三時知恩寺
　③嘉久宮（中御門天皇皇女・一七二五年生まれ）御料：宝鏡寺
　④栄宮（閑院宮直仁親王王女・一七三四年生まれ）三時知恩寺

なお、切畑健は、『御所人形』（京都書院　一九八五年）のなかで、御所人形の発生について二つの説があるとしている。ひとつは、山田徳兵衛が『日本人形史』（一九四二年初版）で述べている「這子の上製品が御所人形である」とする説である。祓物として出発した這子が、やがて吉祥性を重視して祝物・贈物にも用いられ、額に水引を模様化して描く水引手が生まれ目出度い表現に展開していったとする。いまひとつの説として、山辺知行が『日本の人形』（河出書房　一九五四年）のなかの嵯峨人形の解説で述べている、裸嵯峨と呼ぶ種類が後年の御所人形の裸童の源となっているという説を挙げている。そして切畑は、山辺説の裸嵯峨源流説に立っている。

(30) 山本博文『徳川将軍家の結婚』文春新書　二〇〇五年

(31) 瀬川淑子『皇女品宮の日常生活』岩波書店　二〇〇一年
なお、本書中の瀬川淑子の引用は、すべて、この本によっている。

(32) 萩原昌世（旧姓・大滝）の研究は、『日本人形玩具学会』第十号（一九九九年）に「無上法院殿御日記にみる近衛熙子の雛遊び」として掲載されている。本書中の萩原の引用は、この研究論文によっている。なお、萩原が用いている「幸阿弥家伝書」は、『美術研究　九十八号』（美術研究所　岩波書店　一九四〇年）に所収されている。

(33) 宍戸忠男は「近世御所の雛と雛遊び」（『日本人形玩具学会　第九号』一九九八年）において、『基熙公記』享保七年三月三日の条を引用して、一七二二年当時、雛遊びが色直し後に早まっていることを指摘している。また『野宮定基卿記』元禄七年三月三日の条も引用して、一六九四年には女子三歳で必ず雛遊びがなされていたことを示している。なお、その条とは次のようなものである。「上巳嘉慶、作草餅献祖母・亜相殿（大納言・中村通茂）、此日少女有雛遊事、礼和俗女子至三歳必有事、其始不知之、惟桃花季節学婚嫁之儀、偶人配陰陽、設饗餞◇、然少女僅三才、末弁赤白、但祖母・亜相殿御寵愛之段頻有此催、賜雛及調度等、又隣家尼公〈少女祖母也〉同被送之……」

野宮定基（一六六九―一七一一）は、大納言・中村通茂の次男であるが、叔父の野宮定縁の養子となって野宮家を継いでいる。霊元法皇に仕えた公家であり、有職故実に詳しかった人物と言われている。隣家尼公は、妻の母親・静閑寺熙房室と思われる。娘が、祖父母から雛や雛道具を贈られており、草餅を作って届けている。このように、京都の公家方において、三歳から十三歳まで、雛遊びが行なわれていたことになる。

同じく宍戸は、同論文において、『一條兼香公記』を取り上げている。享保二年（一七一七）三月十七日の条には、賑々しい二歳の雛事が描かれている。正親町實乗朝臣の二歳の息女の雛事は書院に二十五対の雛を並べ、天井には桜の作り花が飾られて美麗であり、酒宴が催されたという。さらに転法輪家では、内室の雛事として四条辺人形舞、浄瑠璃語り等が来て宴を催している有様を記述している。そして一条兼香は「世俗の風俗堂上の門を入る。古風は敢てこれを行なわず」と書いている。

世俗の風俗が、初誕生の女子の雛節供を開始しており、さらに成人の内室になってまでも宴会をしているなど、公家に深く及んでいることが明らかとなる。この雛節供の早期開始と、成人に達すると終了するはずの雛節供が延長されている風俗は、江戸の武家社会からもたらされているようである。そのために、幼いときに遊んだ雛道具が、嫁入り道具として持ち越されていくのであろう。

(34)『女用訓蒙図彙』について付言しておく。

貞享四年（一六八七）版は、稀書複製会本に紹介されている。「家政学文献集成　続編　江戸期第八冊」（渡辺書店　一九七〇年）には、静嘉堂本（無刊記）が紹介されているが、これは元禄元年（一六八八）版の後刷本ということである。なお、元禄版は、貞享版の増補であるという。田中ちた子・田中初夫は、本来は、『当流女用鑑』として企画されたものが、寛文六年（一六六六）中村惕齊の『訓蒙図彙』が出版されたことにより、この本に影響されて『女用訓蒙図彙』と名付けられたと考えられるとしている。絵を並べた図解事典のような体裁から、訓蒙図彙という題名が付されたとしている。

(35) 山田桂翁『宝暦現来集』は、『近世風俗見聞集　第三』(国書刊行会　一九一三年)に所収されているが、後に『続日本随筆大成　別巻6・7』(吉川弘文館　一九八二年)にも収められた。

山田桂翁は、宝暦十年(一七六〇)の生まれで、七十二歳の天保二年(一八三一)に、今まで見聞してきたことを語り伝えている。

(36)『飛鳥川』の作者は、奥右筆を務めた柴村盛方で、享保七年(一七二二)生まれであり、文化七年(一八一〇)、八十九歳の時の出板である。江戸市中の風俗を記した見聞記である。『続飛鳥川』は、「寛延、宝暦の頃、文化の頃までの売り物」で始まっている。作者は同じく柴村盛方かどうか確定されておらず、未詳である。両書は、『新燕石十種』第一巻(中央公論社　一九八〇年)に収められている。

(37) 水野盧朝『盲文画話』文政十年　国立国会図書館蔵　『水野盧朝風俗絵本　盲文画話』(図説復版会　巧芸社　一九三六年)所収

(38) 山東京伝『骨董集』『日本随筆大成　第一期　第十五巻』(吉川弘文館　一九六七年)所収

(39) 藤田順子『雛の庄内二都物語』SPOONの本　二〇〇〇年

(40) 漆工芸美術の研究については、以下の本を参照した。

灰野昭郎「幸阿弥」『日本美術史の巨匠たち　上』京都国立博物館編　筑摩書房　一九八二年

『日本の美術　婚礼道具』至文堂　一九八九年

荒川浩和・小松大秀・灰野昭郎「近世大名婚礼調度について―近世漆工芸基礎資料の研究―」『MUSEUM』419・420号　東京国立博物館　一九八六年

荒川浩和「岡山美術館の蒔絵―近世大名調度資料として―」『岡山美術館蔵蒔絵』京都書院　一九八一年

「晴れの飾り婚礼調度」『古美術62』三彩社　一九八二年

「高台寺蒔絵」「大名の婚礼調度」『日本の美　かざりの世界展』辻惟雄監修　三越本店　一九八八年

「近世の婚礼道具」『開館二十周年記念特別展　大名婚礼道具』岡山美術館　一九八四年

小池富雄「日本の蒔絵」『燦く漆　蒔絵』徳川美術館　一九九三年

「初音の調度について」『初音の調度』徳川美術館蔵品抄　二〇〇五年

「綾杉地獅子牡丹蒔絵調度について―近世大名婚礼調度の所有者の検討―」『金鯱叢書　第二十二編』徳川黎明会　一九九五年

（41）灰野昭郎「幸阿弥」は、註40を参照。

（42）鈴木則夫による幸阿弥家ならびに作品の資料紹介は、『漆工史　第五号』（漆工史学会　一九八二年）に掲載されている。

（43）京都の洛東遺芳館に収蔵されている里代の嫁入り道具は、平成五年六月～九月、石川県輪島漆芸美術館において「特別展　豪商の婚礼調度展」に出品された。その時の図録は、同美術館によって作製されている。

（44）綾杉地獅子牡丹蒔絵婚礼道具は、次の三ヶ所に伝存している。

　林原美術館　本多忠刻と千姫との娘・勝姫と池田光政との婚礼道具

　東福寺（京都）　池田光政の娘・輝姫と一条教輔との婚礼道具

　水戸彰考館　近衛信尋の娘・秦姫と徳川光圀との婚礼道具

（45）伊勢貞陸「嫁入記」「よめむかへの事」『群書類従　武家部』所収

（46）徳川光圀編『礼儀類典図会』国立国会図書館蔵

（47）斎藤玉山『婚礼道具諸器形寸法書（全三冊）』（寛政五年）は、国立国会図書館蔵。正宗敦夫の校訂・編纂により日本古典全集（日本古典全集刊行会　一九三七年）に『婚礼道具図集』上・下巻として、所収された。

（48）戸田松平家旧蔵の桐紋唐草蒔絵雛道具が、三井記念美術館に所蔵されていることに付言しておく。

　昭和五年に三井家が雛道具を落札した背景には、次のことが推測される。

　三井家十一代の当主・高公の室・鋹子は、松平康荘の娘である。旧福井藩主であった松平康荘の父親は、松平茂昭であり、蜂須賀藩から室を迎えている。つまり、福井藩と蜂須賀藩は縁戚関係にあった。蜂須賀藩から嫁入りした寿美の雛道具には、蜂須賀家の家紋である五三桐が描かれており、松平康荘は関心を抱いたものと思われる。さらにまた、松平康荘の妹・昭子は、戸田康保に入嫁している。蜂須賀家と戸田家に縁があることから、この雛道具に強い思いをもったのであろう。松平康荘は、趣味人として名高く、人形にも造詣があった人物としても知られている。雛道具が美術品として優れていることを、三井家に伝えて、落札を依頼したのではなかっただろうか。なお、康荘は、昭和五年十一月十七日に逝去しており、入札後、六ヶ月で亡くなったことになる。数奇な運命で貴重な雛道具が救われたことになろう。

第四章　結婚の時代

（1）迪齊道允『歳時故実』寛文四年刊　『日本庶民生活史料集成　二十三巻』（三一書房　一九八一年）所収
（2）黒川道祐『日次紀事』貞享二年刊　『日本庶民生活史料集成　二十三巻』所収
（3）作者未詳『年中風俗考』貞享四年刊　『日本庶民生活史料集成　二十三巻』所収
（4）黒川道祐『雍州府志』貞享三年刊　岩波文庫に所収
（5）『人倫訓蒙図彙』元禄三年刊　『日本庶民生活史料集成　三十巻』所収
（6）寺島良安『和漢三才図会』正徳二年　平凡社東洋文庫、『日本庶民生活史料集成　二十八巻』等に所収。
（7）『江戸鹿子』貞享四年刊　『東京市史稿　産業編七』（一九六〇年）所収
（8）松江重頼『毛吹草』は、早稲田大学図書館中村俊定文庫に諸版が所蔵されている。なお、岩波文庫に活字化されて、所収されている。
（9）斎藤徳元『俳諧初学抄』寛永十八年　『近世文学資料類従　古俳諧編五』（勉誠社　一九七三年）所収
（10）野々口立圃『はなひ草』国立国会図書館蔵　『古典俳文学大系２』（集英社　一九七一年）所収
（11）安原貞室『玉海集』国立国会図書館蔵　『近世文学資料類従　古俳諧編　四〇・四一』（勉誠社　一九七四・七五年）所収
（12）北村季吟『山之井』正保五年版　東京大学図書館蔵　『日本俳書体系第六巻』（春秋社　一九二九年）所収
（13）北村季吟の句に「御厨子には雛や張子の並びゐて」（『埋木』一六五六年）がある。雛は、初め屏風のなかに「七寸の屏風やけふの内裏雛」というように飾られた。やがて屏風から御厨子のなかに据えられるようになっていく。芭蕉の句には「内裏雛人形天皇の御宇かとよ」（『江戸広小路』一六七八年）があり、雛の立派な装束が天皇のようになり、内裏に据えられているようだと思われた様子が詠まれている。
（14）山本博文『徳川将軍家の結婚』前掲書
（15）久保貴子『近世の朝廷運営』岩田書院　一九九八年　引用は、一八九頁。
（16）柳沢信鴻『宴遊日記』芸能史研究会編『日本庶民文化史料集成　第十三巻』（三一書房　一九七五年）所収。
（17）原舟月については、是澤博昭の論考が最もまとまっている。是澤が参照している諸文献とともに紹介しておく。
是澤博昭『江戸の人形文化と名工原舟月』とちぎ蔵の街美術館　二〇〇五年
小林すみ江「名工『原舟月』を追う」『日本人形玩具学会誌』第二号　一九九〇年

笹岡洋一「安永・天明の雛」『日本人形玩具学会誌』第五・六号　一九九四年
上田令吉『根付の研究』金尾文淵堂　一九四三年（なお、戦後、再版や復刻版が、刊行されている。）
花咲一男『川柳江戸歳時記』岩波書店　一九九七年

(18) 木室卯雲（一七一三―一七八三）は、幕臣であり、狂歌作者として二鐘亭半山、弄籟子の号がある。太田蜀山人等とともに活動した。江戸の玩具を各二点ずつ描いて狂歌を載せた『江戸二色』の狂歌作者でもある。幕命により明和三年（一七六六）春から一年半、京都に赴任した際、江戸人の目から京都で見聞した事柄をまとめたものが『見た京物語』である。天明元年（一七八一）自序がある本書は、『日本随筆大成』第三期第八巻に所収されている。

(19) 笹岡洋一「室町雛・寛永雛の周辺」『日本人形玩具学会誌』第七号　一九九五年

(20) 貝合わせについては、増川宏一『合わせもの』（前掲書）に遊び方などが説明されている。古い歌留多には、蛤形を模したものが見られ、貝合わせからの発展という影響関係が確認できる。なお、蛤形の歌留多は、滴翠美術館に貝源氏絵入歌留多、蒔絵歌貝が残されている。
　寛延二年（一七四九）度会直方によって『雛遊びの記』『貝合之記』が出版されている。安永二年（一七七三）には、伊勢貞丈により『ふたみのうら』も出版されており、貝合わせの遊びの歴史や遊び方が記されている。このように、伊勢神宮との関わりが見られるが、伊勢貞陸の家系も古くは伊勢神宮に所縁があったのであろう。

(21) 現存する古い美術工芸品の貝桶は、桃山時代の「楼閣人物図貝桶」（伊勢神宮所蔵）であり、慶長十二年（一六〇七）新上東門院（後陽成天皇生母）から伊勢神宮へ下賜された「唐人物図貝桶」（狩野光信画）が、それに続き古品である。貝桶と伊勢神宮との関連性が興味深い。

(22) 東福門院入内屏風については、田能村忠雄が『国華』第七六三号（一九五五年）において、早くに紹介説明をしている。

(23) 徳川和子の嫁入り道具であった貝桶の貝は、その後、茶道において、蛤香合として用いられている。三井記念美術館には、表千家伝来のもので、三世千宋旦が東福門院から拝領したという由来を箱書きした品が所蔵されている。そこから絵を描いたのは狩野永納と判明している。金泥で亀甲紋の雲形や、野の花が描かれている華麗な品である。

(24) 尾張徳川家の官撰記録『事蹟録』は、徳川林政史研究所保管。

(25) 小池富雄は『婚礼』（徳川美術館蔵品抄）のなかの資料編において、千代姫の嫁入り行列の記事を『事蹟録』から抄出している。ここでは、その資料に依っている。

(26) 高橋ひとみは、仙台開府四百年記念特別展『大名家の婚礼―お姫さまの嫁入り道具』（二〇〇〇年　仙台市博物館）の図録において、「大名家の婚礼について」として解説している。そのなかで、仙台伊達六代藩主・伊達宗村と、八代将軍・吉宗の養女（紀州徳川宗直の娘）利根姫との婚礼を紹介している。そして、享保二十年（一七三五）の利根姫の婚礼行列は、天明七年（一七八七）の種姫の婚礼行列と同一であると述べている。特別展では、東京国立博物館所蔵の徳川種姫婚礼行列図（狩野養和筆）が特別出品されていたこともあり、視覚的に判りやすい種姫の嫁入り行列について解説している。つまり、利根姫と種姫の嫁入り行列の仕立て方は、同一であったということである。

（なお、付言しておくと、種姫婚礼行列図は、和歌山市立博物館にも所蔵されているが、行列の先頭はすでに到着しているが、後尾は出発準備をしている景が描かれている。）

ところで、利根姫の婚礼は、竹姫の婚礼に習うようにと公儀から指令が出ていたという。竹姫の婚礼について説明を加えておこう。五代将軍綱吉の養女・竹姫（将軍側室の姪で、清閑寺前大納言熙定の娘）は、五歳、七歳でそれぞれ婚約するが、相手は二人とも逝去しており、二十歳を過ぎても結婚が決まらなかった。二十五歳の時、将軍吉宗により薩摩藩島津継豊との婚礼が実行されている。享保十四年（一七二九）十二月十一日の婚礼の資料は、多く残されているが、嫁入り行列については、『石徳院殿御実紀』（『新訂増補　国史大系　徳川実紀』所収）に記録されている。それによると、行列の編成は、利根姫と同様である。よって、十八世紀の竹姫、利根姫、種姫の嫁入り行列の編成は、同じであったと考えられる。

(27) 日高真吾『女乗物』東海大学出版会　二〇〇八年

(28) 『佳姫婚礼記録』は、藤川裕子によって読み下しがなされて、平成十九年に発行されている。佳姫の婚礼道具である「花菱地月丸扇紋蒔絵婚礼調度」は百二十九点が伝わっており、幕末期の優れた漆芸調度作品である。宇和島伊達文化保存会に収蔵されているが、平成七年石川県輪島漆芸美術館の特別展に六十六点が出品されている。その時の特別展図録「大名の婚礼調度」が、同美術館により製作され発行されており、図版が収められている。

(29) 江守五夫は「嫁入行列における悪魔祓い」「新郎新婦の偽装」（『日本の婚姻―その歴史と民俗』弘文堂　一九八六年）において、新郎より新婦の方が悪霊に憑きやすいことを指摘している。そのために、小笠原流の礼法では、悪魔祓いとして百々曲と称して「たけ高くおそろしげなる女の顔をすさまじく色どり髪を乱した」姿で、姫君の御輿の先にいくことが紹介されている。また、未婚の女性が添い嫁、附嫁といって、嫁に扮装して嫁入りに同伴する習俗も紹介している。女性の偽装だけではなく、人形を用いての偽装も行なわれ、岸和田で行なわれていた嫁入りの駕籠に人形イチマサンを必ず乗せた事例も紹介している。なお、イチマサンとは、市松人形のことである。

(30) 『婚礼里出之記』は、『古事類苑』礼式部の婚礼の記述において引用紹介されている。写本は、慶應大学図書館に所蔵。

著者の松岡辰方（一七六四―一八四〇）は、久留米藩の有馬家に仕え、江戸に住んでいた。塙保己一の和学講習所で学び、屋代弘賢らと共に群書類従の編纂にあたる。伊勢貞春により伊勢流の有職故実を学ぶほか、小笠原流の有職故実も研究している。江戸後期における有職故実研究者として著名である。

(31)『幕末明治女百話』は、報知新聞の記者であった篠田鑛造（一八七一―一九六五）が、幕末から明治時代を生きた女性たちから聞書きをして、百話として編集した書物であり、昭和七年（一九三二）に四条書房から発行されている。その後、角川選書、岩波文庫からも出版されている。

本書に引用した井伊弥千代（一八四六―一九二七）の婚礼行列の目撃証人の話だが、後日談を紹介してみたい。安政五年（一八五八）四月二十二日、弥千代は十三歳で嫁入りした。父親の井伊直弼が大老就任という大事と重なっていた。しかし二年後、父親が暗殺されたことにより、結婚の五年後、離縁となっている。そのために百十二棹にも及んだ婚礼道具は井伊家に戻された。明治五年（一八七二）になってから、弥千代は松平頼聡と復縁を果たし、名前を於千代と改名し、のち千代子と称している。五男二女を生んで、昭和二年に八十二歳で没している。

井伊家所蔵の品々は彦根城博物館に保存されているが、弥千代の婚礼道具は、嫁入りに用いた駕籠、茶弁当、挟箱などの数点が残るのみである。復縁に際して、御道具類を再び運んだものと思われる。しかしながら、嫁入り道具の一部であった、婚礼調度をならった見事な雛道具の揃いが、そのまま井伊家に残されている。父親の井伊直弼が暗殺されたのは、万延元年（一八六〇）の三月三日であったことから、井伊家では雛祭りが忌まれている。そのような事情から、雛道具は再び、運ばれなかったのであろう。弥千代の婚礼道具は、井伊直弼の命により、藩政改革でも参謀を務めた長野主膳（一八一五―一八六二）が京都で調えたとされている。おそらく雛道具も、婚礼道具と同じ意匠となっていることから、京都で製作されたのであろう。

なお、彦根城博物館の井伊家の雛展示は、現在でも三月三日が憚れており、毎年、二月から早めにはじまり三月五日には、終了している。

(32) 近松真知子「大名の婚姻」『婚礼』（徳川美術館蔵品抄　一九九一年）一三六頁

(33) 石村貞吉『有職故実　上・下』講談社学術文庫　一九八七年

(34) 後水尾院撰『御うぶや以下の次第』『列聖全集　御撰集』第六巻（列聖全集編纂会　一九一五年）所収

(35) 京都文化博物館所蔵・吉川観方コレクションの天児については、石沢誠司が「アマガツとホウコ」（前掲書）のなかで、詳細に説明している。

(36) 宍戸忠男「近世御所の雛と雛遊び」『日本人形玩具学会誌』第九号　一九九八年

(37)宍戸忠男は「近世御所・公家の人形」(『日本人形玩具学会誌』第十五号　二〇〇四年)の史料紹介において、幼くして亡くなった王女の棺のなかに、天児、犬張子、人形などの手遊物類を納めていることを示す二例を紹介している。
　文政六年(一八二三)六月八日の『有栖川宮韶仁親王行実』には、「実種宮(第三王女　二歳)薨、翌日出門、入棺、御手に数珠、棺中に天児・犬張子・御手遊物・御臍の緒を納」

　同書の同年七月五日には、「遊亀宮(第二王女　三歳)薨去、龍光院に著し入棺の儀、御手に数珠、天児・犬張子・人形等、御手遊の物入れる、御臍の緒も共に」とある。
(38)宍戸忠男「近世御所・公家の人形」前掲書
(39)北村哲郎『日本の美術　人形』至文堂　一九六七年
光照院所蔵の産屋人形は、その後、カラー写真が『門跡尼寺秘蔵人形』(前掲書)に収載された。
(40)榊原悟「屏風=儀礼の場の調度―葬送と出産を例に」『講座　日本美術史4　造形の場』東京大学出版会　二〇〇五年
(41)香山園美術館(東京都町田市能ヶ谷二―一七―一)
(42)「御産所日記」『群書類従　第二十三輯　武家部』所収
(43)伊勢貞陸の産所に関する書物は、『古事類苑　礼式部　誕生祝』に所収
(44)徳川美術館には、十二世紀に成立したと考えられる『葉月物語絵巻』が所蔵されており、展示カタログ『尾張徳川家のひなまつり』(二〇〇三年)において天児が描かれている部分が紹介されている。つまり現存する天児が描かれた最古の図像史料は、『葉月物語絵巻』と考えられる。そこで、十二世紀の天児と、十七世紀初頭の『源氏物語手鑑』(光吉画「薄雲」、久保惣記念美術館所蔵)の天児を比較してみよう。図像のなかで、共に漆塗りの立派な箱に入れられている。『葉月物語絵巻』の方は、天児が錦のような布で半分覆われており、半分のみしか見えていない。白い小さな人形が仰向けに納められている。頭は丸く小さく、頭も胴体も紙で作られていると思われる。光吉描く天児は、袋に入った守り刀と、仰向けの白い産着(袖がある)を着た小さな人形が並んで箱に納められている。
(45)北村哲郎『日本の美術　人形』前掲書
(46)長谷川光信『絵本馨の塵』のなかで、女子は縫い習いとして、這子を作ることから始めている。図版は、『図説　日本の人形史』(東京堂出版)一二六頁に収載。
(47)二木謙一『中世武家儀礼の研究』吉川弘文館　一九八五年
(48)小井川理「白髪綿と近世の髪置儀礼について」『彦根城博物館研究紀要』第十九号　二〇〇八年
(49)陶智子「水嶋卜也とその子孫及びその伝書」『近世小笠原流礼法家の研究』新典社　二〇〇三年

(50)伊勢貞丈『安齊随筆』『改訂増補　故実叢書　八・九巻』所収

(51)陶智子は、「女礼集の配列と伝系」（『近世小笠原流礼法家の研究』前掲書）において、水嶋卜也が著した女性のためのさまざまな礼法が、単独の書から八巻、十巻の『女礼集』へと編纂されていった経緯を明らかにしている。天児に関連したものは、「産所の次第」に入るが、奥義、口伝として特別に伝えられていたと思われる。

(52)国立国会図書館蔵の『天児之図』は、中館右衛門太忠香に伝えられており、成立年は不祥だが、寛政五年（一七九三）頃かと推量される。当時、忠香から摂待紋次郎へ婚姻の関係書が進呈されていることが判明している。なお、本書も「摂待蔵書」の印が押されている。しかし、陶智子は、「摂待紋次郎」の人物は不明だという。

(53)男子の場合の天児が、寺院に納められたことが、次の事例から判明する。

尾張徳川家十二代・徳川斉温（一八一九―一八三九）の幼少時代の直七郎君は、将軍徳川家斉の十九男である。文政五年（一八二二）四歳で養子に出され、八歳で元服、九歳で尾張徳川家の家督を継いでいる。幼い直七郎時代の宮参りをする行列図が蓬左文庫に残されているが、宮参りは通常生後三十日なので、おそらくはまだ養子へ出される前のことであったと思われる。そこで江戸城の紅葉山にある東照宮へ宮参りをした時の行列と推測される。その行列図では、直七郎の前に赤い駕籠が行き、その駕籠に「筒守、天児、犬張子」が乗っている。なお直七郎、後の斉温は病弱であり、死去する二十一歳まで江戸尾張藩邸に常駐していたと伝えられている。

ところで尾張藩の菩提寺は、名古屋の建中寺であり、斉温もそこに葬られている。この建中寺には、所有者が定かではないが、犬張子とその収納箱が納められている。なお、収納箱は白絵で華麗に装飾がほどこされている。元服後は、男子の天児や犬張子は、神社や寺に納められるとされるが、おそらくは斉温の遺品かと推測されている。

(54)小井川理「白絵箱の図様と表現」『彦根城博物館研究紀要』第二十号　二〇〇九年

小井川理は神奈川県立歴史博物館において、平成二十六年十月十一日～十一月十六日まで、特別展「白絵―祈りと寿ぎのかたち―」を企画して、天児と天児箱を数多く展示した。

(55)西郷信綱「古代首長と罪」『古代的宇宙の一断面図』は、『古代人と死』（平凡社　二〇〇八年）に所収。

(56)尾張徳川家には、礼法家として朝岡家が代々、仕えていた。この朝岡家は、はじめ青山と称していたが、寛文十一年（一六七一）、妻の実家である朝岡姓を青山家が継承して、朝岡家の礼法を家職として伝承していったとされている。朝岡家は、藩主の傍近くに仕え、元服、婚礼などの儀式を取り仕切る御用懸を務めていた。しかし、五代朝岡国輔（一七六一―一七九一）は、九代藩主宗睦（一七三二―一七九九）の命により、幕府の礼法である小笠原流を学ぶように言われて、嫡子である國男（一七八四―一八二〇）を伴って、江戸の小笠原平兵衛家に入門することとなる。安永九年（一七八〇）から文政十三年（一八三〇）まで、父子三代にわたって、ひたすら小笠原家に伝わる故実礼法に関する書物を書写している。「君命を奉り、書写する者也」と筆写したものは、二七四件、三百九十四冊に及んでおり、名古屋市蓬左文庫に所蔵されている。この時代、各大名家では、先祖伝来の礼法が、将軍家に倣って小笠原流に統一されていく動向となっていることが窺われる。
(57) 立川美彦『訓読雍州府志』臨川書店　一九九七年
(58) 五人囃子については、山田桂翁『宝暦現来集』（天保二年）によると、天明の頃（一七八〇年代）に作り出されたという記述がある。五人囃子とは、笛・小鼓・大鼓・太鼓・地謡であり、能楽の囃子と地謡を模している。室町期から観阿弥・世阿弥の父子によって大成された能楽は、江戸時代に至ると、各大名家によって召抱えられて発展していく。武家によって庇護されていった江戸能は、特に地謡が長くなり演能時間が延長されていった。このように江戸で愛好された能が、雛段に組み入れられたと考えられる。裃を着た少年姿の五人囃子は、江戸の地において生み出され、必ず雛段に飾られるようになっていった。それに対して、京都においては、江戸から刺激を受けて、雅楽の楽人人形を飾るようになった。なお、官女が雛段に飾られるのは、天保の頃（一八三〇年代）からだと考えられている。天保の『京都買物独案内』に、清水屋の案内があり、そこに官女が見えている。
(59) 雛の飾り方は、立雛から座雛へという変遷をたどることができる。しかし、雛製作の歴史からも殊に興味深い、椅子に坐った雛が、平成二十五年の徳川美術館雛展で特別公開されたことがある。その雛は、名古屋の菓商・両口屋是清の創業家である、大島家に伝来した雛である。大島家は、尾張藩二代藩主・光友より藩の御用を務めている。なお光友とは、家光の娘である千代姫を迎えており、初音の調度とともに嫁入りをしている。
　椅子に坐った雛は、男雛は冠と頭が一体に作られており、寛永雛と呼ばれるスタイルである。女雛は天冠をつけていることから、東福門院を模した最初の女雛とも推量される。
(60) 宍戸忠男「近世御所の雛と雛あそび」前掲書
(61) 山田徳兵衛『新編　日本人形史』前掲書　二七九頁
(62) 日本郷土玩具博物館二〇〇八年春の企画展「ふるさとの雛めぐり」パンフレット
(63) 藤田順子『雛と雛の物語』暮らしの手帖社　一九九三年
(64) 藤田順子『雛と雛の物語』前掲書
(65) 藤田順子『雛の庄内二都物語』ＳＰＯＯＮの本　二〇〇〇年
(66) 石沢誠司『アマガツとホウコ―その基礎的考察―』京都府立総合資料館紀要　第十六号　一九八八年

(67) 斎藤良輔編『日本人形玩具辞典』東京堂出版　一九六八年

(68) 加藤理『「ちご」と「わらは」の生活史』慶應通信　一九九四年

(69) 旧暦の八月一日の八朔は、二百十日の台風などの被害が予想される前の、農作業が一段落した農村の節日である。農家では、豊作祈願、予祝儀礼が行なわれ、「田の実」(たのみ、たのも)の節供と呼ばれた。中世以降は武家社会にも入り、「頼み」に通じるところから主従の間で、また婚家と実家の間で贈答品が交換された。

『公事根源愚考』によると、公家社会にもたらされたのは、鎌倉時代の建長の頃、後深草天皇の御代としている。

(70) 山田徳兵衛による這子の引用は、すべて『新編　日本人形史』前掲書、一三六頁からである。

(71) 長谷川時雨(本名やす)は、明治期の女流小説家・劇作家である。明治十二年十月、日本橋通油町に生まれて育つが、大きく変貌した日本橋界隈の回想録が『旧聞日本橋』である。昭和十年に単行本として出版され、その後も復刊されている。なお岩波文庫にも、一九八三年に収められている。

「長吉」という京人形の抱人形は、祖母が生まれた時の祝いの品であったという。祖母が江戸へ来てから「ねずみちりめん無垢の上衣、緋ぢりめん無垢の下着、白の浜縮緬のゆまき、緋鹿の子のじゅばんを着ている。」姿に、新しく縫って着せている。帯は、祖父(大丸呉服店に関係した御用商人)が仕立てたという。「時の将軍様のもちいた錦のきれはじであり、腰にさげている猩々緋の巾着は、おなじく将軍火事頭巾の残り裂れだという。」とある。

(72) 新井智一『分類別にみた郷土人形』東京図書出版会　二〇〇二年

(73) 大蔵永常『広益国産考』安政六年　飯沼二郎による翻刻版は、日本農書全集十四(農山漁村文化協会　一九七八年)に所収。

(74) 和歌山市加太沖の神島に源をもつ淡島神は、海流が複雑に交差する海峡で、航海の安全を祈った古代からの信仰があったと考えられる。航海をする上での星信仰、女神信仰が合わさっている。台湾や中国沿海部で信仰されている媽祖とも関連があったことだろう。

(75) 『紀伊続風土記』は、紀州藩が江戸幕府の命を受けて編纂した地誌である。藩士の儒学者・仁井田好古を中心にして調査・執筆が行なわれたが、責任者の交代などもあり、三十三年の歳月を要した。天保十年(一八三九)に完成した本書は、明治期になってから和歌山県神職取締所が翻刻刊行している。その後も複製本が出版されている。

(76) 『続飛鳥川』は江戸市中の風俗見聞記である。享保以降の風俗が記されているが、売り声などが多く含まれている。『新燕石十種』第一巻(中央公論社　一九八〇年)に所収。

(77) 『人倫訓蒙図彙』(元禄三年)は、『日本庶民生活史料集成　三十巻』(三一書房)に所収されている。図彙のなかでは、淡島殿として勧進餬部（かんじんもらいのぶ）に掲載されている。勧進とは、在家の男女に仏法を説いて無明の夢を覚ますことであり、そのことで法施を受ける。しかし、今時の勧進は、世すぎ身すぎとして、人をたぶらかして施しを取っている。全く盗みに等しいことだとしている。

（78）『絵本御伽品鏡』は、大坂の絵師・長谷川光信によって、諸職の狂歌を絵とともに描いた絵本で、享保十五年（一七三〇）に出板されている。『日本庶民生活史料集成　三十巻』（三一書房）に所収されている。

（79）郡司正勝編『歌舞伎事典』平凡社　一九八三年

（80）前田晴人『神功皇后伝説の誕生』大和書房　一九九八年

（81）度会直方『雛遊の記』（寛延二年）は、「叢書　日本の児童遊戯　第一巻」（クレス出版　二〇〇四年）所収。

（82）『藻塩百人一首千尋海』は、明和六年に刊行された絵入りの女性教養書である。随時老人つまり多田南嶺（一六九八―一七五〇）が事項を選び、絵は西川祐信、石川豊信によっている。多田南嶺は、浮世絵草紙作家であり、江島基蹟の没後、八文字屋浮世草子を執筆した。本書は、吉徳資料室に所蔵されている他、跡見学園女子大学図書館にも所蔵されている。

第五章　雛の近代・雛の現代

（1）宍戸忠男は、「近世御所の雛と雛遊び」（『日本人形玩具学会誌』第九号　一九九八年）ならびに「近世御所・公家の人形―記録史料を中心として―」（『日本人形玩具学会誌』第十五号　二〇〇四年）において、孝明天皇が雛を深く愛好されていることを実証している。大御乳人であった押小路甫子の日記、また皇室の装束の故実を伝承する山科家の日記から、天皇が、局々の雛飾りを御覧になったり、名高い近衛家の雛を御覧になるために渡御されていることを伝えている。また、妹の和宮の雛、后の頼みによる雛を調整していること、さらには御自身の「御慰雛」を注文していることを史料紹介している。

なお、「御慰雛」とは、『山科言成卿記』によると、二尺壱寸の雛丈に、男雛・女雛とも厳密な装束の注文であったという。人形は笹菱屋であり、雛の装束調進、裁縫の御用を、山科家が担当したということである。慶応元年（一八六五）十二月二十八日の注文であり、翌年三月節句に間に合わせるようにと急がせられている。装束は間に合ったが、小物類は間に合わず、すべてを完了したのは、慶応二年七月十一日であったという。しかし、同年の十二月二十五日に疱瘡により、孝明天皇は崩御されている。「御慰雛」のその後は、不明ということである。

（2）七澤屋の雛と雛道具にいては、是澤博昭「寛政の改革と芥子雛・雛道具―極小美の誕生―」（東洋大学アジア・アフリカ文化研究所研究年報　三十六号　二〇〇一年）に詳しい。

（3）『虎屋のお雛様』虎屋文庫編　二〇〇六年

（4）人形司・永徳斎については、四代にわたる伝記と業績が、『永徳斎―人形司四代の技と美―』（たてもの応援団　二〇〇八年）にまとめられている。

（5）三代永徳斎のアメリカでの仕事を追跡した圓佛須美子は、『三代永徳斎・米国さんと呼ばれた男』（二〇一一年）をまとめている。三代永徳斎は、明治三十七年、アメリカのセントルイス万国博覧会での日本茶業を紹介する生人形の製作・陳列に関連した。万博終了後、帰国するが、再び渡米しており、明治四十年から昭和二年までの二十年間をフィラデルフィア商業博物館で仕事をしている。

（6）近代明治の時代を迎え、江戸文化趣味のなかでも人形玩具に関心が強い人々が集ったサークル、ならびに人々の経歴やネットワークについては、山口昌男『敗者の精神史』（岩波書店　一九九五年）に詳しい。そこに取り上げられている人物は、清水晴風、西澤仙湖・笛畝、淡島椿岳・寒月、坪井正五郎、巌谷小波、久保田米所などである。その先には、倉橋惣三、有坂與太郎、山田徳兵衛と、深く人形と関わる系譜が続いているが、残念ながらそれらの人物についてては取り上げられてはいない。

（7）清水晴風については、年譜、著作一覧など、生涯と足跡を紹介する『おもちゃ博士・清水晴風―郷土玩具の美を発見した男の生涯―』（社会評論社　二〇一〇年）が、林直輝・近松義昭・中村浩訳によってまとめられた。なお、『うなゐの友』は、初編から六編までが清水晴風であり、七編から十編までが西澤笛畝によっている。また、初編は東京の大倉書店から、二編以降は京都の芸艸堂から出版されている。後に復刻版も出ているが、当時の木版画集の美しさには及ぶべきもないと思われる。

（8）考証学は、中国の十七世紀清代の儒学界で盛んとなり、「実事求是」の標語のもと、古典解釈を確実な文献典拠に求める、客観的な学問のあり方であった。やがて日本の儒学界に導入された。風俗現象の歴史的研究であるとする風俗考証は、好事家つまり俗文芸に余技として携わった戯作者たちによって行なわれた。つまりこれは、正当な学問を茶化し、穿つ、パロディーの知的遊びの精神によって支えられている。

　山東京伝（一七六一―一八一六）は、京橋で煙草入を商う町人であった。風俗考証随筆『骨董集』に晩年の情熱を傾け、上編のみを上梓して没し、中・下編は成立していない。なお、雛の考証がある上編の下之巻の完成は、文化十二年（一八一五）である。五十六歳で世を去った時、滝沢馬琴は、「京伝は骨董集と討死をしたようなもので、熱心のあまりにみずから生命を縮めたのだ」と言ったと伝えられている。『骨董集』は、日本随筆大成第一期・第十五巻

（吉川弘文館）に所収されている。

京伝の弟の山東京山（一七六九―一八五八）には、年中行事の故事来歴を絵解き風に綴った『五節供稚童講釈』（天保三年〜四年）があるが、兄ゆずりの考古癖を駆使した講談調の内容である。この書は、翻刻とともに太平文庫第三十一巻（太平書屋　一九九五年）に収められている。

（9）雛仲間公用帳については、笹岡洋一が『日本人形玩具学会誌』第十二号（二〇〇一年）のなかで、「雛仲間公用帳の問題」として詳述している。それによると、国立国会図書館に所蔵されている「雛仲間公用帳」は上野にあった帝国図書館で大正六年以降に購入されている。有坂與太郎は、帝国図書館に通い、筆写したと考えられ、その時、一部誤記や脱字が生じたと推量されるとしている。その他、有坂紹介の公用帳が杜撰であることの理由について推測している。

雛仲間公用帳は、宝暦九年（一七五九）から天保三年（一八三二）までの七十三年間にわたる記録であるが、寛政二年（一七九〇）に実施された町奉行の雛市改め（松平定信の寛政の改革に付随した摘発事件）のことが詳しく、全体の約四分の一強の分量があるという。なお、笹岡は、有坂による表記「親王雛・左々雛」は「親王雛・古今雛」であるという指摘をしている。

（10）天児と這子を男女の対とする考えが、どこからきたのかについて、吉徳資料室の室長であり、日本人形玩具学会代表の小林すみ江にお尋ねした。資料室学芸員である林直輝が調査した結果、清水晴風の談話が基であることが判明した。「雛の起源」についての談話は、三越のＰＲ誌「三越タイムス」（明治四十二年三月号）においてである。三越は、呉服店からデパートメント・ストアに転換していくなかで、文化人を巻き込みながら、ＰＲを行なっている。

（11）清水晴風の推量から西澤笛畝（昭和三年『雛』）、山田徳兵衛（昭和十七年『日本人形史』）をへて、昭和四十二年、北村哲郎『日本の美術　人形』においての言及が、名立たる博物館関係者に大きな影響力を与えたと思われる。その言及とは、天児は這子と対のように扱われ、雛段にも飾られたりするようになったというものである。そして「自然肩肘張ったような天児は男に見立てられ、這子は女とみなされ、髪も長くされれば、衣装も女らしいものになったのは、至極あたりまえであったと考えられます」という記述である。なお、北村哲郎は、帝室博物館、京都国立博物館、東京国立博物館に勤務した、染織史を専門とする研究者である。日本人形玩具学会初代代表でもある。

（12）青い目の人形・答礼人形の研究は、是澤博昭『青い目の人形と近代日本』（世織書房　二〇一〇年）が、資料も豊富であり、最もよくまとめられている。

（13）皆川美恵子は、お茶の水女子大学附属幼稚園に贈られてきた青い目の人形「メリーさん」について、経緯を紹介している。（『時の標』お茶の水女子大学附属幼稚園創立一三〇周年記念　二〇〇六年　フレーベル館）そこでは、昭和二年当時の雑誌『幼児の教育』の記事を資料として、幼稚園に来園してから現在に至るまで、雛節供の時には雛とともに飾られて、幼稚園児に親しまれている様子を伝えている。

(14)石井桃子『三月ひなのつき』(福音館書店　一九六三年)には、寧楽(なら)(奈良)雛という奈良の一刀彫による雛たちが、五段飾りに組み立てられ、また一箱に収納できる揃いが登場する。なお奈良人形については、岡本彰夫が『日本人形玩具学会誌』第十五号(二〇〇四年)において、「奈良の人形」として論考を寄せている。そのなかで、春日有職の桧物師、四代岡田松寿が五代として養子を迎え、娘(壽貞尼)と結婚させた。しかし、その人物は彫刻技術が優れず、壽貞尼が人形製作にあたり、殊に立雛人形を得意とし、ここから奈良人形の雛が始まることを紹介している。

また、『三月ひなのつき』には、内山光弘が昭和七年に「婦人倶楽部」に発表した、重ね折りの折り紙による雛が登場している。内山光弘の折雛については、岡村昌夫が『幼児の教育』二〇〇八年三月号(日本幼稚園協会)において、「昭和初期の豪華な折紙雛」として、その人物と作品を紹介している。

(15)是澤博昭『日本の雛人形』淡交社　二〇一三年

(16)雛見の文化、つまり雛を見物する方法も各地でさまざまである。山形県の大石田や谷地では、くじら餅という雛菓子とお茶が振舞われた。かつて子どもたちは、どこでも雛菓子をもらって歩いたという。徳島県や岡山県では、子どもたちが群れをなして家々を訪れ、供え物や豆入りを無断で集め歩く「雛荒らし」という行事があったことが伝承されている。「豆荒らし」、「雛さんさらえ」とも呼ばれた。愛知県の周囲では「がんど打ち」と呼ばれたという。長崎の座敷雛の雛見物では、見物に来た女児たちに、その家が初節句の場合、造り花のかんざしを与えたという。男児には、ハタ(凧)を与えたという風習が、明治時代には伝承されていたという。

(17)田中正流は、「人形供養にみる人形観の諸相」(『日本人形玩具学会誌』第十六号(二〇〇五年)において、京都の宝鏡寺人形供養が昭和三十四年(一九五九)に開始されていることを報告している。また、平成十五年(二〇〇三)に行なった全国の人形供養調査で八十六の事例が確認されたという結果を報告している。

図版出典

口絵① 徳川家康の雛（名古屋市立博物館蔵）
口絵② 大成聖安所用の雛（曇華院蔵）
口絵③ 雛遊の古図（有坂與太郎『日本雛祭考』建設社　昭和六年）
口絵④ 雛節供『江戸繁昌絵巻』（善峯寺蔵）
口絵⑤ 法華寺雛会式
口絵⑥ 興子内親王（明正天皇）御用の天児と這子（十禅寺蔵）
図版① 鶏合（田中家蔵「年中行事絵巻」『日本の絵巻8　年中行事絵巻』中央公論社　昭和六十二年）
図版② 上巳の節句『月次のあそび』菱川師宣（稀書複製会　大正九年）
図版③ 珠姫の雛（天徳院蔵）
図版④ 『女用訓蒙図彙』（渡辺書店　昭和四十五年）
図版⑤ 内裏の源氏枠　『女芸文三才図会』（『図説　日本人形史』東京堂書店　平成三年）
図版⑥ しいし箱・衣張・しいし（『婚礼道具図』日本古典全集刊行会　昭和十二年）
図版⑦ 伊勢流と小笠原流の「あまがつ」の比較（『図説　日本人形史』東京堂書店　平成三年）
図版⑧ 天児と這子（「婚礼道具図」『婚礼道具図集　上』日本古典全集刊行会　昭和十二年）
図版⑨ 小笠原流（水嶋流）の天児と這子（『天児之図』国立国会図書館蔵）
図版⑩ 表刺包（「婚礼道具諸器形寸法書」『婚礼道具図集　上』日本古典全集刊行会　昭和十二年）

図版⑪　筒守（「婚礼道具諸器形寸法書」『婚礼道具図集　上』日本古典全集刊行会　昭和十二年）
図版⑫　山東京伝『骨董集』（日本随筆大成第一期第十五巻　吉川弘文館　昭和五十一年）
図版⑬　淡島願人『絵本御伽品鏡』（国立国会図書館蔵）
図版⑭　『藻塩百人一首千壽海』（『図説　日本の人形史』東京堂書店　平成三年）

あとがき

「鞍馬から牛若丸が出でまして、名も九郎判官」――「あ、、義経にしておこう」という夫婦の会話で有名な落語『青菜』がある。御屋敷に住んでいる悠々自適の御隠居さんがいて、その庭の手入れをしている植木屋さんは、夫婦だけに通じる風雅な会話の種明かしを聞かされると、痛く感服する。早速、長屋に帰り、上さんに話をして、真似ごとに及ぶというお決まりの面白さである。

長屋暮らしの日常生活から、富裕で上品な家庭生活を垣間見たわけだが、それは、異質な世界を目のあたりにして、その世界に少しでも近づきたいという強い想いを引き起こさせた。夫唱婦随で、上さんは、暑いさなか、押入れのなかに控えて、夫の茶番劇に付き合っていく。この日常から離れて虚構性に生きようと行動する長屋の夫婦は、祝祭性を醸し出している。

雛の歴史をみてきたが、平安時代の儀礼において「盛装する人形」から始まっていた。装束を調えることによって、人形は神域に置かれたのである。やがて近世に入って、雛は、呪的な世界に置かれるようになっていく。今日におけるような、男雛女雛による男女一対による人形が、屏風などで区切られた聖域で、祝祭性を帯びていったのである。つまり「雛の誕生」である。

御所において、上巳の節供という特別の日に、女児の成育を寿ぐ祝いが、五歳から十三歳まで行なわれた。夫婦の姿を盛飾しての雛人形は、やがて江戸の武家社会の女性たちに受け容れられていく。江戸では「女中方の節供」として、女性たちが先導して年中行事として祭礼化していった。「東武風俗」となった雛節供は、五歳よりも年齢が下がって初節供から祝われ、十三歳までどころか、嫁入り道具として婚家まで持参されて、女性生涯にわたる雛の祝祭が行なわれていく。雛は、女性のあるべき理想の姿とされ、その世界に近づく祝祭が、春三月三日の節日に行なわれたのである。

雛に込められた女性たちの呪的な想いとは、結婚、出産という女性たちによって生命を永続的に支えていくという実在的な秘儀でもあった。次郎左衛門雛という個性を消した類型的な雛から、時代とともに写実的な人間にそっくりな雛が生み出されていったが、日常性を越えた異質な世界には変わりない。非日常の永遠の理想のかたちとして、最も高貴な血脈である天皇・皇后の姿が、雛に重ねられていった。

やがて、日本全国のあらゆるところで、雛は、異質な世界に近づこうと祝祭を念じる女性たちを受け止めたのである。江戸時代を通じて、約四〇〇年、雛が、かくも長く、想いこまれて広がった心意とは、雛の文化の虚構性と祝祭性がきわめて見事な仕掛けであった証左であろう。

雛研究は、多領域にまたがる難しいテーマであるが、難しいからこそ興味が尽きない魅力に満ちている。歴史学、民俗学、社会学、国文学、経済学、美術工芸史、服飾史、そして人形玩具史などなど、さまざまな領域にまたがっている。これから、関心を抱く若い人々によって、さらなる研究を切り開いていってほしいと願っている。そこで、註においては、引用文献を紹介するのみにとどまらず、多領域の人々に向けて、ある人には、当たり前のことかとも思われるが、丁寧に解説を加えておいた。また、本文では、触れることができなかった事柄も、付言しておいた。

兎にも角にも、本としてまとめることができたのは、日本人形玩具学会の会員の方々との交流があったからこそである。特に学会代表の小林すみ江氏には、多くの御教導を賜わった。ここであらためて、感謝の言葉を述べておきたい。

長い大学での勤務生活にあって、学年度が終わっての春休みは、最も心安らかな休暇である。児童文化研究の一環として、春休みには、全国の雛を見て歩くということを続けてきたが、雛について本をまとめるということは、考えてもみなかったことである。あまりに大変な至難な作業になることが予想されたからである。

今までに、『わたしたちの江戸』（新曜社・一九八五）、『頼静子の主婦生活』（雲母書房・一九九七）と、江戸の女子どもを対象にしたささやかな研究を発表してきたが、雛研究は、まとめることなく済ませるものと考えていた。しかしながら、このように雛と取り組んだのは、伴侶・森尻純夫の叱咤激励、強い応援があったからこそである。人にはその人に与えられた書くべきテーマがあり、私には雛がテーマだと言って、書くことに向かわせてくれた。今は、追いこんでくれたことに、心から感謝している。

長く勤務した十文字学園女子大学で、学術図書出版助成の制度が設立され、その支援を受けたことも出版に繋がった。出版助成制度を創設した横須賀薫学長による研究支援に対して、ここに深く感謝申し上げたい。児童文化の学問を理解してくれた着任当時の学長である故坂本彦太郎、源氏物語研究者であり蔵書を大学に寄贈下さったことにより、この度、大いに活用させていただいた鈴木文庫の故鈴木一雄と、他にも二十八年間の大学生活を支えて下さった教職員の方々への感謝は尽きない。退職にあたり、このように記念出版ができたことを、大学関係者各位に心から感謝申し上げる。

さて、末尾となったが、児童文化研究を導いて下さり、研究者として大学への就職の道を開いて下さった本田和子先生には、特別の感謝の言葉を捧げたい。研究生活が一向に捗らないことに半ば呆れていたのではなかったかと思う。『わたしたちの江戸』から『雛の誕生』という「わたしの江戸」に至るまで、何と三十年の歳月を要してしまった。蝸牛の歩みどころでない覚束ない遅さであった。これからはいくらか速度を上げながら、私なりの児童文化研究の道を歩んでいきたいと思う。歩み続けていくことこそが、学恩に報いることと、心して進んでいきたいと思うばかりである。

（本書は、平成二十六年度十文字学園女子大学・学術図書出版助成金の交付を受けて刊行される。）

平成二十七年一月

皆川美恵子

【著者】皆川美恵子（みなかわ・みえこ）
1949 年　東京生まれ
1973 年　お茶の水女子大学文教育学部教育学科卒業
1975 年　お茶の水女子大学大学院人文科学研究科修士課程修了
1985 年　お茶の水女子大学大学院人間文化研究科博士課程単位取得退学／同大学院人間文化研究科助手
1987 年　十文字学園女子短期大学専任講師
1996 年　十文字学園女子大学創設にともない大学へ移動
その後、助教授、教授を経て、現在は十文字学園女子大学人間生活学部児童教育学科教授、博士（人文科学）

主要著書
『わたしたちの「江戸」―〈女·子ども〉の誕生―』（共著）新曜社 1985 年／『頼静子の主婦生活―「梅颸日記」にみる儒教家庭―』雲母書房　1997 年／『ものと子どもの文化史』（共著）勁草書房 1998 年／『児童文化―子どものしあわせを考える学びの森―』（共著）ななみ書房　2006 年

雛（ひな）の誕生（たんじょう）―雛節供（ひなせっく）に込（こ）められた対（つい）の豊穣（ほうじょう）―

2015 年 2 月 26 日　初版発行

著者　皆川美恵子　みなかわみえこ

発行者　三浦衛
発行所　春風社 Shumpusha Publishing Co.,Ltd.
横浜市西区紅葉ヶ丘 53　横浜市教育会館 3 階
〈電話〉045-261-3168　〈FAX〉045-261-3169
〈振替〉00200-1-37524
http://www.shumpu.com　✉ info@shumpu.com

装丁　江森恵子（クリエイティブ・コンセプト）
印刷・製本　シナノ書籍印刷株式会社

乱丁・落丁本は送料小社負担でお取り替えいたします。

ISBN 978-4-86110-439-8 C0021 ¥3800E

装画：雛節供『江戸繁昌絵巻』（善峯寺蔵）